Dagobert Lindlau

Straglers Woche

Eine St. Pauli Saga

Hoffmann und Campe

Die deutsche Bibliothek - CIP-Einheitsaufnahme

Lindlau, Dagobert:
Straglers Woche : eine St.-Pauli-Saga / Dagobert Lindlau.
– 1. Aufl. – Hamburg : Hoffmann und Campe, 1997
ISBN 3-455-04482-4

Schutzumschlag: Thomas Bonnie
Satz: Utesch Satztechnik GmbH, Hamburg
Druck und Bindung: Graphischer Großbetrieb Pößneck
Printed in Germany

Dagobert Lindlau · Straglers Woche

Die Handlung der Saga spielt in der Zeit zwischen Kriegsende und heute in Hamburg. Sie könnte auch in einer anderen Stadt spielen. Da die handelnden Figuren dieselben Wünsche, Hoffnungen und Fehler haben wie andere Leute, sind Ähnlichkeiten mit existierenden Personen ebenso unvermeidbar wie zufällig und unbeabsichtigt.

Das Deutsche Schauspielhaus Hamburg hat aus dem Stoff eine Bühnenfassung entwickelt, die im Frühjahr 1997, inszeniert von Wilfried Minks, mit Eva Mattes und Sepp Bierbichler in den Hauptrollen erstaufgeführt wird.

Letzte Tage

Straglers Arbeitswoche reichte jeweils von einem Sonntag bis zum nächsten. Sie fing nie Montag früh an wie andere Arbeitswochen, sondern immer Sonntagmittag, wenn der Trubel vom Wochenende in seinen Betrieben abgeflaut war und er sich nach dem Zocken im ersten Stock über dem *Golden City* einigermaßen ausgeschlafen hatte.

Früher hatte er sich etwas darauf eingebildet, daß er es sich leisten konnte, ins Bett zu gehen, wenn andere Leute aufstehen mußten. Mit zunehmendem Alter wurden ihm die Tageszeiten immer gleichgültiger.

Seine letzte Woche begann wie viele zuvor. Es gab keine Warnung. Er ahnte nicht, wie ihm die Zeit durch die Finger rann, sonst hätte er wahrscheinlich den Randfiguren seiner Karriere, dem fetten Schnauzen-Kalle, dem Kunstprofessor, dem verkrachten Fotografen Kadaver-Kalhaber oder dem Senator, den er in der Tasche hatte, und vielen anderen mehr Aufmerksamkeit geschenkt und sich an die Etappen seiner Machtergreifung auf dem Kiez genauer erinnert, obwohl es nicht seine Art war, sich genau zu erinnern. Was er nicht mit eigenen Augen gesehen und mit eigenen Ohren gehört hatte, reimte er sich bis ins kleinste Detail zusammen. Und meistens hatte er recht. Ein gutes

Beispiel sind die Scherereien, die Schnauzen-Kalle mit Pudel-Paul hatte.

Von der Straße aus konnte damals nur zu sehen gewesen sein, daß irgend etwas brannte. Das Feuer war sicher nicht hell genug gewesen, um die Ruine auszuleuchten. Es roch nach nassen Ziegeln, nach verfaultem Holz, nach Benzin und nach Schweinebraten. Reste der Bestuhlung des alten Kinos und die Trümmer der Stuckdecke spielten mit ihren Schlagschatten.

Bis zur »Operation Gomorrha« der Royal Airforce im Juli dreiundvierzig waren Ferdinand Marian, Werner Kraus und Kristina Söderbaum über die Leinwand des Kinos gehuscht. Frauen hatten für die Deutsche Wochenschau an der Heimatfront Granaten gedreht, und Landser hatten im russischen Schlamm mahlende Lafetten angeschoben.

Der »Bauer«-Projektor, aus dem die Filmbilder gequollen waren, lag wahrscheinlich bis lange nach der Währungsreform irgendwo unter dem Schutt begraben. Kadaver-Kalhaber hatte Stragler erzählt, daß es die letzten Häuser am Eingang zur Reeperbahn erst im April fünfundvierzig erwischt hatte. Stragler vermutete, daß auch das Kino der Luise Schanz in dieser Nacht einen Volltreffer abbekommen hatte.

Schnauzen-Kalle hatte sich auf dem Ruinengrundstück des alten Kinos bestimmt angestrengt wie ein Kind, das es den Erwachsenen recht machen will. Seine gerunzelte Stirn sah nicht wie der Behälter eines Sinnesorgans aus, sondern eher wie ein Kinderpopo. Er klemmte die Zunge zwischen die Zähne, um sich zu konzentrieren und es seinen Leinwandgrößen an Entschlossenheit gleichzutun. Schnauzen-Kalle war im Gegensatz zu

Stragler ein leidenschaftlicher Kinogänger. Kino war für ihn das Leben, wie es sein sollte, aber leider nie war.

Schnauzen-Kalle schlug noch einmal mit aller Kraft zu. Wieder daneben, weil der brennende Pudel-Paul nicht stillhielt. Kalle hatte schon als junger Mann bei seinem vermutlich letzten Versuch, eine widerspenstige Frau zu küssen, erfahren, daß Wut, Verlangen und ähnliche Gemütsregungen ungelenk zu werden drohen, wenn sie in präzise Körperbewegungen umgesetzt werden müssen. Im Kino glitten die Herren reibungslos in die Damen ihres Herzens hinein. Nichts spießte sich, nichts war im Weg. Daß dies in der Realität nicht so einfach war, wußte Schnauzen-Kalle vom Zuschauen bei den Bühnenbumsern auf dem Kiez, nicht aus eigener Erfahrung.

Der Schweiß rann ihm über das Gesicht. Im Film knallte es, peng!, und der andere hatte ein Loch in der Stirn oder da, wo die Filmtypen das Herz vermuteten. Meistens fiel der Getroffene dann ohne viel Aufhebens um. Kalle fand es spaßig, wenn der Getroffene vor dem Umfallen noch einen tollen Satz sagte. Das brachte ihn meistens zum Lachen. Er wußte, was fast alle auf dem Kiez wußten, daß nämlich Leute in solchen Situationen entweder stumm sind oder einfach nur herumschreien wie Pudel-Paul.

Einige Kinobesucher hatten sich bei Stragler über die laute Heiterkeit Schnauzen-Kalles beschwert, die ihnen eine Gänsehaut machte. Sie fragten sich, wer wohl in der Dunkelheit neben oder hinter ihnen saß. Ein Verrückter? Einer mit einem Messer? Oder womöglich ein Perverser, der sich beim Anblick der Maria Schell einen herunterholte? Erst wenn es hell wurde und dieser oder jener Schnauzen-Kalle erkannte, wurde ihm freundlich zugenickt, weil er zur Seife von Joseph Stragler gehörte. Stragler nannte sein Gefolge seine Seife. Er hatte den Ausdruck aus dem Süden der Republik mitgebracht.

Stragler war ganz sicher, daß sich Schnauzen-Kalle damals in der Kino-Ruine gefragt haben mußte, was in Pudel-Paul vorging, der ein Grübler war. Wunderte sich Pudel-Paul, daß Kalle trotz der Nachtkälte schwitzte? Sah er in ihm jetzt einen Fremden und nicht mehr den Kumpanen, den er seit vielen Jahren kannte? Wußte er überhaupt, daß er brannte?

Pudel-Paul hatte geplärrt, du Schwein, du schwarzes! Das ist kein Scheißkrankenhaus! Dann hatte er sich auf ein resigniertes »Haaah, Haaah, Haaah« beschränkt, weil er den faulen Geruch von Holz, von nassen Mauertrümmern und von Rost nicht mit dem Geruch einer Notaufnahme in Einklang bringen konnte. Die Ausdünstung des Ruinengrundstücks war dann schnell vom Benzin überlagert worden, das Kalle aus einem Plastik-Kanister über Pudel-Paul ausgegossen hatte.

Der Plastik-Kanister war einer von zweien gewesen, die sich die beiden ein paar Stunden zuvor einträchtig in einem Kaufhaus besorgt hatten. Dabei waren sie aus dem Gewurle von Hausfrauen, Büroangestellten, Ladendieben oder Müttern, die ihre Kinderwagen wie Rammböcke durch die Menge trieben, herausgestanden wie zwei wehe Daumen. Nach Einbruch der Dunkelheit hatten sie die Kanister an einer Münztankstelle volllaufen lassen und gut verschraubt.

Man hatte Stragler berichtet, Schnauzen-Kalle habe sich in einem Stehausschank Mut angetrunken, bevor er ins *Zockatero* gekommen sei, um ihm, Stragler, von den Scherereien mit Pudel-Paul zu berichten. Wenn Stragler die Augen schloß, hörte er ihn reden.

Da denkst du, hatte Schnauzen-Kalle zu denen am Tresen gesagt, die andauernd vom »Zwicken« und vom »Wegmachen« redeten, als ginge es um Eigelb auf der Hose, da denkst du, daß du eine Büchse Bratheringe aufmachst – und heraus kommt der reine Horror. Aber du mußt tun, als ob es bloß Bratheringe wären. Das ist kein Zuckerschlecken.

In Straglers Augen war Schnauzen-Kalle zwar treu, aber fast immer schweißgebadet. Er kam beim kleinsten Anlaß ins Schwitzen. Unbehagen war für ihn genauso schweißtreibend wie Holzhacken. Auch Stolz ließ ihn transpirieren. Wenn er zum Beispiel im Auftrag Straglers als Bodyguard, den Baseball-Schläger in der Rechten, neben dem ersten Bürgermeister der Stadt stehen durfte, um ihn während einer Wahlveranstaltung auf dem Hans-Albers-Platz vor den Zudringlichkeiten der Wähler zu schützen, glänzte sein Gesicht unter der Last der Verantwortung wie eine Speckschwarte. Vor jeder Bürgerschaftswahl ließ sich der Regierungschef persönlich auf dem Kiez blicken, um Hände zu schütteln und, wie er zu seinen Vertrauten sagte, Fleisch zu quetschen, weil er, wie er sich ausdrückte, nicht bereit war, irgendeinen Teil der Stadt abzuschreiben. Außerdem war das Kreuzlein eines verkoksten Pißbudenluden, der im Puff Gummis verteilte, auf dem Wahlzettel genausoviel wert wie das eines Reeders, dessen Schiffe über alle Weltmeere fuhren. Das machte Schnauzen-Kalle alle paar Jahre wieder die ganze Herrlichkeit der Demokratie deutlich.

Stragler wußte, daß es Damen gab, die Kalle trotz seiner Neigung, bei jeder Gelegenheit in Schweiß auszubrechen, zu Willen gewesen wären. Er vermutete, daß sie dazu bereit gewesen wären, weil Kalle zu ihm gehörte und etwas von seiner, Straglers, Macht auf den Fetten abfärbte. In Wirklichkeit reizte es die Damen nur, daß Kalle in dieser Richtung keinen Willen hatte. Das Verlangen und die zugehörigen Organe, hieß es auf dem Kiez, seien bei ihm im Alter von sechs Jahren stehengeblieben. Seine Bedürfnislosigkeit, was lebendes Fleisch anging, verlieh ihm eine Harmlosigkeit, für die Frauen empfänglich sind, weil sie, ähnlich wie bei Schwulen, keine lästigen emotionalen Verwicklungen zu riskieren glauben. Ein großer Irrtum, wie Stragler natürlich wußte.

Nur einmal hatte Schnauzen-Kalle die Berührung mit einer Frau Befriedigung verschafft. Das war, als er den zentnerschweren, auf dem alten Diebsteicher Friedhof gestohlenen Todesengel aus schwarzem Granit im Leiterwagen für Peng-Peng durch halb Hamburg hatte karren müssen. Alle paar hundert Meter war Kalle stehengeblieben, hatte sich den Schweiß abgewischt und dem Engel zugeflüstert, daß es jetzt wirklich nicht mehr weit nach Ohlsdorf sei. Erst in Steilshoop glaubte er sich unbeobachtet. Dort fuhr er dem Engel zärtlich mit der Hand über die kalten Brüste und küßte ihn innig auf die etwas abgeschlagenen Granitlippen.

Auch Hitler konnte nicht, hatte der Fotograf Kadaver-Kalhaber Schnauzen-Kalle oft im *Zockatero* getröstet, wenn ihn die anderen mit seinem Gebrechen aufzogen, und ihn mit einer seiner Satzvariationen aufgemuntert: Trotzdem hat er die Welt gründlich verändert, der Hitler, sagte er. Gründlicher als alle, die konnten. Gründlicher, als wenn er gekonnt hätte. Viel gründlicher verändert hat er sie. Obwohl er überhaupt nicht gekonnt hat. Nicht einmal mit der Eva Braun. Kadaver-Kalhaber variierte jede Banalität wie ein Saxophonsolo: Es ändert sich alles, sagte er zum Beispiel, alles ändert sich, nichts, was sich nicht ändert.

Wie, fragte sich Schnauzen-Kalle wahrscheinlich, nachdem Pudel-Paul endlich ruhig war, konnte man das dem Stragler beibringen.

Es hatte gedauert und gedauert und gedauert, bis Pudel-Paul aufgehört hatte, mit seinem »Haaah, Haaah, Haaah« die Nachbarschaft rebellisch zu machen. Und dann war er nur halb verbrannt. Schnauzen-Kalle hatte es sicher als himmlische Fügung genommen, daß ein Stück von einem Zweizollrohr nicht nur in seiner Reichweite lag, sondern daß er es im unruhigen Schein des brennenden Pudel-Paul sogar fand, als er auf allen vieren verzweifelt nach dem, in rechtsmedizinischen Berichten so genannten, stumpfen Gegenstand suchte, um ihn Pudel-Paul auf den Schädel zu hauen.

Pudel-Paul hatte, damit war Schnauzen-Kalle erst viel später herausgerückt, zuerst nicht recht Feuer fangen wollen. Nachdem er dann schließlich brannte, wollte Schnauzen-Kalle ihn nicht leiden lassen. Dazu kannte man sich zu lange, hatte zu vieles gemeinsam erlebt. Das konnte Stragler nachempfinden.

Natürlich hatte Kalle, weil er es wieder einmal besonders gut machen wollte, ein paarmal danebengeschlagen. Wieder einmal waren ihm sein Gewicht und das viele Fett um die Hüften im Weg gewesen, das ihm und seiner ganzen fetten Verwandtschaft die Behendigkeit nahm und so eine ganze Reihe von beruflichen Karrieren verschloß. Dafür hatte nach Straglers Beobachtung die hereditäre Korpulenz die Familie ähnlich zusammengeschweißt, wie das auch familiäre Häßlichkeit tut.

Bis auf das Sieden der Flammen war endlich Ruhe. Funken ritten auf der warmen Luft als leuchtende Spirale in den Nachthimmel. In den Wohnblocks gingen die ersten Lichter an. Die Frühmaschine aus Frankfurt war »outer marker inbound« und setzte in Fuhlsbüttel zur Landung an.

Kalle sah den Funken nach und versuchte zu weinen, aber so wie ihn Stragler kannte, war ihm das bestimmt nicht gelungen. Statt zu weinen, dachte er vielleicht an den gewaschenen und gekämmten Kopf von Peng-Peng, für den er den geilen Todesengel aus schwarzem Granit quer durch Hamburg gekarrt hatte.

Später stellte sich heraus, daß Schnauzen-Kalle und Pudel-Paul im Kaufhof für die zwei Plastikkanister sechsundzwanzig Mark vierzig hingelegt und sie dann für zehn Mark an einer Tankstelle gefüllt hatten, um sie dem Wiener-Teddy in sein Nobel-Puff zu kippen.

Der erste Kanister war verpufft, nachdem ihn Pudel-Paul durch das eingeschlagene Fenster dem Wiener-Teddy in seinen Luxusladen *Maria Theresia* geschüttet und mit »arabischer Hast«, so später Kadaver-Kalhaber, eine brennende Zeitung hinterhergeworfen hatte. Ein gewaltiger Feuerstoß war ihm entgegengeschlagen. »Dumme Nuß!« brüllte ihn Kalle an. Pudel-Paul winselte, wollte unbedingt in eine Klinik, weil er nichts mehr sah und Schmerzen hatte. Er hätte sich selber sagen müssen, daß man nicht in eine Klinik gehen kann, wenn man sich beim Abfackeln anzündet.

Im Auto wimmerte Pudel-Paul zuerst ganz friedlich vor sich hin, fing aber an zu plärren, als er merkte, daß da kein Krankenhaus war, wo ihn Schnauzen-Kalle aus dem Wagen zerrte. Die betriebsamen Geräusche einer Notaufnahme fehlten ihm, es roch nicht nach ärztlicher Hilfe, sondern nach Mauerpilz und alten Lappen.

Pudel-Paul tat Schnauzen-Kalle so leid, wie ihm noch nie jemand leid getan hatte, als er den Inhalt des zweiten Kanisters über ihm ausleerte und ein Streichholz anriß.

Endlich war Pudel-Paul still. So friedlich hatte er im Leben nie geschaut, wie in dem kurzen Augenblick, bevor er sein Gesicht endgültig von Kalle abgewandt und unter sich in den feuchten Kies gedrückt hatte. Bald war sein Kopf schwarz, schien etwas kleiner geworden zu sein. Schnauzen-Kalle hatte nach Benzin gerochen.

Was glaubst du, hatte ihm später der Fotograf Kadaver-Kalhaber die Schrumpfung des Pudel-Paul erläutert, fünf Liter Sprit, das reicht, um einmal quer durch ganz Hamburg zu fahren, so viel Energie ist da drin. Quer durch Hamburg reicht das. Und sogar noch weiter bis Wedel.

Stragler erinnerte sich, daß die Fotos der Rechtsmedizin damals auf dem Kiez herumgereicht wurden und auf großes Interesse stießen.

Könnte von mir sein, hatte der Fotograf Kadaver-Kalhaber etwas gezwungen gesagt, mit der gespielten Hochachtung des Profis gegenüber den Zufallstreffern von Laien. Eigentlich war er es, der sich auf derartiges Bildmaterial spezialisierte, weil es sich noch besser verkaufte als »Titten und Ärsche«, wie er sich ausdrückte. Sein Durchbruch war vor vielen Jahren die Leiche der reichen Zahnarztwitwe Maria Moser im Loogestieg 8 gewesen, die er fotografiert hatte, noch bevor die Schmiere eingetroffen war.

Über die, sagte er, bin ich quasi gestolpert, bin ich über die. Noch bevor die Mordkommission über die gestolpert ist. Wenn du keinen Namen hast, sagte er, dann kannst du mit Herzblut fotografieren. Man braucht eine reiche Zahnarztwitwe, die schon ein paar Tage tot ist, das ist es, was man braucht, weil einem Herzblut überhaupt nicht weiterhilft.

Selbst Stragler war es rätselhaft, wieso die Sektionsfotos von Pudel-Paul, die für die Tatort- und Spurenmappe der Mordkommission bestimmt gewesen waren, damals so schnell auf dem Kiez gelandet waren. Alles kam schnell auf den Kiez, was für den Kiez von Belang war, als reichten seine Wurzeln bis ins Rathaus und ins Polizeipräsidium, um Einschlägiges anzusaugen. Dabei bildete sich Stragler ein, daß alle wichtigen Verbindungen zur kommunalen Regierung über ihn liefen.

Weil Pudel-Paul damals mit dem Bauch auf dem feuchten Boden der Baugrube gelegen hatte, auf dem Seziertisch aber auf den Rücken gedreht worden war, konnte man seinen Bauch samt Nabel und sein primäres Geschlechtsorgan erkennen, das inmitten der Zerstörung ein Bild rührender Keuschheit bot. Auch die Knie waren nicht verbrannt. Mit Benzin, 93 Octan, übergossen und angezündet zu werden war eine Art Generalabsolution. Niemand machte sich mehr über den Wunschtraum Pudel-Pauls lustig, mit dem er zu seinen Lebzeiten allen auf die Nerven gefallen war. Jahrelang hatte er von einer Pudelzucht geträumt, mit der er eines Tages reich werden wollte. Und das in Hamburg! Stragler schüttelte jetzt noch den Kopf, wenn er daran zurückdachte. Wenn es wenigstens Corgis gewesen wären. Queen Elizabeth die Zweite hatte Corgis in Sandringham. In Hamburg kam nur in Frage, was britisch war. Selbst in den besten Geschäften verkauften sie marineblaue Jakken mit hübschen vergoldeten Blechknöpflein, in denen Männer aussahen wie Liftboys. Diese sogenannten

Blazer waren die Lederhosen Hamburgs. In besseren Puffs hingen kolorierte Stiche von Fuchsjagden an der Wand, mit Unterschriften wie »Breaking Cover«, »The Chase« oder »The Kill«. Sogar der Praterlude und Intimfeind Straglers, der Wiener-Teddy, trug in Hamburg nicht seinen austrofaschistischen Lodenkotzen, sondern einen taillierten und daher auf vornehme Weise zu engen »overcoat« aus original »game-keepers-twill«. Corgis, das schon. Aber Pudel!

Pudel-Paul war für die Schmiere nur kurz eine ungeklärte Leichensache gewesen. Unverwechselbar war das knallgelbe Glasauge, das, abgesehen von einem Sprung durch die Hitze, unbeschädigt geblieben war. Es war so schwefelgelb wie die Augen eines Steinkauzes. Das echte hatte er durch einen winzigen Bombensplitter verloren. Glasaugen waren gegen Ende des Krieges knapp gewesen. Er hatte nur die Wahl gehabt zwischen einem grasgrünen und dem knallgelben und sich für das knallgelbe entschieden.

Stragler sah, als wäre er dabeigewesen, wie die hübsche Rechtsmedizinerin die Glasprothese elegant mit einer Nirosta-Zange aus dem schwarzen Schrumpfkopf von Pudel-Paul herauspolkte, es dem Pathologen zeigte, der es mit gelangweilter Stimme auf dem Band eines Diktiergerätes vermerkte, während es die Rechtsmedizinerin mit einem Plopp! in den Entsorgungseimer fallen ließ.

Das Auge war stadtbekannt. Über diesem Auge hatten die meisten Leute das gesunde Auge Pudel-Pauls völlig vergessen, das sanft und braun gewesen war.

Die meisten Leute haben dem immer nur in das knallgelbe Auge geschaut, haben sie, sagte Kadaver-Kalhaber und lachte über die Leute, die sich so hatten täuschen lassen. Nicht in das braune haben sie ihm geschaut, in das nicht. Das gelbe war größer, war es. Sein Glasauge war wie eine Tarnkappe.

Pudel-Paul hatte alle Gesprächspartner mit seinem sanften braunen Auge gewissermaßen aus der Deckung heraus beobachten können, wie durch eine Ritze in einem Bauzaun. Nur Stragler hatte sich nicht von dem aufgerissenen knallgelben Glasauge täuschen lassen. Er hatte zu Pudel-Pauls Lebzeiten immer in das braune geschaut. Das führte zu einer besonderen Beziehung, und deshalb hatte Stragler nach Pudel-Pauls Heimgang Schnauzen-Kalle beauftragt, einen schönen Sarg zu besorgen.

Schnauzen-Kalle verstand.

Mit außen geilen Putten drauf, sagte er.

Keinen Nasenquetscher, ordnete Stragler an, und da man Pudel-Paul schlecht vorzeigen konnte, vergrößerte Kadaver-Kalhaber ein farbiges Porträtfoto von ihm auf Lebensgröße, legte es in den Sarg und drapierte es hübsch mit weißem Seidendamast. Nach der Beerdigung hatte Kadaver-Kalhaber Stragler gestanden, wie sehr er es bereute, daß er bei der Aufnahme zu Pudel-Paul gesagt hatte: Lächeln sollst du, nicht saudumm grinsen, du Blödmann. Pudel-Paul hatte sich schwergetan mit dem Lächeln. Die meisten Leute taten sich schwer, wenn Kadaver-Kalhaber nach Verkehrsunfällen kommandierte: Lächelnnnn! Obwohl die meisten Leute folgsam sind, wenn sie fotografiert werden.

Sogar die Blase des Wiener-Teddy vom Original Wiener Luxus-Puff *Maria Theresia,* die braungebrannt nach den Hitzeferien aus Ibiza zurückkehrten, um die Brandversicherung für ihr Puff zu kassieren, hatten Kadaver-

Kalhaber für die lebensnahe Vergrößerung des Porträts Komplimente gemacht.

Es gibt Leute, die sind fotogener, gibt es, sagte Kadaver-Kalhaber bescheiden.

Unerforschter Ratschluß ..., sagte Schnauzen-Kalle.

...licher Ratschluß, korrigierte ihn Stragler. Unerforschlicher Ratschluß. Und tu endlich was gegen deine Blähungen.

Stragler hatte immer gewußt, daß er in bezug auf Pudel-Paul genauso recht behalten würde wie mit Dr. Suhl oder mit Peng-Peng. Er war von Anfang an davon ausgegangen, daß es Pudel-Paul auf dem Kiez nicht lange machen würde. Seit Stragler begonnen hatte, sich für Politik zu interessieren, ging er lieber von etwas aus, statt einfach etwas zu meinen.

Liebe und Geld vertragen sich nicht. Davon war er überzeugt. Reich werden konnte man nach Straglers Meinung nur mit Huren, die einem egal waren. Auch die Liebe zu Pudeln schloß nach Straglers fester Überzeugung aus, an ihnen richtiges Geld verdienen zu können.

Tiere und Huren sind immer noch ein gewaltiger Unterschied, sagte der braungebrannte Rechtsanwalt Dr. Harik junior, auch eine der zahllosen Figuren am Rand von Straglers Karriere.

Stragler brauchte Harik nicht, um zu wissen, daß Vergleiche zwischen Menschen und Tieren in Hamburg umstritten sind. Er selbst hätte nichts dagegen gehabt, mit einem Bussard oder auch mit einem Hund verglichen zu werden. Die Empörung über derartige Vergleiche hielt er für die lächerliche Arroganz einer Art, die durch die Ausstülpung eines Frontalgehirns zu einem Freak mutiert war, das zwar Atombomben erfinden konnte, aber zum Überleben zu dumm war. Der Vergleich von Menschen mit Tieren, das fiel Stragler auf, war manchmal erlaubt und manchmal wieder nicht. Niemand hatte etwas einzuwenden gehabt, als ein Hamburger Nachrichtenmagazin das Kind eines deutschen Spitzentennisspielers und einer schönen dunkelhäutigen Frau einen »Frischling« nannte und es damit zum Abkömmling von einem hauenden Schwein und einer Wildsau machte. Ärger hatte es erst gegeben, als dasselbe Magazin einen TV-Entertainer, der sich auf Witze über Bücher spezialisiert hatte, als Hund darstellte.

Straglers Erinnerungen machten vor nichts und vor niemandem halt. Worauf sind wir eigentlich so stolz? hatte Stragler nach der Beerdigung der ehemaligen Ruinenbesitzerin Luise Schanz den Pastor aufsässig gefragt, denn der Pastor hatte in einen steifen Nordost hinein penetrant von Unvergänglichkeit geredet, von der Krone der Schöpfung, die sich in jedem Lebenslauf spiegele, und vom Antlitz des Herrn, das in jedes Grab schaue. Dabei hatte er ständig nur Stragler angesehen, der die Kinoruine geerbt hatte. Der Blick des Pastors war eine einzige üble Nachrede gewesen.

Der Sinn des Lebens ist, zu überleben, sagte Stragler. Wer stirbt, hat unrecht.

Der Pastor wandte daraufhin endlich seinen Blick ab. Stragler trug ihm nichts nach. Es war einer seiner schönsten Wesenszüge, daß er weder sich noch anderen etwas nachtrug. Er war vergeßlich wie ein junger Hund. Das war nicht die einzige Ähnlichkeit mit diesen Tieren. Welpen halten normalerweise ihr Spiegelbild für einen Artgenossen. Wenn ihnen das aber die Nase nicht sofort bestätigt, verlieren sie jedes Interesse. Ein Spiegelbild ohne Geruch ist für einen Hund genauso langweilig wie eine geruchlose Frau für einen normal empfindenden Mann. Unter Tausenden von Welpen gibt es aber immer einen, einen ganz besonderen, der an irgend etwas erkennt, daß das, was er im Spiegel sieht, er selbst ist. Dann wedelt er erfreut mit dem Schwanz, produziert sich, macht Faxen und findet sich rundherum großartig. So war Stragler. Er war mit sich fast immer einverstanden. Auf ihn hätte gepaßt, was Lord Byron seinem Hund ins Grab nachgerufen hat: »Schönheit ohne Eitelkeit. Stärke ohne Angabe. Mut ohne Grausamkeit.« Obwohl Schönheit im Zusammenhang mit Stragler nicht zutreffend gewesen wäre. Der Fürst von Ligne hätte ihn und nicht den Giacomo Casanova gemeint haben können, als er sagte: »Er wäre ein schöner Mann, wenn er nicht so häßlich wäre.«

Stragler erinnerte sich an die Sache mit Pudel-Paul, an seine erste Begegnung mit der Praterhure Mizzi Buszek oder mit dem Fremdenlegionär Dieter Pleng, als wäre sie gestern gewesen. Andererseits vergaß er mühelos, was er sich noch vor Stunden geschworen hatte, niemals zu vergessen. In seiner Erinnerung drifteten zeitgleiche Ereignisse manchmal um Jahre auseinander, während andere, zwischen denen Jahrzehnte lagen, sich auf Tage oder Stunden zusammenschoben.

Seine Erinnerung stellte die Ereignisse um, wie manche Leute ständig ihre Möbel umstellen. Stragler wußte zum Beispiel immer wieder nicht, ob die große Sturmflut vor der Ermordung Kennedys war oder danach. Aber er wußte genau, daß er sich an dem Tag, an dem General Charles de Gaulle bei strömendem Regen vom Balkon des Hamburger Rathauses die Marseillaise oder etwas anderes heruntergesungen hatte – genau war das nicht zu verstehen gewesen, weil das Protokoll des Senats vergessen hatte, eine Lautsprecheranlage zu installieren –, daß er sich an diesem Tag seine Haare hatte kurz schneiden lassen.

Nach dem Aufstehen hatte er seinen Kopf zum erstenmal einer Neigung zur Glatze verdächtigt und sich sofort entschlossen, dieser Neigung durch gründliches Scheren ein Ende zu machen. Er brauchte keine Haarpracht mehr, um Frauen zu beeindrucken. Aus seinem früh beginnenden körperlichen Verfall hatte er angesichts des tantenhaften Generals einen Triumph gemacht. Er vergaß, was er nicht erlebt haben wollte, und erinnerte sich an anderes, das er gar nicht erlebt haben konnte.

Wie ein ganz normaler Mensch, sagte er, wenn ihn der Fotograf Kadaver-Kalhaber auf Widersprüche hinwies. Der war der einzige in der Hohen Partie, der nicht zulassen wollte, daß sich Stragler nach und nach ein anderes Leben erfand, eines, das er gerne gelebt hätte, aber nicht gelebt hat.

Damals, nach der Verbrennung von Pudel-Paul – um bei diesem Beispiel zu bleiben –, hatte Stragler sofort gewußt, daß etwas schiefgegangen war, als er Schnauzen-Kalle allein zur Hohen Partie im *Zockatero* hinter der Damentoilette im ersten Stock über dem *Golden City* zurückkommen sah.

Ich weiß auch nicht, warum, hatte Schnauzen-Kalle zu Stragler gesagt und sich den Schweiß abgewischt. So etwas deprimiert mich.

Werden und Vergehen, beruhigte ihn Stragler.

Ich bin ein Siebenmonatskind, versuchte Kalle seine Empfindsamkeit zu entschuldigen. Das hängt einem ein Leben lang nach.

Warum muß er auch herumschreien? fragte Stragler

Schnauzen-Kalle, aber das konnte der auch nicht beantworten.

Mitten in der Nacht, beklagte sich Kalle. Wo alles so hellhörig ist.

Irgendwann erwischt es jeden, sagte Stragler abschließend. Gemessen an der Ewigkeit vorher und der Ewigkeit nachher ist es eigentlich egal, wann.

Sowieso, stimmte Schnauzen-Kalle zu.

Tötungsdelikte, hatte Stragler ausgeführt, Tötungsdelikte sind reine Hirngespinste der Justiz. Es gibt überhaupt keine Tötungsdelikte. Wie will man jemanden abmicheln, der irgendwann sowieso, ganz von selber und ohne jedes Zutun, abmichelt? Wie soll das gehen? fragte er Schnauzen-Kalle. Kann mir ein Mensch sagen, wie man jemanden abmichelt, der todsicher von selber stirbt?

Auch das wußte Schnauzen-Kalle nicht.

Verkürzen, ja, das eher, stimmte Kadaver-Kalhaber zu, der alles hörte, was nicht für ihn bestimmt war. Verkürzen ist alles, was man kann. Er sagte es mit einem resignativen Unterton, als sei er traurig darüber, daß man trotz aller Anstrengung so wenig bewirkt in diesem Leben. Verkürzen, sagte er, das schon, das geht. Bestenfalls verkürzen.

Stragler erinnerte sich an jede Karte, die er jemals in einer Hohen Partie gespielt hatte. Auch zum Beispiel an den Abend, an dem Schnauzen-Kalle ins *Zockatero* zurückgekommen war und wegen Pudel-Pauls Heimgang Anzeichen einer Depression hatte erkennen lassen.

La Mamma, die Herz-Dame, hätte Stragler damals »gin« gemacht und ihm alle drei Partien gewonnen. Er hatte aufgeblickt und das Mienenspiel des Fotografen studiert, um herauszufinden, ob der die Herzdame tatsächlich hatte. Stragler registrierte jedes Zögern, jede Begehrlichkeit, jede Hoffnung und jede Enttäuschung in den Gesichtern der Gegenspieler. Es entging ihm nie, wenn sich ihre Pupillen für den Bruchteil einer Sekunde weiteten, weil die rettende Karte endlich erschienen war, und er registrierte den Glanz der Angst auf ihrer Haut, wenn ihnen die Partie rettungslos absoff.

Kadaver-Kalhaber wollte die Herz-Dame damals partout nicht loslassen, obwohl er nicht das geringste mit ihr anfangen konnte. Der Schlitten war so gut wie zu Ende. Nur noch vier verdeckte Karten waren übrig. Seinerseits hielt er eigensinnig ein lebensgefährliches Pik-As, das ihn eine Menge kosten konnte.

Kadaver-Kalhaber ließ die Herz-Dame damals schließlich doch aus, weil er nämlich auf Karo- und Kreuz-As hockte und sich verzweifelt das dritte As von Stragler erhoffte, wenn er ihn mit der Dame vollstopfte. La Mamma! brüllte er und knallte die Herz-Dame auf den Tisch. Stragler nahm die Karte und hielt sie sich mit einem verklärten Lächeln unter die Nase, um auf dem ranzigen Papier, durch den schalen Zigarettenrauch hindurch, den Angstschweiß von Kadaver-Kalhabers Hand zu wittern.

Das hättest du wissen müssen, lachte Stragler, ordnete die Herz-Dame zierlich mit spitzen Fingern in seine Coeur-Sequenz ein und ließ das endlich befreite Kreuz-As verdeckt rotierend auf den Tisch segeln, drehte die Karten um und hielt sie Kadaver-Kalhaber vor die Nase. Der Fotograf grabschte sich das Kreuz-As und stöhnte: Ich bin ein Idiot, bin ich.

Der Fotograf log nie, oder besser gesagt, nie mehr, seit er verrückt geworden war. Als er mit Schnauzen-Kalle das Abschleppseil zugezogen hatte, das Dr. Suhl, Straglers Verbindungsmann zum Hamburger Rathaus, um den Hals hatte, verlor er in einem einzigen Augenblick den Verstand. Er erlitt einen Schock, weil er merkte, daß ihm der Heimgang von Dr. Suhl völlig egal war, obwohl er doch, widerwillig zwar, mit angefaßt und ganz fest mit schmerzhaften Gewissensbissen gerechnet hatte. Das Erlebnis hatte, wie mit einem Lichtblitz, sein Gehirn erhellt und offenbar auch etwas versengt, jedenfalls hatte es ihn für immer zu träge zum Lügen gemacht.

Seit der Sache Suhl hatte er nur noch gesagt, was er wirklich dachte. Von da an war Kadaver-Kalhaber auf dem Kiez genausowenig gesellschaftsfähig gewesen, wie es ein Hamburger Reeder im Atlantic Club gewesen wäre, der andauernd gesagt hätte, was er dachte. Kadaver-Kalhaber sprudelte alles aus dem Mund, was ihm durch den Kopf ging. Er wußte viel und war daher eine wandelnde Sprechbombe, von der niemand sagen konnte, wann sie explodieren und eine Menge Schaden auf dem Kiez anrichten würde. Deshalb mußten sie den Fotografen überall mit hinschleppen, damit man sofort einschreiten konnte, wenn er etwas sagte, was er nicht hätte sagen sollen. Aber es war vertrackt: Weil sie ihn überall dabeihatten, erfuhr er immer noch mehr. Man durfte ihn keine Sekunde aus den Augen lassen. Es war ein Teufelskreis.

Angefangen hatte Kalhaber mit einer »Leica«, die sein Vater kurz vor dem, von Mitläufern so genannten, Zusammenbruch den Beständen der Luftwaffe entnommen hatte. Das geklaute Stück war eine fliegergraue Spezialanfertigung, mit der die Piloten der Luftwaffe das brennende Coventry für den Rosenheimer Fettwanst Hermann Göring fotografieren sollten. Nach dem Krieg hatte Kadaver-Kalhaber bei schweren Unfällen oder Verbrechen Pressefotos gemacht. Die Leute sehen gern Blut, sagte Kadaver-Kalhaber. Bei Shakespeare oder in der Morgenpost, wo, ist ihnen egal, ganz egal ist ihnen das, wo. Sie wollen wissen, ob es stimmt, daß sie bloß ein Haufen Knochen und Blut sind, wollen sie wissen, der nach ein paar Tagen stinkt. Ich fotografiere ihnen die Wahrheit, fotografiere ich. Reklame sollen die anderen machen.

All das macht deutlich, wie schwierig es ist, Straglers letzte Woche übersichtlich zu ordnen, zumal er selbst als Quelle weitgehend ausscheidet. Man muß die Ereignisse dieser Woche aus einem Brei von Gerüchten herausfischen, kann sie nicht ohne Abschweifungen schildern und nicht, ohne gelegentlich aus Vermutungen Gewißheit zu machen.

Lange Zeit war nicht einmal sicher, ob Straglers Taufname tatsächlich Joseph war. In seiner ersten Zeit auf dem Kiez wurde er Willy genannt, aber der Name war von Anfang an zweifelhaft gewesen. In Thalpointing, wo Stragler aufgewachsen war, nennt man Knaben nicht so. Schon gar nicht mit Ypsilon am Schluß. Den Titel Cavaliere, den er sich für den Besuch der Queen in Hamburg bei einem Verkäufer für Damenunterwäsche und späteren Konsul, mit dem Beinamen »Der Schöne«, besorgt hatte, führte er nur ein paar Wochen lang. Das war seine aristokratische Periode gewesen.

Auf dem Kiez hatte er andere Spitznamen als im CDU-Bezirksverein Hamburg Mitte oder im SPD-Ortsverband St. Pauli. Ein paar Monate lang hatte sich Stragler den Künstlernamen Hansen zugelegt. Das war in seiner großbürgerlichen Epoche gewesen, als er sich ein Reitpferd zugelegt und für kurze Zeit die Generalvertretung einer deutschen Auto-Nobelmarke übernommen hatte. Als ihn der Senator, den er in der Tasche hatte, einmal aufforderte, endlich öffentlich politisch Farbe zu bekennen, hatte er gesagt, daß er sich das als Zimmervermieter und Bordellier nicht leisten könne, und schon gar nicht als Geschäftsmann, der seine Nobelkarossen genauso gerne an Linke wie Rechte verkaufe.

Je mächtiger Stragler wurde, desto schwieriger war es, die Wirklichkeit vom Hörensagen zu trennen. Wenn es dennoch hin und wieder gelang, dann dank der Praterhure Mizzi Buszek, dank dem »Spiegel-Archiv« und dank dem Hamburger Datenschutz. Die Datenschützer hatten schon sehr früh ein Dossier über Stragler angelegt und es den Grünen und der FDP zugespielt, weil er ihnen von Anfang an verdächtig vorgekommen war und sie sich als eine ideologische Clearing-Stelle verstanden, als eine Art demokratisch-rechtsstaatlicher KGB, der Datenmunition, entsprechend der Präferenz der Datenschützer, unschädlich macht oder auch scharf.

Stragler kam ihrer Meinung nach aus irgendwelchen Bergen und hatte sogar vor Zeugen gesagt, daß die Bürgerschaft bei jeder Wahl »Türken« baue und daß ihm das Preisgefüge der Abstecken für Huren auf dem Kiez genauso ein »spanisches Dorf« sei wie der Etat der Hansestadt, in dem, sage und schreibe, siebzig Millionen Mark Einnahmen von Falschparkern und Schnellfahrern steckten. Er hatte Sinti und Roma Zigeuner genannt, wie sie sich auch selber nannten, und die wenigen Italiener auf dem Kiez als »Katzelmacher« bezeichnet, wie zu Hause in Thalpointing. Dabei hatte Stragler gar nicht daran gedacht, die Türken, die Zigeuner oder die Italiener zu beschimpfen. Die Italiener mochte er sogar besonders gern. Viel lieber, sagte er oft, als zum Beispiel die Rheinländer mit ihrem ständigen Humor. Die Italiener, sagte er, haben keine Vorurteile. Die bescheißen sich gegenseitig genauso wie alle anderen.

Sonntag

1

Am Sonntagabend sah Stragler sich im Studio-Monitor der NDR-Talk-Show und gefiel sich. Der Stragler, den er mit zahllosen anderen sah, kam ihm entspannt und souverän vor.

Ein halbes Dutzend Morde sind es, Herr Stragler, mit denen man Sie in Verbindung bringt, sagte der Talkmaster.

Stragler nickte geschmeichelt.

Wie lebt man damit?

Zu Unrecht nachsagt, mischte sich Rechtsanwalt Dr. Harik junior ein und hob die Hand, um ihn zu bremsen.

Völlig zu Unrecht, grinste Stragler. Er lockerte seine Krawatte, würgte an seinem blütenweißen Hemdkragen. Der mitternachtsblaue Zweireiher war noch rechtzeitig zu seinem hundertsten TV-Talk vom Schneider gekommen. Der Anzug kam ihm zu eng vor. Ständig war ihm alles zu eng. Was ihm im Laden oder beim Schneider gerade noch gepaßt hatte, schien auf seinem Körper zu schrumpfen. Der beste Stoff warf schon nach wenigen Stunden Falten.

Mit seiner Kleidung stand Stragler von jeher auf Kriegsfuß. Seit er zur Kommunion in Thalpointing die ersten Strümpfe bekommen und über seine vom Barfußlaufen abgehärteten Füße gestreift hatte, war es ihm ein Rätsel geblieben, wie andere Leute unterscheiden konnten, ob sie ihre Socken rechtsherum oder linksherum anhatten. Der Umgang mit Rasierwasser machte ihn später fast noch ratloser.

Wer will riechen wie eine Zitrone? beschimpfte er Vera, die ihm alle möglichen Duftwässerchen, »pour l'homme«, ins Bad gestellt hatte, als sie sich endlich die Villa Ihlenfanger mit Freitreppe und Park leisten konnten. Jeder Scheiß-Kloreiniger hat Zitrusduft! Scheint billig zu sein, der Zitrusduft. Heute hast du als Mann geruchsmäßig nur die Wahl zwischen Tennisspieler und Tucke. Wie ein Mann darf keiner mehr riechen. Wenn es so weitergeht, parfümieren die bald Kühe und Autos.

Du duschst dreimal am Tag, und angezogen siehst du aus wie einer, der unter Brücken schläft, hatte Vera erwidert.

Natürlich zu Unrecht, Herr Rechtsanwalt, sagte der Talkmaster. Dabei schaute er in die Kamera, als wäre das Objektiv das Auge einer einäugigen Märchenfee. Die Affäre Peng-Peng soll hier und heute bei uns kein Thema sein.

Und auch nicht die Affäre Suhl, oder die Affäre Schanz. Er machte eine Pause. Jetzt wußte jeder, was für ein Kaliber er für die Zuschauer aufgerissen hatte, »als Faktor des Prozesses freier Meinungsbildung« sozusagen, wie es im NDR-Staatsvertrag stand.

Das wollen wir festhalten, sagte Rechtsanwalt Dr. Harik junior konziliant und hob wieder die Hand wie zu einem Segen, um allem Weiteren das anwaltschaftliche Imprimatur zu geben.

Ergiebige Talkgäste brachten fast immer Anwälte in TV-Sendungen mit. Nur Politiker taten das nicht. Vermutlich weil die meisten von ihnen selber Anwälte waren und weil sie ohnehin nur Unverbindliches sagen wollten. Sie hatten Bodyguards als Ausweis ihres politischen Stellenwerts dabei, adrette Männer mit muskulösem Hintern, kurzem Haarschnitt und gesunder Gesichtsfarbe, die außerhalb des Scheinwerferlichts im Studio herumstanden und versuchten, unauffällig zu sein.

Der Talkmaster schaute Stragler bewundernd und aufmunternd zu. Dieser Blick, eine Mischung aus Begeisterung und froher Erwartung, war gefährlich, damit hatte er schon viele Leute dazu gebracht, sich um Kopf und Kragen zu reden.

Stragler zog seinen Anzug zurecht und machte seinen mittleren Jackenknopf zu. Er hatte plötzlich das Gefühl, daß Vera zusehen und ihm nachher wieder seinen Bauch vorhalten würde, obwohl sie gar nicht mehr zusehen konnte. Immer wenn Stragler das bewußt wurde, schnürte es ihm die Kehle zu und er nahm sich vor, den Crailsheimer irgendwann doch nach Einzelheiten zu fragen.

Seit den alten Griechen, er warf Rechtsanwalt Harik einen Blick zu, der Anerkennung heischte, seit rauher Vorzeit, sagte er, grau und rauh verwechselnd, ist der Größte, wer die meisten Feinde erschlägt. Wer im Krieg die meisten zwickt, kassiert die größten Orden.

Der Ruhm eines Häuptlings hängt von der Zahl der Skalps an seinem Gürtel ab, versuchte Rechtsanwalt Harik dem Gespräch eine ethnologische Wendung zu geben.

Der Talkmaster winkte Harik mit einer Handbewegung ab, die seine Talkgäste vor Einwürfen und Unterbrechungen abschirmen sollte, wenn sie begannen, sich in Schwierigkeiten zu talken.

Ein Geschäftsmann, der allen Konkurrenten den

Hals abschneidet, kriegt Straßen und Plätze nach sich benannt, sagte Stragler.

Das Publikum lachte, johlte und applaudierte, weil ihnen der Aufnahmeleiter Beifall vorgehampelt hatte. Einer pfiff durch die Finger wie beim Sechstagerennen. Dieselben Leute, die nach der Todesstrafe schrien, wenn ihnen jemand das Autoradio klaute, waren begeistert, einen vor sich zu haben, der nach Blut duftete und nicht nach Zitrone.

Rechtsanwalt Harik junior hatte Stragler vor der Sendung gesagt, er solle ruhig seine Philosophie, er hatte wirklich »Philosophie« gesagt, einbringen. Denn jeder Furz, auch dieses Wort hatte er gebraucht, der irgendeinen Schwachsinn im Fernsehen moderiert, spielt heute den Philosophen. Kritik an einer Gesellschaft hatte Harik seinem Mandanten empfohlen, die Leute wie uns möglich macht. Beide hatten sich halb totgelacht.

Also puren Blödsinn soll ich verzapfen, hatte Stragler gesagt, nachdem er wieder Luft bekommen hatte.

Genau das, was man im Fernsehen sagen muß, hatte Rechtsanwalt Harik junior ihm geraten. Oder glaubst du vielleicht, daß Politiker nicht wissen, was für einen Unsinn sie verzapfen? Hältst du die für blöd? Die sagen auch nur, was man sagen muß. Fernsehen sei das Medium für Sagenmüsser, erläuterte Harik. Das eben sei der Unterschied zwischen der unfreien und der freien Welt. In Diktaturen sorge die Polizei dafür, daß man nicht sagt, was man denkt. Bei uns in der freien Welt täten das die Medien.

Woanders, in Ruanda oder auf dem Balkan, werden Millionen massakriert, sagte Stragler in die Kamera. Und wir? Was tun wir? Nichts. Aber wenn in St. Pauli irgendein Nichtsnutz herumliegt, dann führen sich alle wunders wie auf. So wie die Amerikaner den Stellvertreterkrieg erfunden haben, in dem andere krepieren, sagte er, so haben wir den Stellvertreterpazifismus erfunden, für den andere krepieren. Als Pazifist kann einem jede Schlächterei auf der Welt egal sein, solange man sich aufregt, wenn in Hamburg ein usbekischer Kistenschieber von der Schmiere ein paar in die Eier kriegt.

Diesmal kam der Beifall spontan.

Eine richtige Hafenstadt, ein Tor zur Welt, braucht einen dunklen Hintergrund, vor dem sie glänzen kann, lächelte der Rechtsanwalt nachsichtig, als wären die Kraftausdrücke Straglers von der »Tourismus-Zentrale Hamburg GmbH« erfunden worden und daher nicht für bare Münze zu nehmen.

Der Aufnahmeleiter signalisierte dem Publikum »Applaus!«, um dem Fernsehen auch Rechtsanwalt Hariks Gewogenheit zu erhalten. Die Leute applaudierten gehorsam und trampelten mit den Füßen.

Ohne Harik junior war Fernsehen in Deutschland schwer denkbar. Immer wenn der Rechtsstaat in Gefahr war, erschien der Hamburger Anwalt auf allen Kanälen wie ein Nummerngirl als dessen kompromißlosester Verteidiger. Vor Gericht, das betonte er immer wieder, verteidigte er keine Frauenschinder, Messerstecher und Zuhälter, sondern in jedem einzelnen von ihnen den Rechtsstaat schlechthin und den fairen Prozeß im besonderen. Ein Müllmann, dieses Bild nahm er gern zu Hilfe, liebe auch den Müll nicht, diene aber, indem er ihn sammle, der Volksgesundheit. Und ich sammle eine Menge, sagte er dann lächelnd.

Von den Honoraren als Offizialverteidiger hätte er nicht einmal den Beitrag in seinem Golfclub zahlen können. Deshalb bekam er für seine Anstrengung von den Mandanten des Kiez eine Menge schwarzes Geld unter dem Tisch, das er geschickt in Puffanteile reinvestierte. Bei seinen Besuchen in den Kletterbuden prüfte er pedantisch die Blockabrechnungen der Huren, substrahierte Miete, Handtücher, Bettwäsche, Gummis und Notkasse, drückte schon einmal ein Auge zu, wenn eine Pizza dabei war, denn er hatte ein soziales Gewissen. Für Eigenleistungen zahlte er immer bar, um seine Buchhaltung nicht durcheinanderzubringen.

Die einen labern zuviel, schob Stragler, der sich die Show nicht von seinem Anwalt stehlen lassen wollte, schnell nach, die anderen stopfen sich den Kopf voll Koks und versauen allen das Geschäft. Da gibt es eben Ausfälle. Wie beim Drachenfliegen auch.

Großer Beifall.

Solche und ähnliche Äußerungen hoben Straglers Renommee und führten dazu, daß alle Leichen, die man auf dem Kiez fand, zuerst einmal ihm gutgeschrieben wurden. Stragler wurde sogar dann noch in der Presse mit angemessener Entrüstung als Anstifter gefeiert, wenn die wirklichen Täter längst gestanden hatten und abgeurteilt worden waren. Sein Ruf war nicht mit Gold aufzuwiegen. Wenn irgendwo ein Bein oder ein Arm aus dem Müll schaute oder irgendwer als Seife im Hafen angeschwemmt wurde, schüttelte Stragler mit aufgesetzter Empörung den Kopf und lächelte wissend in sich hinein. Das war Kiezpolitik, die, wie jede Politik, zum größeren Teil Reklame war. Niemand wußte besser als Stragler, daß die rote Arbeit nur die Verlierer machten, die Heiermannsluden, die Gummizähler in den Puffs und die Kokskÿpfe, die meistens irgendwann sowieso von der Schmiere erwischt wurden, aber leicht zu ersetzen waren.

Ich komme in das Alter, lachte Stragler beim Abschminken in den Spiegel, in dem die Weiber nicht mehr neugierig sind, sondern bloß noch freundlich. Die Maskenbildnerin schmierte ihm Abschminkcreme ins Gesicht.

Augen zu, sagte sie.

Die jungen Dinger haben keine Angst mehr, daß man sie beißt, sagte Stragler mit geschlossenen Augen.

Sagen Sie das nicht, Herr Stragler, die Maskenbildnerin putzte ihm mit einer Handvoll Schminktücher das Gesicht ab wie einem Säugling den Hintern.

Stragler wußte, daß Reputation immer und überall von der Angst abhängt, die man den anderen einjagt. Er verglich seinen Aufstieg als Zimmervermieter, Gastronom und Unternehmer oft mit der Karriere eines Chefarztes oder mit der eines Feldherrn.

Die leben auch von der Angst der Leute. Angst vor Krankheit, Angst vor einem verlorenen Krieg, Angst vor der Pleite, sagte er. Stragler war ein großer Fan der Politik. Er wäre viel lieber Politiker als Zuhälter geworden, weil er, wie er meinte, als Politiker noch mehr für die Allgemeinheit hätte tun können. Und weil Politik nach seiner Meinung abwechslungsreicher war.

Stragler gehörte zur Prominenz einer Stadt, in der einem der Ruf, über Leichen zu gehen, Einladungen zu Hochzeiten, Geburtstagen oder Geschäftseröffnungen bis in die ersten gesellschaftlichen Kreise hinauf verschaffte. Wer wollte, daß die Boulevardzeitungen von Familienfeierlichkeiten Notiz nahmen, mußte sich eine Größe aus der Zimmervermieterszene an die Festtafel holen. Nur dann ließen sich auch Reporter blicken.

Wenn beim HSV geboxt wurde, wetteiferte die Schickeria mit tausend Jahren Gefängnis um die Ringplätze. Elbchaussee und Reeperbahn hatten miteinander Tuchfühlung. Weiße Anzüge und Foulards, schwarze Seidenhemden und englischer Oxford, Uhren von Rolex und Bulgari. Honoratioren rieben ihre Knie an den Schenkeln von Huren. Damen, die sonst eher durch die Nase sprachen, kreischten wie Paviane, wenn Spukke, Rotz und Blut durchs Scheinwerferlicht flogen. Nur ein Ärztepräsident saß stets etwas weiter hinten, da er sein Gesicht nicht im Zaum halten konnte, wenn es sich bei harten Treffern im Ring lustvoll verzerrte.

Scharen von Damen und Herren pilgerten Nacht für Nacht auf den Kiez, in der Hoffnung, doch in irgendeiner Kneipe mit jemandem die Ellenbogen reiben zu dürfen, an dessen Händen Blut klebte. Meist war die Ausrede ein Besuch von entfernten Verwandten oder Geschäftsfreunden aus Göttingen oder Augsburg.

Damen der ersten Gesellschaft beneideten die Tochter eines Abgeordneten um ihre revolutionäre Gesinnung, die es ihr ermöglichte, regelmäßig bei einem Nebenerwerbskiller in Santa Fu Audienz zu bekommen und den Austausch von zärtlicher Handarbeit zu einer Operation des antiimperialistischen Kampfs zu machen. Die Tochter des Abgeordneten war ein Beispiel dafür, wie leicht Klassefrauen von Männern entflammt werden, die sich über die Normen des Establishments hinwegsetzen. Killer sind in dieser Hierarchie unbestreitbar die männlichsten aller Männer. Der Nebenerwerbskiller hatte zudem mit einem sogenannten Trokar Kiezgeschichte geschrieben, einem Instrument aus der Veterinärmedizin, mit dem Tierärzte dem Vieh bei gefährlichen Blähungen in den Bauch stechen, um Gas abzulassen. Ein Trokar ist dünn, dreikantig und scharf geschliffen, so daß sich der Stichkanal sofort schließt, wenn der Gasdruck nachläßt. Der Lude hatte das Gerät als norddeutsche Variante des in Amerika für ähnliche Zwecke benutzten Eispickels an einer taubstummen Hure, die keine Abstecke mehr brachte, erfolgreich ausprobiert.

Die Journaille hofierte Stragler, er wurde zu Podiumsdiskussionen eingeladen, um über Innenpolitik oder Ökologie seine Meinung zu sagen und amtierenden Ministern ins Wort zu fallen. Man bat ihn zu wesentlich mehr Hochzeiten und Taufen als Neger-Kalle, obwohl der sogar den Bruder der Fürstin Gloria zu seinen Freunden zählte. Als Boxpromoter aber war er glücklos, und seit ihn Nachwuchskräfte am hellichten Tag in einem Lokal in Pöseldorf mit Pistolenkugeln bedient hatten, war er vom Fach des Täters in das des Opfers gewechselt. Mit seinem nostalgischen Nadelstreifenanzug und seiner antiquierten Sonnenbrille kam er noch aus einer wunderbaren Ära, deren originelles Personal sich langsam um einen Platz im Wachsfigurenkabinett an der Reeperbahn umtun mußte.

Stragler war anders, er war weder ein Maulbluffer noch ein Partylöwe. Seine Prominenz machte ihm nicht soviel Freude, wie er sich früher einmal, als Neuling auf dem Kiez, erhofft hatte. Aber er wußte, daß Prominenz ein Stück Macht war.

In seinen Anfängen hatte er sich in Hamburg von alten und müden Leuten umgeben gefühlt, die sich nur verstellten und ununterbrochen junge und geschäftstüchtige Gesichter machten. Er sah sich selbst als den einzigen Naturburschen, der noch Bäume ausreißen konnte. Jetzt kamen ihm alle, sogar die Gleichaltrigen, schrecklich jung vor, und er hatte begonnen, sich müde zu fühlen. Die Praterhure Mizzi Buszek, die dem TV-Talk ebenso zugeschaut hatte wie der halbe Kiez, hatte ihm einzureden versucht, das sei ganz natürlich, denn im Verhältnis zu ihm seien die meisten inzwischen wirklich wesentlich jünger.

Die Welt war in Straglers Augen kindischer geworden und deswegen kälter.

2

Die Sonne kam nicht durch den Dunst, tauchte alles in ein fahles rötliches Licht. Straglers Cadillac, schwarz, glänzend, kein Stäubchen auf dem Lack, glitt an den Randstein vor dem *Bosporus*, das durchgehend offen hatte, um die Nachtvögel einzufangen. Leute blieben stehen wie bei einem Staatsbesuch. Hinter das Steuer geklemmt saß Kalle.

Die Karte haßt mich, hatte Schnauzen-Kalle während der ganzen Fahrt vor sich hingestöhnt. Wie üblich, hatte er im *Zockatero* über dem *Golden City* verloren und schon gegen Mitternacht aufhören müssen, weil er zuviel schuldig war. Schlechte Karten nahm er persönlich. Auf die Idee, daß er es sein könnte, der eine Partie nach der anderen vernudelte, kam er nicht. Wie alle schwachen Spieler hielt er jede Niederlage am Spieltisch für die ungerechte und von einem boshaften Schicksal verhängte Strafe. Der Zufall allein konnte seiner Meinung nach nicht so perfide sein. Eine außerhalb der Welt wabernde und körperliche Schadenfreude schien sich einen Jux daraus zu machen, ihn mit entnervender Regelmäßigkeit immer das Falsche tun zu lassen. Vielleicht irgendein Gott, der nichts Besseres mit seiner Allmacht anzufangen wußte, als Leute zu piesacken, Kriege zu machen, Krankheiten zu erfinden und Schnauzen-Kalle schlechte Karten zu geben. Er, Schnauzen-Kalle, hätte mit der linken Hand eine bessere Welt erschaffen können, jammerte er in seinem Frust, wenn er allmächtig und obendrein auch noch allwissend gewesen wäre.

Finanziell war das ständige Pech zu ertragen, denn Schnauzen-Kalle zahlte nie und es gab auch niemanden, der bei ihm Spielschulden eintrieb. Das wäre so gewesen, als hätte man einem kleinen Kind seine Lutschbonbons weggenommen.

Neben Schnauzen-Kalle hockte mit grauem Gesicht und in sich gekehrt der Crailsheimer, vollkommen desinteressiert an der Qual anderer Leute und unter dem Strich Gewinner, wie meistens, obwohl er selbst keine Karte anrührte. Als Pißbudenlude war er aus Crailsheim gekommen, hatte sich dann mit einem ausgeleierten Revolver, Marke Astra, einen Namen auf dem Kiez gemacht, ohne von der Schmiere übermäßig behelligt zu werden. Sein Ekzem, das, wie Vera meinte, seelischen Ursprungs war, widerstand jeder Chemotherapie. Die Handschuhe waren nicht nur lästig, sondern auch eine Art Berufskleidung. Der Revolver des Crailsheimers war so oft verschärft gereinigt worden, daß die Züge und Felder im Lauf nach und nach herausgeschmirgelt worden waren und keine brauchbaren Spuren auf den Geschossen mehr hinterließen.

Fernsehen interessierte ihn nicht. Ihn beeindruckten weder Seifenopern über die Mafia noch die gefrorenen Leichen auf dem Balkan oder die in Afrika, die in der Hitze schon nach Stunden aussahen, als hätten sie unflätig viel gegessen.

Und das soll Unterhaltung sein, sagte der Crailsheimer oft.

Stragler fragte den Crailsheimer nie nach Einzelheiten. Vermutlich wären die auch wieder nur Übertreibungen oder Schönfärbereien gewesen. Er wäre nicht einmal überrascht gewesen, wenn sich irgendwann herausgestellt hätte, daß der Crailsheimer noch nie wirklich jemanden umgelegt hat. Stragler hatte sich nur gewundert, als ihm der fette Kalle einmal erzählte, der Crailsheimer sei morgens um drei, nach Erledigung einer kleinen Arbeit, noch in eine Videothek gegangen, um sich zur Entspannung vor dem Einschlafen einen Thriller mit Paul Newman reinzuziehen. Joseph Stragler konnte sich in den Crailsheimer schwer hineindenken. Aber das war auch nicht notwendig. In solchen Leuten war seiner Meinung nach nicht viel zu ergründen. Das eben, fand er, war ihre Stärke.

Der Crailsheimer hatte sich an die regelmäßigen Einvernahmen durch die Kripo Hamburg gewöhnt, ließ sie über sich ergehen wie einer, dem das Wetter gleichgültig ist, weil er einen Schirm dabei hat und außerdem leicht abwarten kann, bis es aufhört zu regnen. Er hatte von Rechtsanwalt Harik gelernt, was man bei Einvernahmen sagen muß, nämlich am besten gar nichts.

Der Rat des Anwalts lief immer auf das gleiche hinaus: Leugnen, bis die Steine brennen. Die Vernehmungsprotokolle des Crailsheimer glichen sich wie ein Ei dem anderen. Nur einmal war ihm ein Mißverständnis unterlaufen, als er zur Einvernahme erschienen war, noch bevor die Mordkommission etwas gefunden hatte. Die Schmiere hatte nur angerufen, um sich für das Abschleppen seines Daimler zu entschuldigen. Ein junger Beamter hatte nicht gewußt, daß er zu Straglers Seife gehörte und sogar mit Straglers Tochter Lindi ein schlampiges Verhältnis hatte.

Deine Kugeln fang ich mit ’m Hut auf, spottete Schnauzen-Kalle über den ausgeleierten Revolver in der Hosentasche des Crailsheimer. Dabei wußte er sehr gut, um jemandem eine in die Birne zu drücken, bedurfte es keiner hohen Mündungsgeschwindigkeit. Lebende Schädeldecken waren mürbe. Härter wurden sie später. Das war wie mit grünem, frisch geschnittenem Holz, das wesentlich leichter zu spalten war als trockenes.

Obwohl dem Crailsheimer an einem unauffälligen Profil lag, wäre er später beinahe zu einer Medienfigur geworden und hätte damit sein Ich verloren. Das Interview, zu dem er sich in Anwesenheit von Straglers Filius, Rechtsanwalt Frank Stragler, unter dem Falschnamen Lansky für ein führendes Hamburger Wochenblatt hatte breitschlagen lassen, blieb glücklicherweise unpubliziert.

Die Straglers hatten gefrühstückt, und die Reporterin, eine Dame namens Echting-Meier-Rust, hatte gleich so getan, als gehöre sie zur Familie. Sie hatte dem Crailsheimer Brötchen aufgeschnitten und mit Butter beschmiert, ihm Tee eingegossen, Milch und Zucker gereicht. Das konnte auch Rücksicht auf seine behandschuhten Hände sein.

Drei Löffel, sagte der Crailsheimer.

Er hat es gerne süß, sagte Lindi, und die Reporterin machte sich eine Notiz.

Stragler saß angefressen und verkehrt herum auf seinem Stuhl und tat, als gehöre der Crailsheimer nicht zu seiner Seife.

Der bringt für Geld Leute um, sagte Stragler zur Reporterin, um sie abzuschrecken.

Das wird Ihre Leser interessieren, sagte Lindi.

Wir hatten schon General Noriega, Udo Jürgens,

Franz Josef Strauß und Professor Barnard, sagte die Reporterin.

Marmelade, sagte der Crailsheimer.

Macht Leute weg, die er nicht einmal kennt, mäkelte Stragler.

Die Dame ist nicht an Familienquerelen interessiert, sagte Lindi.

Außerdem werden andauernd Leute weggemacht, die man nicht kennt. Leute, die man kennt, macht keiner weg, sagte der Crailsheimer. In Italien wird auch viel gezwickt, sagte er kauend.

Die italienischen Kellner sind freundlicher als die deutschen, sagte die Reporterin. Sie fügte hinzu, daß Apfelgelee keine Flecken mache, weil sie sah, daß der Crailsheimer sich bekleckert hatte und vergeblich mit seinen Handschuhen in den Hosentaschen nach einem Taschentuch bohrte.

Warum fragen Sie nicht, wie er im Bett ist? wollte Lindi wissen und kicherte.

Wann hat Ihre antibourgeoise Schaffensperiode begonnen? fragte Frau Echting-Meier-Rust, um alle zu belehren, daß es ihr um ein politisches Interview ging und um die gesellschaftlichen Zwänge, die den Crailsheimer zum Crailsheimer gemacht hatten.

Der Crailsheimer zog ratlos die Schultern hoch.

Lindi dachte für ihn nach.

Hat einmal streng gerochen. Damals. Da haben wir uns kaum gekannt.

Das war der Typ in Altona. Hat sich bemacht. In Reinbek sind die Leute gefaßter, sagte der Crailsheimer. Noch was Milch da?

Die Reporterin grabschte nach dem Milchkännchen, um Lindi zuvorzukommen und dem Crailsheimer einzuschenken.

Sie haben nicht nur in St. Pauli gearbeitet?

In Othmarschen oder in Wedel entschließt man sich schneller.

Und die Zahlungsmoral ist besser, sagte Joseph mit hohntriefender Stimme.

Was ich schon alles in Zahlung genommen habe ... Ein vierzehnteiliges Titleist-Golfset und einen Picasso, einen zahmen Tiger, ein zwölfteiliges Meißner Kaffeeservice und eine goldene Uhr.

Eine vergoldete Uhr, mein Lieber. Eine vergoldete, sagte Lindi.

Ihr Selbstverständnis? versuchte die Reporterin auf das Politische zurückzukommen.

Mir ist es immer um Gerechtigkeit gegangen. Bei den meisten Leuten ist es ungerecht, daß es sie gibt, sagte der Crailsheimer. Wenn es sie nicht gibt, ist die Welt gerechter, als wenn es sie gibt.

Er ist ein Gerechtigkeitsfanatiker, sagte Stragler.

Sag ihr das mit der Ehre, regte Lindi an.

Ehre ist für den nämlich das wichtigste, sagte Stragler.

Wer keine Ehre hat, sagte der Crailsheimer, ist total überflüssig.

Das müssen Sie schreiben, sagte Frank. Der Normalbürger macht sich da vollkommen falsche Vorstellungen.

Der inhaltliche Schwerpunkt Ihrer Arbeit?

Miese Liebhaber von Töchtern aus gutem Haus, miese Geschäftsfreunde. Der Crailsheimer dachte nach, entschloß sich aber, den Rest lieber nicht aufzuzählen.

Schwangere Mätressen von Reedern, grinste Stragler.

Die können ganze Dynastien an den Bettelstab bringen, wenn man sie heiraten muß, sagte Lindi, um das Gespräch nicht ins Leichtfertige abgleiten zu lassen.

Frank sah den Crailsheimer aufmunternd an. Er engagiert sich für die Sache der Frauen.

Da hat ein Kerl seine Alte gezwungen, sagte der Crailsheimer, den Rasen zu mähen. Jeden Tag. Vor allen Leuten. Der Crailsheimer machte seinen Finger krumm und sagte: Peng!

Haben Sie schon einmal mit dem Gedanken gespielt, in die Politik zu gehen? fragte die Reporterin.

Joseph lachte laut, als versuche er, einen Schmerz durch Lachen zu betäuben.

Der Crailsheimer wischte sich den Mund ab und setzte sich aufrecht hin.

Ich bin für die Todesstrafe.

Sie sind gegen die Todesstrafe, sagte die Reporterin.

Du bist gegen die Todesstrafe, stimmte Frank der Reporterin zu.

Kann ich mir von mir nicht vorstellen, sagte der Crailsheimer.

Gibt es Aufträge, die Sie aus Gewissensgründen ablehnen? wollte ihm die Reporterin eine letzte Chance geben.

Der Typ, sagte der Crailsheimer, der wollte, daß ich seiner Schikse auf den Nabel halte. Die war im sechsten Monat schwanger. Und der Typ wollte nur für einmal zahlen.

Ihre reizvollste Aufgabe?

Eine Zweiundachtzigjährige. Hatte ihren Freund bis hierher! Der war fünfundneunzig. Frank fing an zu lachen.

Hatte wahrscheinlich einen Jüngeren. Frank wandte sich an die Reporterin. Sie müssen nicht alles glauben, was er erzählt.

Das Gespräch der Frau Echting-Meier-Rust mit dem Crailsheimer wurde vom zuständigen Redakteur dann abgelehnt, weil er, wie er sagte, keinem eine Plattform bieten wollte, der für die Todesstrafe war.

Der Fotograf Kadaver-Kalhaber hatte im Fond des Cadillac geschlafen und mußte geweckt werden. Er fuhr hoch.

Wo? fragte er und riß die Augen weit auf, um nur kein Unglück zu versäumen. Wo denn? Dann sah er das *Bosporus* und lachte. Ich bin wie der Schrei eines Kauzes, bin ich. Huhuuuu!

Los, halt die Klappe und beweg dich, sagte Schnauzen-Kalle nach hinten.

Ein Kellner riß den Wagenschlag auf.

Ich bin nicht mehr der Jüngste, bin ich nicht, ächzte Kadaver-Kalhaber.

Die Hohe Partie war lahm vom langen Hocken. Sie quälte sich fröstelnd aus Straglers Cadillac. Zersessene Hosen, schmuddelige Kragen, vom Zocken ausgefranste Manschetten.

Guter Typ, raspelte Kadaver-Kalhaber mit seiner Reibeisenstimme, als er den Pfarrer der Kiez-Mission unter den Gaffern bemerkte und ihm zuwinkte. Aufgeschlossen, läßt sich schon mal einen blasen, läßt er sich. Zahlt er aus der eigenen Tasche, die Blaserei. Nicht aus der Kollekte.

Joseph Stragler streckte sich, sah über die Schaulustigen hinweg, ließ sich sein Jackett aus dem Wagen reichen, schüttelte es, zwängte sich hinein. Sein mitternachtsblauer Anzug sah wieder aus, als hätte er in ihm geschlafen, sein Hemd war am Hals offen, schmuddlig und zerknautscht, die Krawatte steckte in der Jackentasche.

Er sah sich um, als hätte er seit Monaten kein Tageslicht mehr gesehen, und dachte flüchtig an Vera, deren Plakat mit einem Trauerflor im *Zockatero* hing.

Ein Ehebett, so groß wie ein Fußballfeld, hatte Vera gesagt. Sie hatte sich über den Pomp aus Chintz, Schleiflack und Chrom lustiggemacht, den die Möbelpacker in Einzelteilen die Treppe der Villa Ihlenfanger heraufgewuchtet hatten. Ein wenig hatte sie doch der Zeit nachgetrauert, in der sie sich noch keine Villa, geschweige denn eine mit einer Freitreppe, hatten leisten können und Joseph zu ihr oder sie zu ihm ins Bett kommen mußte, und sie hatte sich gefragt, wann einer von ihnen zu bequem dazu werden würde und wer von beiden das sein könnte.

Möchte wissen, wie viele Leute es nur machen, weil sie nebeneinander liegen, fragte sie Joseph.

Warum hast du es eigentlich an der Front gemacht? antwortete Joseph, um den alten Ballast endlich für immer loszuwerden. Hast du Hunger gehabt oder gefroren?

Vera mußte nicht nachdenken.

Wenn man sich denkt, sagte sie, es ist vielleicht für den das letzte Mal.

Das macht geil? wollte Joseph verblüfft wissen.

Vielleicht so, wie es für euch toll ist beim erstenmal.

Bloß eine Schererei, sagte Joseph, als hätte er am laufenden Band Frauen entjungfert und kaum etwas davon gehabt.

Nicht wegen der Uniform? fragte er dann aber doch weiter.

Vera betrachtete seine ausgebeulten Hosen und seine verdrehten Socken, die auf dem von Wand zu Wand reichenden lavendelfarbenen Veloursteppich herumlagen, obwohl ein stummer Diener aus Mahagoni angeschafft worden war.

Du könntest dein Zeug auch einmal aufhängen.

Aus Mitleid? beharrte Joseph.

Wenn du denkst, gab Vera zu, daß einer vielleicht bald tot ist.

Joseph machte das Licht aus. Veras Blick auf die am Boden liegenden Kleider entging ihm nicht.

Warum willst du das jetzt wissen? Wir haben doch genug für Costa Rica, fragte Vera die Dunkelheit, die sie umhüllte.

Man muß es sich einrichten, erwiderte Joseph. Mösen kann man kaufen. Liebe nicht. Um geliebt zu werden, muß man wer sein.

Wo war das »wir« von damals hingekommen? fragte sich Vera. Auf dem Holzgaser, als sie durch die Front nach Westen gefahren waren? Und was war schlecht an Costa Rica?

Man muß sich über verdammt viele Jahre hinweg Respekt verschaffen, vertraute Stragler der Dunkelheit an. Damit man noch geliebt wird, wenn man alt und häßlich ist.

Häßlich bist du schon, lachte Vera und streckte ihren Fuß unter der Decke zu ihm hinüber. Und alt wirst du von selber. Da mußt du dich nicht anstrengen.

Ich will nur, sagte Stragler, was jeder normale Mensch will. Ich will geachtet und geliebt werden bis zu meinem letzten Atemzug.

Viel Glück, sagte Vera schläfrig. Und träum dir was Schönes.

Stragler bewunderte Vera, die in einem neuen Bett von einem Augenblick auf den anderen einschlafen konnte, als wüßte sie nicht mehr, wie es in der Villa

Ihlenfanger ausgesehen hatte, nachdem das Haus als »recreation facility« von der britischen Kontrollkommission beschlagnahmt worden war und sie sich unten in der Halle schon beim ersten Auftritt als Schönheitstänzerin für die Cockneys ganz hatte ausziehen müssen. Den lebensgroßen Alabasterfiguren hatten sie schmuddelige Büstenhalter umgehängt, den Elfen an den Wänden riesige Geschlechtsteile angemalt und auf die Ornamente aus Seerosen Sprüche geschmiert wie »Kilroy was here«.

Einheimische Schieber hatten sich mit ein paar englischen Brocken angewanzt. Während Hamburg hungerte und fror, hatten sich auf den Schleiflacktreppen Kartons mit Ölbutter, Berge von Zigarettenstangen, Kisten Pomery, Kaugummi und Whiskey und Tausende von Sonnenbrillen gestapelt, die das Morgengrauen des Wirtschaftswunders angekündigt hatten.

Stragler hatte später das Interieur der Villa renovieren lassen. Mit zu starken Farben, zu großen Libellen, zu schweren Wasserrosen und zu nackten Elfen. Vera hatte ungeniert den Marineoffizier, den sie im Hotel Atlantic aufgegabelt hatte, weil sie nicht jede Nacht allein sein wollte, an den Handwerkern vorbei hinausgeführt.

Stragler hatte damals fast nur noch am Tag geschlafen, weil er es zu etwas bringen wollte.

Wenn man sich etwas aufbauen will, kann man sich nachts nicht ins Bett legen.

Was wird das? Ein Schloß oder ein Puff? hatte der Marineoffizier beim Hinausgehen gefragt.

Nein, hatte Vera gesagt, eine Stadtwohnung.

Sie standen im Morgengrauen fröstelnd an der verschalten Balustrade, als Joseph mit offenem Hemdkragen die Freitreppe heraufkam.

Vor deinem Rasierzeug hat er sich geekelt, sagte Vera.

Wenn man mir das Herz bricht, sagte Joseph, bin ich ein Held.

Im Fahrtwind auf einem Holzgaser, unter sich einen Haufen alter Autoreifen, hatte Stragler fünfundvierzig auf der Flucht durch die Front und dem Frieden entgegen Veras Körper entdeckt und ein in Saffianleder gebundenes Buch in ihrem Fluchtgepäck gefunden, das von einem Spaghetti namens Machiavelli war und aus der Bibliothek des SA-Führers Müller stammte. Die Volksgenossen nannten ihn Stiefel-Müller, weil ihn außer Vera nie jemand ohne Stiefel gesehen hatte. Stragler hatte die Frontdiseuse Vera dem Goldfasan kurz vor Toresschluß ausgespannt. Sie hatte von der Zeit hinter der Front kaum Narben zurückbehalten. In dem Buch mit dem wertvollen Einband war eine italienische Widmung gewesen. Stragler hatte sich einige Stellen angestrichen, andere mit Randbemerkungen ergänzt, wie man es mit einem Kochbuch macht, dessen Rezepte man sich nach und nach auszuprobieren vornimmt. Unterstrichen und mit einem Ausrufezeichen versehen hatte er zum Beispiel, daß es völlig bedeutungslos sei, wie verwerflich man handle, wenn am Ende für viele etwas Gutes herauskäme.

Das Buch des Kleinbauern aus San Andrea war Stragler nicht als Brevier einer zynischen Interessenpolitik erschienen, sondern als Beschreibung des Lebens, so wie es ist. Es hieß da unter anderem, daß es besser sei, gefürchtet als geliebt zu werden. Stragler wollte zwar gern beides, aber wenn das nach Meinung des italienischen Schlaubergers nicht zu machen wäre, entschiede er sich für das Gefürchtetwerden, und weil er außerdem sicher war, so sagte er, daß man an diesem runden Stück Dreck im All nur einmal vorbeikommt, hielt er sich für den einzigen Realisten dieser Welt.

Der Goldfasan Stiefel-Müller hatte bis zuletzt an den Endsieg geglaubt und seine SA-Uniform erst ausgezogen, als ihm ein Sioux-Indianer aus South Dakota vom Turm eines Sherman-Panzers herunter ein paar Stangen Chesterfield zugeworfen hatte. Da hatte er sich von seiner Mütze, seiner Hose und seinen Stiefeln, von Koppel, Ehrendolch und Schulterriemen getrennt. Er war zurückgeblieben und hatte ausgesehen wie ein Engerling. Der Sioux-Indianer war auf seinem Panzer mit der Parteimütze auf dem Kopf weitergefahren. Es war Mai gewesen und warm. Die Birnbäume waren in diesem Jahr weiß von Blüten. Die Apfelbäume waren später dran und zeigten erst rosa Blütenknospen. Der Goldfasan, dem nur ein Unterhemd und eine lange Unterhose geblieben waren, holte sich beim Abschied vom Dritten Reich nicht einmal einen Schnupfen.

Das Dorf Thalpointing, in dem Stragler auf die Welt gekommen war, unterschied sich von anderen Gebirgsdörfern durch einen ungewöhnlich malerischen Friedhof mit Grabkreuzen aus kunstvoll geschmiedeten Ranken, umgeben von uralten Buchsbaumhecken. Im Friedhof von Thalpointing ruhten mehr Bergsteiger als sonstwo. Ausländer hatten sich zu Dutzenden in den steilen Wänden rings um das Dorf das Genick gebrochen. Italiener, Briten, Franzosen, Schweizer und sogar ein Neger, dessen Grab besonders liebevoll gepflegt wurde, weil er eine Rarität war. Er war nicht gekommen, um steile Wände zu erklettern, sondern nur um Ski zu fahren. Daher hatte er im weihnachtlichen Krippenspiel mitwirken dürfen. Der Knabe Joseph, der auch mitspielen durfte, war traurig gewesen, als die Bergwacht den Neger aus einer Lawine ausgebuddelt hatte. Damals sagte man noch Neger zu einem Schwarzen, ohne sich etwas dabei zu denken und ohne daß der Neger sich etwas dabei gedacht hätte. Nicht »Farbiger« oder wie später in den Siebzigerjahren »Schwarzafrikaner«.

Stragler mußte lachen, wenn er daran dachte, wie die Neger später im Hamburger Stadtteil St. Georg Krach pflanzten und die Spitznasen von der Polizei nicht mehr »Bimbos« oder »Dachpappe« zu ihnen sagen durften und sie in ihrer Not die Formulierung erfanden »polizeiliches Gegenüber«. Das entsprach einem übermächtigen Trend zur Umschreibung. »Ich würde meinen wollen«, war im Nachkriegsdeutschland zur gängigen Redensart geworden, wenn man als Mensch von Bildung auf nichts festgenagelt werden, andererseits aber darauf hinweisen wollte, daß man zwar eine Meinung habe und diese sogar äußern würde, aber nur, falls wirklich keinerlei Nachteile damit verbunden wären. Die Junkies, die in St. Georg herumhingen und vor dem Polizeirevier dealten und die Besucher des Deutschen Schauspielhauses nach der Vorstellung über sich stolpern ließen, waren keine »Giftköpfe« oder »Triefnasen« mehr wie auf dem Kiez. Selbst Bezeichnungen wie »Abhängige« oder »Suchtkranke« wurden als diskriminierend empfunden. Nach Meinung einer Hamburger Senatorin handelte es sich bei einer Sucht nicht um eine Krankheit, sondern um eine alternative Lebensform.

Man beschimpft Leute wie Sie schließlich auch nicht als Abhängige, hatte sie einmal bei einem Auftritt in der »Nordschau« zu Stragler gesagt, weil sie jede Nacht Schlaf brauchen und jeden Tag etwas zu essen. Die SPD-nahe Basis des Senders, die Kameraleute, die Aufnahmeleiter, Kabelschlepper und Mikroleute hatten spontan geklatscht. Stragler war aufgefallen, daß sie in Hamburg die Herausgabe des Senders genauso erzwungen hatten wie in München die Staatskanzlei, wenn auch nicht mit ganz so rüden Methoden. Aber, da waren sich schwarze und rote Medienpolitiker wieder einig, für eine gute Sache, nämlich für die Interessen der Mehrheitspartei. Gedankenfreiheit, meinte Stragler, gibt es hier wie dort nur, wenn man sie nicht mißbraucht. Was Mißbrauch ist, bestimmen die Parteischranzen über eine Personalpolitik, die sich bis in die Krankenhäuser, die Museen und die Gerichte hineingefressen hat.

Sogar über die Besetzung der Richterschar mit den roten Roben in Karlsruhe balgten sich die Parteien öffentlich und ungeniert wie die Straßenköter, und die jeweils nahestehenden Zeitungen balgten sich mit. Trotzdem sah die Bundesrepublik in Straglers Augen einer Demokratie sehr ähnlich, weil die verschiedenen politischen Interessenverbände zwar immer wieder keifend aufeinander losgingen, sonst aber einträchtig und vor allem abwechselnd dem Staat die Fetzen aus dem Fleisch rissen.

Stragler wollte sich seinen privaten Abschmatz aus dem allgemeinen Fett der Nachkriegszeit schneiden. Was immer er an Vorteilen einschob, das war seine feste Überzeugung, hatte er nur denen abgejagt, die sich an der Demokratie mästeten.

Montag

1

Stragler wußte nicht, wie spät es war, als er sich die Schuhbänder zuband, wozu er ächzend seine Füße auf das Trittbrett des Cadillac stellte, während Kadaver-Kalhaber ihm die Jacke hielt. Ohne sich nach seiner Seife umzusehen, schlenderte er ins *Bosporus*. Beim Zocken ging ihm neuerdings oft die innere Uhr verloren. Manchmal mußte er nachdenken, um sich die Jahreszeit oder den Wochentag in Erinnerung zu rufen.

Der Kunstprofessor Jensen-Escherode hatte Stragler obenhin zugewinkt, als der, gefolgt von seiner Seife, das *Bosporus* betrat, Stragler aber hatte durch ihn hindurchgesehen wie durch alle anderen Stammgäste des *Bosporus*. Ein paar Leute hatten sich mit Stragler angefreundet, um ihn sich nicht zum Feind zu machen. Das waren seine notgedrungenen Freunde. Das Geschäftsleben der Stadt wurde aufrechterhalten von notgedrungenen Freundschaften. Unter dem Strich hatte Stragler wesentlich mehr Feinde als Freunde. Das änderte nichts an seinem Prestige. Im Gegenteil, denn seine Feinde sprachen mehr für ihn als seine Freunde.

Nachdem die Wiener damals mit den kurzen Nummern an ihren aufgemotzten Oldies vom alten St.Pauli-Elbtunnel aus auf dem Kiez einmarschiert waren wie in eine feindliche Stadt, hatte der Wiener-Teddy sich einmal großspurig angemaßt, Straglers Feind geworden zu sein.

Du und mein Feind, hatte Stragler ihn zur Rede gestellt. Daß ich nicht lache!

2

Stragler sah die aufgemotzten Oldies des Wiener Autoadels mit ihren vierstelligen oder sogar dreistelligen Nummernschildern vor sich. Sie hatten sich am alten Elbtunnel gesammelt. Dann hatte sich der Konvoi nach St. Pauli hinein in Bewegung gesetzt, vorsichtig, wie die Vorausabteilung einer Armee in eine zerschossene Stadt einrückt, in der es noch Widerstandsnester gibt.

Stragler war einer der wenigen gewesen, die gewußt hatten, daß in den Buicks und Bugattis keine Provinzluden wie der Crailsheimer oder Schmutz und Fink aus Castrop-Rauxel oder Lodz hockten. Diese Loddel waren aus der früheren Haupt- und Residenzstadt eines Weltreichs angerückt, das in seiner Blütezeit wesentlich bedeutender war als die Vereinigten Staaten von Amerika heute. Die Kirchen und Paläste Wiens waren davon geprägt, aber auch die Bordelle und Zuhälter, die nur auf Gewalt setzten, wenn mit der Strategie der Angst und Diplomatie nichts mehr auszurichten war. Im Ernstfall gaben die immer noch dem Messer den Vorzug vor dem ordinären Lärm eines Schießeisens.

Von Hamburg wußten die Wiener Luden nur, daß die »Freie Stadt« derselbe Schwindel war wie später die Hitler-Tagebücher des *Stern.* Die »schmierigen Heringshändler«, wie sich der dänische König Christian IV. unhöfisch ausdrückte, hatten vor ewigen Zeiten dem Kardinallegaten Guido die angeblich von Friedrich Barbarossa stammende Fälschung eines Freibriefs untergejubelt, deren Fabrikation sie sich zehntausend Mark Silber hatten kosten lassen. Und weil sie schon dabei waren, hatten sie fortan auch noch behauptet, die Stadt sei im Jahre 808 von Karl dem Großen gegründet worden. Über so viel Schmäh konnten die Wiener Luden nur lachen. Was dazu führte, daß sie, im Gegensatz zu anderen Luden, in der Hamburger Gesellschaft nie so recht Fuß fassen konnten. Wer den Schwindel nicht mitmachte, war nicht salonfähig.

Mizzi Buszek hatte ihren Landsleuten damals zugewinkt. Keiner hatte zurückgewinkt, denn sie war übergelaufen und daher eine Renegatin.

Die Hamburger haben leichenblasse Schwänze, hatte der Wiener seinen Haberern angekündigt, als wollte er sie vor einer dicken Schlange warnen. Mich wundert, hatte er gesagt, daß es der Buszek vor denen nicht graust.

Der legendäre Peng-Peng war aufgelebt bei der Aussicht auf einen Krieg vor der Haustür, nach dem man zum Abendessen wieder daheim sein konnte. Er hatte sich in einen Hauseingang gelehnt und in Vorfreude immer wieder die Trommel seines Revolvers herausgekippt, um lieber einmal zu oft als einmal zuwenig nachzusehen, ob sie auch wirklich voll Patronen war. Dann hatte er sie jedesmal mit diesem eleganten Schlenker des rechten Handgelenks einrasten lassen und jenen endgültigen Klang erzeugt, dem später das

Geräusch des Wagenschlags von Straglers Cadillac an Substanz gleichkam.

Joseph hatte den Chevy, den er damals hatte, mitten auf die Straße gefahren, die Bremsen angezogen und die Kühlerhaube aufgemacht. Schnauzen-Kalle war mit einem Baseballschläger ausgestiegen. Schmutz und Fink waren auf Josephs Anordnung im Fond sitzengeblieben, weil sie als Schemen hinter den Scheiben des Wagens wesentlich abschreckender wirkten als im flachen Tageslicht als reale Gestalten. Unter dem Fahrersitz war Straglers Pump-gun. Er hatte sie kurz herausgenommen und dann wieder zurückgelegt, um zu signalisieren, daß er sich eine diplomatische Lösung offenhalten wollte.

Kadaver-Kalhaber hatte mit seiner Leica hinter einem geparkten Lastwagen Deckung genommen. Ein Zeitungsstand war hastig geschlossen worden, und ein Berber, der, an die Wand vom Schlitz gelehnt, geschlafen hatte, war eilends aus der Gefahrenzone gehumpelt. Die Zuschauer hielten sich in sicherem Abstand. Nur ein neuer Sheriff, frisch von der Polizeischule, war näher gekommen.

Also macht's gut, hatte er gesagt, als er die Lage erkannte. Ich schaue dann später wieder vorbei. Dann hatte er sich davongemacht, als hätte er eine Verabredung.

Ein Horch, Typ 500 B, hielt an, und Thaddeus, der Wiener, stieg aus. Er fröstelte. Es war zugig so nahe am Meer. An der Donau war es milder. Kein Wunder, daß um diese Stadt herum nicht einmal schlechter Wein gedieh. Gute Kaufleute waren sie da heroben, das hatte sich bis zur ungarischen Grenze herumgesprochen.

Nepp war nicht nur an der Reeperbahn heimisch, sondern in den besten Beizen der Stadt, wo sie einen kalifornischen Sancerre für 98 Mark die Flasche loswurden, den man im billigsten Burschenschank dem Wirt ins Gesicht gespuckt hätte, und wo sie ihren Gästen statt einer Forelle eine Mousse de la truite andrehten, zermanschtes Zeug, das aussah, als wäre es schon einmal gegessen worden. Das waren kaufmännische Glanzleistungen, von denen sich die Puffs ein Stück abschneiden konnten.

Ein Lodenkotzen wurde dem Wiener aus dem Hitlerauto nachgereicht. Er schlüpfte hinein und schlug den Kragen hoch. Es war, soweit sich Stragler erinnerte, das letzte Mal, daß der Wiener einen Lodenkotzen getragen hatte. Schon am nächsten Tag hatte ihn, obwohl er fast neu war, die Bahnhofsmission bekommen. Lodenkotzen galten in Hamburg als hinterwäldlerisch. Man trug damals schon gewachstes Leinen von Barbour aus London.

Kompliment, Herr von Stragler, sagte der Wiener Thaddeus wie zu einem feindlichen General im Niemandsland. Die Gnädigste? Die Plagen? Alles wohlauf?

Joseph suchte im Gesicht des Strizzis nach einer Spur von Kampfbereitschaft. Die kleinste Andeutung von Gewalt hätte ihm genügt. Er fand keine.

Sollen mir leicht ein bisserl anschieben helfen, dem Herrn von Stragler? fragte einer aus dem Hitlerauto des Wiener-Teddy heraus.

Alles hatten Joseph und seine Truppe erwartet. Das nicht. Sie konnten nicht ahnen, was man im Prater seit Jahrhunderten so gut weiß wie am Wiener Ballhausplatz: Je drängender ein Problem ist, desto notwendiger ist es, zu largieren. Largieren heißt, daß man, wenn dringender Handlungsbedarf besteht, am besten gar nichts tut, sondern einfach wartet, bis der Handlungsbedarf von selber wieder vergeht. Es bedarf vieler Jahrhunderte, um das zu lernen, einen Karl V., einen Metternich, die Fürsten Schwarzenberg und vor allem ein Land, das von Flandern bis in die Ukraine reicht, von Krakau bis Spanien.

In Hamburg, das wurde den Praterluden schnell klar, begreift keiner, daß es Probleme gibt, die man am besten nicht anpackt. Alles vergeht irgendwann von selber. Alles, ohne jede Ausnahme.

Mir warten eh noch auf weitere Fahrzeuge, sagte der Wiener immer noch fröstelnd und als unüberhörbaren Hinweis auf nachkommende Verstärkung. Ein Mercedes 300 »Adenauer« ist uns hängengeblieben. Er winkte nach hinten. Die Motoren wurden abgestellt. Joseph wußte, daß er nicht ewig so stehen bleiben konnte. Es gab nicht den mindesten Grund, schießen zu lassen, nur weil ihm Zugereiste aus dem Balkan, der für ihn gleich hinter Wasserburg begann, bei einer Panne helfen wollten. Außerdem waren die anderen in der Übermacht. Stragler war es, der den Verkehr behinderte, nicht der Wiener. Der nächstbeste Grüne konnte sich mit einem Strafzettel wichtig machen, weil er nicht merkte, daß man sich in St. Pauli gegenüberstand wie am Ende der Zeiten bei Armageddon.

Die Praterluden vertraten sich die Beine, machten Atemübungen nach der langen Fahrt, pinkelten am Straßenrand, wobei sie zierlich ihre Schwänze mit Daumen und Zeigefinger hielten und so ihr Familienglück mit den diskret gespreizten übrigen Fingern vor den Blicken der Passanten schützten. Ihr Anstand war ein Erbe des Chevaliers Seingalt, der noch im späten achtzehnten Jahrhundert an der Tafel Maria Theresias in Schönbrunn die Kulturlosigkeit der Engländer beklagt hatte, weil sie sich mit dem Gesicht zur Straßenmitte an den Rand hockten, um sich zu lösen, und während des Lösens den vorbeifahrenden Kutschen unverschämt zugrinsten, statt mit urbaner Delikatesse ihren Hintern zur Straße zu wenden, um anonym zu bleiben, wie das in Wien schon viel früher selbstverständlich gewesen war.

Die Wiener schienen unterwegs eine Menge getrunken zu haben. Sie gähnten und verschenkten Veilchen-Zuckerl vom Dehmel an die Kinder, wie Soldaten, die eine Stadt eingenommen haben.

Peng-Peng machte einen letzten Versuch, die Dinge in Gang zu bringen.

Du hascht einen dicken Kopf! schrie er zum Wiener-Teddy aus seinem Hauseingang hinüber. Einen tschiemlich dicken Kopf!

Die Wiener verstanden nicht, was er damit meinte. Kadaver-Kalhaber hob die Leica. Der kleine Fink hielt sich die Ohren zu und rutschte in Straglers Chevy fast auf den Boden.

An dicken Kopf, den brauchst in unserm G'schäft, lachte der Wiener zurück. Und was für einen dicken.

In diesem Augenblick hatte Stragler dem Peng-Peng entschieden abgewinkt. Die Krise war vorbei, die Schlachtordnung löste sich auf.

Fahr den Karren weg, sagte Joseph zu Schnauzen-Kalle.

Aufsitzeeeen! brüllte der Wiener-Teddy und stieß die Faust ein paarmal nach oben. Die Motoren wurden angelassen.

Der Wiener, Joseph, Schnauzen-Kalle und Peng-Peng ließen die Oldies mit den kurzen Nummernschildern vorbeidefilieren. Sie standen mit denselben Betongesichtern da wie die Nomenklatura in Moskau bei der Parade zur Feier der Oktoberrevolution. Joseph mit einem neuen Borsalino auf dem Kopf, Peng-Peng mit einer Prinz-Heinrich-Mütze und der Wiener mit einem echten torfbraunen Cumberland vom Lanz in der Kärntner Straße.

Nach vielen Schlachten hatte Stragler später mit dem Wiener ein labiles Gleichgewicht hergestellt, nicht vergleichbar mit dem des atomaren Schreckens wie in der großen Politik, sondern nur eines des kleinen Schreckens auf dem Kiez.

Eine Schönheit, war ihm einmal beim Anblick des ausgemergelten Wiener-Teddy herausgerutscht, dann hatte er sich gerade noch gefangen und den Satz anders beendet als beabsichtigt, eine Schönheit bin ich auch nicht.

Der heimliche Stolz, der in Straglers Eingeständnis steckte, kein schöner Mann und trotzdem erfolgreich zu sein, hatte den Wiener zum Lachen gebracht und an den österreichischen Bundeskanzler Sinowatz erinnert, der seiner Freude öffentlich Ausdruck gegeben hatte, »daß ahna mit mein G'sicht«, er hatte dabei auf sein eigenes Gesicht gedeutet, »bei uns Bundeskanzler wern kann«.

Stragler hatte hinzugefügt, daß sein Aussehen den Weibern egal sei. Denen gefalle etwas anderes an ihm, und nicht das, woran Rabenvögel wie der Wiener-Teddy und seine Knöpfe Tag und Nacht dächten.

Stragler verlangte von Frauen Nähe, indem er ihre Hemmungen überwand und die Zäune ihrer Erziehung niedertrat. Trotzdem fühlte sich nicht eine von ihm benutzt. Er forderte von ihnen die Herausgabe der ganzen Person, nicht nur die einzelner Körperteile. Trotzdem oder deswegen sah sich keine als Opfer. Frauen zu erobern, ohne sie zu Eroberten zu machen, gelang ihm, weil er sie nicht anlog, ihnen nichts vorspielte und auf das Balz-Repertoire verzichtete, zu dem sich Männer oft verpflichtet fühlen.

Mizzi Buszek und seine Beziehung zu ihr waren ein anderer Fall. Die Buszek mußte nicht erobert werden. Es war ihr Beruf, nicht erobert werden zu müssen. Sie war zeitsparend und gut für Straglers Gesundheit. Vor allem nach dem Heimgang Veras.

Obwohl Joseph Stragler die beiden Fremden im *Bosporus* dadurch aufgefallen waren, daß sie ihn und seine Seife mit ihren Blicken verfolgt hatten, während alle anderen Gäste so taten, als seien sie Prominenz gewohnt, ahnte er an diesem Montagmorgen nicht, daß sich in einer Woche im ersten Stock über dem *Golden City* der Rest seines Lebens entscheiden würde. Nicht Geldgier oder Lust an der Macht hatten ihn jahrzehntelang angetrieben. Beides war nur Mittel zum Zweck gewesen. Geliebt wurden alte Männer nur, davon war er überzeugt, wenn sie bewiesen hatten, daß sie Beute machen konnten. Respektiert und geachtet wurden sie nur, wenn sie ausreichend Prestige angesammelt hatten, von dem sie zehren konnten, wenn sie einmal körperlich verfielen. Sex kann man kaufen, sagte er immer wieder. Egal, wie man aussieht. Für Liebe muß man wer sein. Bis zum letzten Atemzug geliebt und geachtet zu werden, kostet mehr als ein Eckhaus.

Stragler war ein bedeutender Zimmervermieter, Immobilienbesitzer und Gastronom, der sich, wie der Fotograf Kadaver-Kalhaber sagte, junge Mösen und alte Politiker kaufen und seine Zossen in Deauville laufen lassen konnte. Er selber bezeichnete sich in Gesellschaft und zum Entsetzen der Umstehenden gern als einen hanseatischen Vermieter von Geschlechtsteilen. Gegenüber den Geschäften, die andere Branchen mit den Gehirnen oder den Gefühlen von Leuten machten, kamen ihm die seinen nobel vor. Außerdem waren seine Immobiliengeschäfte, seine Beteiligungen an Restaurants, seine Spekulationen mit Grundstücken und seine Vertretungen für teure Automobile und für Motoryachten längst wichtiger geworden als die paar schlechtgehenden Bordelle, die er aus Sentimentalität und Fürsorge für das Personal noch betrieb.

3

Das ist Stragler mit seiner Seife, erläuterte der Kunstprofessor Jensen-Escherode den übernächtigten Stammgästen im *Bosporus* die Hohe Partie. Im ersten Stock über dem *Golden City,* sagte er mit einer weitausholenden Bewegung seiner Künstlerhände, geht es um Zigtausende pro Nacht. Um Zigtausende. Die Hohe Partie macht Pause, sagte er. Ein paar Bissen für die nachtsauren Mägen, dann treibt es diese Leute zurück an den Spieltisch. Diese Leute hören nie auf mit dem Zocken.

Diese Leute hören nie auf? sagte ein Herr mit Böllераugen. Fabelhaft! Ich sehe mich gezwungen, andauernd aufzuhören. Mit allem und jedem, sagte er, sehe ich mich gezwungen, aufzuhören. Mit dem Essen, wenn es mir am besten schmeckt. Mit meiner Sekretärin, wenn sich etwas anbahnt. Nur mit meiner Familie ist es mir nicht vergönnt aufzuhören, sagte er. Zu der bin ich verurteilt wie diese Leute zum Zocken.

Wenn sie verlieren, müssen sie weiterspielen, um sich die Knete zurückzuholen, vertiefte Jensen-Escherode seine Sachkunde. Wenn sie gewinnen, müssen sie weiterspielen, weil eine Glückssträhne ausgeritten werden muß. Egal, ob sie gewinnen oder verlieren, es gibt niemals einen Grund aufzuhören. Glückssträhnen muß man ausreiten, bis sie keinen Tropfen Milch mehr geben. Glückssträhnen liegen nicht herum und warten.

Der Herr mit der Schilddrüsenüberfunktion sah den Kunstprofessor wegen dieses schiefen Bildes erstaunt an.

So sind sie, diese Leute, sagte Jensen-Escherode zum Abschluß seiner Erklärungen unbeirrt.

Jensen-Escherodes Angst, ein Spießer zu sein, verfolgte ihn bis in seine Träume. Der Kunstprofessor sah den Bühnenbumsern auf dem Kiez mit dem gleichen Ernst zu, mit dem er jungen Dichtern beim Lesen ihrer Texte zuhörte. Sex war für ihn eine weltanschauliche Frage und nicht eine der körperlichen und seelischen Fitneß wie für das unvermeidliche Paar, das Nacht für Nacht mit Pokergesichtern vorne an der Bühne des *Verissima* saß. Die Frau ähnelte mit ihrer sonnenfaltigen Halshaut einem Reptil. Der Mann hatte eine römische Nase und einen viel zu kleinen Mund. Beide trugen ihre Bräune zur Schau wie eine Uniform. Nicht nur im *Verissima,* sondern auch bei Vernissagen und Happenings. Wenn sie nach dem Auftritt Veras das *Verissima* verließen, blickten sie mit Verachtung auf den Pöbel, der nur aus Geilheit gekommen war.

Der Kunstprofessor ging fast nie vor sechs Uhr früh ins Bett. Als politischer Mensch war er ein Linker. Er demonstrierte gegen die Pharmaindustrie und für den Verkauf von Heroin im Supermarkt, gegen Marschflugkörper und für den bewaffneten Kampf der Guerilla in Bogota. So wie er lange Zeit Cuba Libres getrunken hatte, um den Rum-Export von Castro zu unterstützen, und dabei fast seine Leber ruiniert hätte, schnupfte er jetzt Kokain zugunsten des Leuchtenden Pfads. Er war ein bedingungsloser Pazifist und verfaßte Spendenaufrufe, damit der Süd-Jemen mehr Kalaschnikows kaufen konnte. Er half der SPD im Wahlkampf, indem er seine Werke versteigerte, und unterstützte die Partei gegen Abweichler in den eigenen Reihen, gegen die Kanalarbeiter, gegen den protestantischen Flügel, den katholischen Flügel, den grünen Flügel und vor allem gegen den jeweiligen Kanzlerkandidaten.

Jensen-Escherode war vor der Undurchschaubarkeit des Daseins in die reine Lehre geflüchtet, die ihn vor Fragen schützte, auf die er ebensowenig eine Antwort hatte wie irgendwer sonst. Sein Seelenfrieden beruhte auf der Fähigkeit, die Konsequenzen seiner Überzeugungen nicht bis zu Ende zu denken. Sonst wären ihm einige Widersprüche aufgefallen.

Wenn man zum Beispiel Jensen-Escherodes Bekenntnis zum Pazifismus wörtlich genommen hätte, dann hätte sich daraus ergeben, daß er auch gegen Hitler unter keinen Umständen Krieg geführt hätte. Schon gar nicht auf der Seite der imperialistischen Amerikaner. Militärische Gewalt war nach seiner Meinung prinzipiell abzulehnen, selbst wenn man damit das Schänden, Massakrieren und Foltern von Hunderttausenden auf dem Balkan hätte beenden können. Er las nur die Zeitungen, in denen stand, was er ohnehin dachte.

Der Escherode ist eine Zeiterscheinung, hatte der Senator einmal gesagt, den Stragler seit dessen Besuch im Tuntenkino in der Tasche hatte. Man müsse ihn für spätere Generationen in Acryl eingießen und konservieren wie eine Fliege in Bernstein: damit unsere Nachfahren begreifen, wie eng Heilslehren und Autobomben bei uns verwandt waren.

Die Bilder und Plastiken Jensen-Escherodes seien vorbildliche Manifestationen zeitgenössischer Erläuterungskunst, hatte der Senator gesagt. Das Echo läge dem mehr als der Schrei. In der Kunst wie in der Politik zählte schon seit den Sechzigerjahren nicht mehr, was jemand malte oder was für Gesetze jemand machte, sondern wie man ein Bild oder ein Gesetz erläuterte. Wenn einer Airline Flugzeuge herunterfielen, dann gab sie nicht mehr Geld für bessere Flugzeuge aus, sondern nur für mehr Reklame, die potentielle Kunden von der Sicherheit ihrer Maschinen überzeugte, indem sie zum Beispiel Todesfälle auf zurückgelegte Kilometer umrechnete. Nach dieser Rechnung war selbst eine bemannte Rakete, die mit Sicherheit auf dem Mond zerschellen würde, wesentlich sicherer als alle anderen Verkehrsmittel. Je unpünktlicher die Züge der Deutschen Bundesbahn wurden, desto mehr betonte die Reklame Pünktlichkeit. Sogar in der Gastronomie hatte ein genialer Koch namens Bocuse drei in Salzwasser gekochte Bohnen, eine glasige Kartoffel und eine halbgare Wachtel kurzerhand zu Essen erklärt. Eine riesige Erklärungsindustrie war entstanden, die wegerklärte, umerklärte oder, falls notwendig, auch enterklärte.

Nur auf dem Kiez war das anders. Ein Orgasmus war ein Orgasmus. Und keiner war keiner. Den konnte man niemandem bloß erklären, der dafür gezahlt hatte oder zahlen sollte. Der Kiez war für Jensen-Escherode daher zwar das pulsierende, aber eben auch das unendlich kunstferne Leben.

So wie Jensen-Escherode ein merkwürdiger Linker war, so war Stragler ein sonderbarer Rechter. Eigentlich waren ihm die Schwarzen, mit wenigen Ausnahmen, genauso zuwider wie die Roten, aber je mehr Geld er einnahm, desto mehr hatte er sich den Schwarzen zugehörig gefühlt. Es war wie die Zugehörigkeit zu einer Familie, der man sich nicht entziehen kann, obwohl man sich über alles ärgert, was man von ihr an sich selbst entdeckt. Jensen-Escherode hielt Stragler für einen Reaktionär; der Senator, den Stragler in der Tasche hatte, hielt ihn für einen Rebellen. Er selbst nannte sich kokett einen konservativen Anarchisten, ohne erklären zu können, was genau er damit meinte, und Kadaver-Kalhaber schimpfte ihn einen Kalender-Chaoten, weil er andauernd die Daten seines Lebens durcheinanderbrachte oder sie, den Verdacht wurde niemand los, absichtlich vermischte, um unbequeme Erinnerungen loszuwerden. Alle, die Stragler kannten, kamen unabhängig voneinander auf den Begriff »schillernde Persönlichkeit«, wenn man sie nach ihm fragte.

Seit Jahren schaute Joseph Stragler nicht mehr nach, ob hinter ihm ein Stuhl war. Er setzte sich im *Bosporus* einfach ins Leere und verließ sich darauf, daß ihm jemand blitzschnell eine Sitzgelegenheit unter den Hintern schob. Er griff, ohne den Kopf zu wenden, nach hinten. Der Ober drückte ihm die Karte in die Hand, damit er sich etwas aussuche.

Stragler und sein Gefolge genossen den Respekt der

überwachen Kokser und Ecstasy-Fresser und die Beflissenheit der Kellner, die alle dieselben Schnurrbärte hatten.

Bei denen bist du niemand, bist du, ohne einen Tropfenfänger unter der Nase, zischte Kadaver-Kalhaber.

An den Wänden hingen Zitate in arabischer Sprache. Die Islamisten gingen mit dem Koran genauso um wie das »Wort zum Sonntag« mit der Bibel. Die einen taten, als hätten sie mit dem Allerhöchsten Schweine gehütet, die anderen setzten aus Bruchstücken neue Texte zusammen, wie es ihnen gerade in den Kram paßte.

»Ungläubige sind wie Vieh, das man anschreien muß«, stand da. Das stammte aus der zweiten Sure albaqara. Aus einer ganz anderen Sure: »Sie sind taub, stumm und blind und haben keinen Verstand.« Und dann: »Tötet die Ungläubigen, wo ihr sie erwischt!« Und ohne Absatz weiter: »Wenn ihre Strafe kommt, wird der Himmel sein wie flüssiges Metall und die Berge werden sein wie zerzauste Wolle.« Alles folgte so aufeinander, als hätte der Prophet das jemals so gesagt. Aber natürlich konnte die Schrift niemand lesen.

Der Küchendunst im *Bosporus* zog Fliegen an, die knisternd verbrannten, wenn sie sich von den bläulichen Leuchtröhren anlocken ließen und in das elektrisch geladene Gitter des an der Decke aufgehängten Fliegenvernichters gerieten. Stragler schloß die Augen. Das Zerplatzen der Insekten war durch das Gebrabbel der Gäste zu hören. Außerdem hörte er, wie der Crailsheimer mit dem Löffel seinen Teller auskratzte, um nichts übrigzulassen. Seine dürftige Herkunft ließ ihn nicht los.

Erinnerst du dich an die Mücke? fragte er den Crailsheimer.

Was für eine Mücke? Der Crailsheimer zog seinen weißen Handschuh aus, wischte sich den Mund mit dem Handrücken ab und suchte mit der Zunge etwas zwischen seinen Zähnen.

Die du totgeschlagen hast, sagte Stragler.

Ich habe eine Million Mücken totgeschlagen.

Vor zehn oder vor dreißig Jahren.

Vor dreißig Jahren haben wir uns noch gar nicht gekannt. Wie soll ich mich an eine Mücke erinnern, die ich vor ewigen Zeiten totgeschlagen habe?

Sie ist auf deinem Arm gelandet, und kaum war sie gelandet, hast du sie schon totgeschlagen.

Sie hätte mich stechen und mit irgendwas anstecken können. Was weiß ich denn? Ich hätte an ihr sterben können. Vielleicht habe ich sie totgeschlagen und mir das Leben gerettet, sagte der Crailsheimer.

Ich mache dir doch keinen Vorwurf, sagte Stragler ungeduldig, weil der Crailsheimer gar nicht merkte, daß er nicht Mücken meinte, wenn er von Mücken redete, sondern Vera. An Mücken, sagte er, stirbt man nicht. An Menschen stirbt man.

Der Crailsheimer überlegte. Einer, den man zwickt, sagte er, kann einem nichts mehr tun. Woher weißt du, daß mich nicht wer ansteckt oder zum Krüppel fährt, daß nicht einer eine Regierung wählt, die mir einen blöden Krieg einbrockt. Mit jedem, den man wegmacht, ist einer weniger, der einen anstecken oder überfahren oder sonst etwas kann.

Aus der Küche stinkt es wie verbrannte Socken, maulte Schnauzen-Kalle.

Seit der den Pudel-Paul verbrannt hat, hat er eine empfindliche Nase, sagte der Crailsheimer und wischte seinen Teller mit einem Stück Brot sauber.

Die Huren hatten dem Pudel schöngetan. Von ihrem Entzücken hatte Pudel-Paul einen Teil auf sich bezogen. Er war in seinen Pudel vernarrt, und die Huren dachten, daß es sie also doch gibt, die große Liebe. Wenn auch nur zu einem Hund. Immer wieder erzählte ihnen Pudel-Paul, daß er eine Zucht gründen, preisgekrönte Ausstellungssieger produzieren und dann unglaublich reich werden würde. Die Huren waren skeptisch, aber sie sagten nichts. Der Pudel war Pauls glanzvolle und wunderbare Zukunft. Er glaubte an das Tier mit der Monomanie einer Eislauf-Mutter, und die Huren wollten nicht grausam sein und Paul die Zukunft ausreden.

Vor Liebe zu seinem Pudel muß Pudel-Paul dann eines Tages den Verstand verloren haben. Er hatte versucht, Dr. Suhl im Rathaus zu erpressen, um ihn zu zwingen, in Hamburg eine internationale Hundeausstellung zu organisieren, für die der Kultursenator die Schirmherrschaft übernehmen sollte.

Sein knallgelbes Auge hatte Dr. Suhl, der sonst nicht schreckhaft war, Angst eingejagt. Er hatte den Eindruck, daß Pudel-Paul nur Tiere liebte, während Menschen bei ihm nicht auf Gnade rechnen konnten. In seiner Verzweiflung hatte er Stragler angerufen, der war ins Rathaus gerast und hatte Pudel-Paul aus dem Büro Suhls herausgezerrt und durch die Flure geschleift, vorbei an den Frauen, die darauf hofften, daß Dr. Suhl ihnen behilflich sein würde. Bis zu einem Fenster. Paul verschwamm das Panorama der Stadt hinter den Tränen seines samtigen braunen Auges, während das knallgelbe Glasauge Joseph Stragler ein Loch in die Stirn brannte.

Beinahe hatte ich den Suhl soweit, jammerte Pudel-Paul. Der Pudel drückte sich schlotternd an seine Beine.

Nicht einmal wenn die Töle gewinnt, sagte Stragler, bringt die, was sie verfressen hat.

Du weißt nicht, was in dem Tier steckt, schluchzte Pudel-Paul heiser. Meine Zukunft.

Joseph hatte das Fenster aufgerissen und den Pudel am Genick gepackt. Der Hund hatte danach wie ein Haufen Fell auf der Straße gelegen und Joseph in Pudel-Paul einen Todfeind.

Pudel-Paul hatte den Hund nachher in einen Trokkenmilchkarton gelegt und ihn nach allen Seiten grüßend über den Kiez getragen, als hätte er Joseph verziehen. Straglers Huren ließ er sogar einen Blick in den Karton werfen.

So ein seidiges Fell hat er, sagte eine. Und so schöne lange Wimpern.

Große Heldentat! hatte Vera Joseph angeschrien. Die Nachricht von Fensterwurf des Pudels hatte sie schneller erreicht, als Joseph nach Hause kommen konnte, um ihr seine Version zu erzählen. Das arme Vieh! sagte sie. Und: Komm mir nicht zu nahe!

Joseph nahm sich Zeit, ihr zu erklären, daß ihre Vorstellung von Heldentum von vorgestern und daher längst überholt wäre. Er zwang sich zur Geduld, weil ihm jede Mißstimmung mit Vera körperliche Schmerzen verursachte.

Der Kampf unter Ebenbürtigen, sagte er, ist jetzt bloß noch blanke Dämlichkeit. Einen untertauchen, dem das Wasser bis zum Hals steht, sagte er, einem Amputierten ein Bein stellen, einem Blinden die Brieftasche wegnehmen, das zeigt, daß du keine Skrupel kennst, daß du stark bist und daß du ein Herz hast.

Vera hatte ihn fassungslos angesehen.

Das ist die Zeit, sagte Joseph. Ich mache die

Zeit nicht. Oder meinst du vielleicht, daß mir das gefällt?

Pudel-Paul hatte sich einen neuen Pudel zugelegt. Keinen zum Züchten, sondern einen zum Gernhaben. Das Tier lahmte auf dem linken Hinterlauf und hatte einen Unterbiß. Es schien, als hätte Pudel-Paul seine Träume begraben.

Dienstag

1

Joseph Stragler spielte gern Gin Rummy, viel lieber als Poker oder Black-Jack. Gin Rummy hatte im Hollywood der Zwanzigerjahre dafür gesorgt, daß einige der über Nacht im Filmgeschäft zusammengerafften Vermögen innerhalb von Stunden ihre Besitzer wechselten. Das Spiel faszinierte Stragler, wie es Winston Churchill wegen seiner logischen Unerbittlichkeit fasziniert hatte, als Präsident Roosevelt es ihm nach dem Krieg in einem Salonwagen nach Washington beigebracht hatte. Nur wenn zu dieser logischen Unerbittlichkeit noch ein tierischer Instinkt kam und eine sichere Witterung für die seelische Verfassung des Gegenspielers, konnte einer beim Gin Rummy gewinnen. Stragler verstand nicht, was Leute am Roulette und anderen Casinospielen fanden, bei denen man gegen eine dumme Maschine oder eine taube Wahrscheinlichkeit spielt und mit mathematischer Sicherheit verliert, obwohl sie »Glücksspiele« genannt werden. Beim Gin Rummy sind knapp sechzehn Milliarden Kartenkonstellationen möglich. Aber die simplen Regeln, die jeder Trottel auf Anhieb versteht, verbergen vollkommen das unendliche Repertoire an Finessen und Winkelzügen, das einem Spieler geläufig sein muß, wenn er nicht das letzte Hemd verlieren will. Das hat den

Vorteil, daß jeder Dummkopf, der die Regeln kapiert, sich für schlau genug hält, höchste Einsätze zu riskieren, und sich womöglich sogar einbildet, damit zur sogenannten Hohen Partie zu gehören, zu der man natürlich nicht allein deshalb gehört, weil man hoch spielt.

Die Hohe Partie ist ein Orden, dessen Regeln unter anderem verlangen, daß man klaglos hohe Verluste wegsteckt und hohe Gewinne in die Tasche schiebt, ohne sich damit dickzutun.

Es amüsierte Stragler nicht nur am Spieltisch, Leuten zuzusehen, die ihren winzigen Einblick in das milliardenfache Beziehungsgeflecht von zweiundfünfzig Spielkarten oder die Verstrickungen ihres eigenen Lebens für alles hielten, was es zu wissen gab, und die glücklich waren, weil sie nichts von den Möglichkeiten und Fallen ahnten, die sich in einem Kartenspiel oder im Alltag verbargen.

Zocker, die es sich nicht leisten konnten, hoch zu spielen, mußten bei der Hohen Partie zusehen. Sie stahlen sich ihren Schuß Adrenalin beim Kiebitzen und wurden daher Galerie genannt, was im Rotwelschen nicht nur Zuschauer, sondern auch Diebesbande heißt. Die meisten von denen wußten mehr von den Fallstricken des Zufalls und vom Gift trügerischer Hoffnungen als die windigen Aufsteiger, die in die Hohe Partie hinaufwollten. Aber sie konnten nichts mit ihrem Wissen anfangen, weil ihnen Kapital und Kaltblütigkeit fehlten.

Wenn Stragler etwas auf die Nerven ging, dann war es coffee-housing beim Zocken. Dieses Gelaber und Gejammer, das nur Zeit kostete. Er hatte sich vorgenommen, Rechtsanwalt Harik auf die Finger zu sehen und bei jedem Schlitten darauf zu achten, ob Karten fehlten. Der Rechtsanwalt war noch nicht erschienen. Stragler fragte sich, ob er Lunte gerochen hatte. Hielt ihn der Verrat an der Hohen Partie fern? Wer in der Hohen Partie betrog, war ein Verräter. Falsch gespielt wurde nur in der Galerie.

Stragler sah sich auf einem alten Foto an der Wand, umringt von halbnackten Damen. Sein Siegerblick von damals erinnerte an eine erfolgreiche Safari. Er sah sich als Großwildjäger, inmitten halbnackter Gewehrträger, Fährtensucher, Köche und Wasserholer, einen Stiefel auf dem erlegten Rhinozeros, die linke Hand auf die doppelläufige Holland & Holland gestützt, die Rechte über die Augen gehalten, um sie vor der sengenden Sonne zu schützen. Das Rhinozeros und die Holland & Holland fehlten auf dem Foto, die dachte sich Stragler dazu. Es gab auch keine Sonne, aber die Damen machten genauso dienstfertige Gesichter, wie sie die einheimischen Hilfskräfte im afrikanischen Busch vermutlich gemacht hätten. Stragler versuchte sich zu erinnern, worüber er damals triumphiert hatte, als er von Kadaver-Kalhaber inmitten seiner Nackttänzerinnen aufgenommen worden war. Es fiel ihm nicht mehr ein.

Andere Fotos: Stragler auf der Golden Gate Bridge, Stragler vor dem Kölner Dom und Stragler nach der großen Sturmflut mit Helmut Schmidt, der von ihm keine Notiz zu nehmen schien. Und Stragler mit Soraya. Damals, beim ersten Besuch von Soraya – oder war es beim zweiten? – hatte sich herausgestellt, daß die Vorhersagen von Pudel-Paul in bezug auf Straglers Sohn Frank Hand und Fuß hatten. Weil alle meinten, er könne mit seinem knallgelben Glasauge hellsehen, hatte sich Stragler den Spaß erlaubt und ihn gefragt, was aus dem Bastard einmal werden würde, den ihm Annita geboren hatte, um Vera zu ärgern. Der Knabe war 4250 Gramm schwer gewesen, 54 Zentimeter lang und hatte geschrien wie am Spieß. Vor Freude über den illegitimen Stammhalter war Joseph nach Hause gerast, hatte Vera die Kleider vom Leib gerissen und sie am hellichten Tag aufs Bett geworfen.

Willst du Drillinge, oder was? hatte Vera ahnungslos gekreischt. So wie du dich aufführst?

Das Resultat war dann Thommy gewesen, der zwar legitim, aber nicht so intelligent wie der Bastard war. Aber das hatte sich erst viel später herausgestellt. Stragler hatte es lange nicht wahrhaben wollen, daß sein Kronprinz, wie Kadaver-Kalhaber sich ausdrückte, nicht gescheiter als ein Pfund Salz war.

Jahre später hatte Vera Thommy die Taschen umgedreht, nachdem sie ihn von der Schule abgeholt hatte. Sie hatte nacheinander eine Kinderuhr, ein Matchboxauto, einen Markschein und einen Kinderfüller auf den Tisch geworfen und jedesmal pfui! gerufen.

Thommy hatte ein renitentes Kindergesicht gemacht.

Dein Sohn, flüsterte sie, dein verfluchter Sohn, und legte einen Hausschlüssel, eine Trillerpfeife und einen Knackfrosch zu dem anderen Diebesgut auf den Tisch. Dein gottverfluchter Sohn stiehlt wie ein Rabe.

Und du hast gedacht, daß er blöd ist? hatte Joseph gesagt, der immer noch darunter litt, daß Frank der Gescheitere war.

Die Annita will ihn Frank nennen, hatte Stragler gesagt, als die Göre aus gutem Haus kurz vor der Entbindung stand, um Pudel-Paul zum Hellsehen zu bewegen. Schau für mich. Ich muß wissen, was auf mich zukommt. Pudel-Paul hatte die Lippen geschürzt und sich konzentriert.

Los, streng dich an, drängte Joseph ihn.

Er wird Rechtsanwalt, sagte Pudel-Paul, während er mit dem Glasauge in den Himmel blickte.

Rechtsanwalt? schrie Joseph.

Hält Reden und tanzt auf Barrikaden rum, sagte Pudel-Paul.

Joseph packte ihn am Arm. In Hamburg? schrie er. Barrikaden? Schau noch einmal genau nach! Barrikaden?

Doch, sagte Pudel-Paul, der furchtlos in die Zukunft starrte. Haut Messerstecher und Koksköpfe heraus, weil er gegen den Imperialismus ist.

Gegen was für einen Imperialismus?

Imperialismus eben, sagte Pudel-Paul. Frag mich nicht, wenn dir nicht gefällt, was ich sehe.

Rechtsanwalt? sagte Joseph. Ich glaube, dein Auge läßt nach. Ich kaufe dir ein braunes, das zu deinem echten paßt.

Pudel-Paul lehnte das aber ab, weil er sich an das andere inzwischen gewöhnt hatte.

Beim Besuch der Soraya stellte sich dann heraus, daß Pudel-Paul sich nicht versehen hatte. Vor dem Hotel *Atlantic* brüllten sie: Soraya! Soraya! Soraya! Unter die Begeisterten hatten sich ein paar Besoffene gemischt, die mitjubelten, ein paar Nutten und zwei oder drei Halbstarke, die auf den Putz hauen wollten. Unter ihnen Frank.

Die Kaiserin dankt! dröhnte es aus einem Lautsprecher. Aber sie will sich ausruhen. Großer Beifall.

Es gab damals aber auch vereinzelte Pfiffe, sagte Stragler zu Kadaver-Kalhaber, von dem er wußte, daß er Gedanken lesen konnte. Harik war noch immer nicht erschienen. Nur die Galerie lärmte im Hintergrund herum, weil es Meinungsverschiedenheiten über einen geklauten Einsatz gab.

Das war beim zweiten Besuch der Soraya, sagte Kadaver-Kalhaber. Ich war immer dabei. Wenn die beim ersten Besuch gepfiffen hätten, hätte ich es gehört.

Hinter den dunkelblauen Anzügen der Leibwächter waren der Schahinschah in seiner blauen Karnevals-Uniform mit den Orden und Soraya mit ihrem hausbackenen Nerz durch die Lobby des *Atlantic* geschritten. Vorbei an Mr. Pick und Mr. Damasco aus Kalifornien, die mit Stragler ein paar Dinge besprechen wollten und beeindruckt waren.

Draußen randalierten sie. Einer der Randalierer war Frank, von dem Pudel-Paul behauptete, er würde Rechtsanwalt werden und Schläger heraushauen, um den Imperialismus zu bekämpfen. Stragler versuchte sich vorzustellen, was in seinem Bastard vorging. Frank mußte in den Gesichtern der iranischen Savak-Schläger mit ihren dunkelblauen Anzügen eine andere Sorte von Gewalt gesehen haben als die ihm vertraute auf dem Kiez. Vielleicht hatte er sich gefragt, warum diese Gewalt noch mehr hofiert und gefeiert wurde als die andere.

In Evin foltern sie! hatte Frank geschrien, und Stragler fragte sich, woher das Kind so etwas wissen konnte.

Die Leichen lassen sie in ihren Salzseen verschwinden! Damit keiner sieht, was sie mit ihnen gemacht haben, schrie Frank.

Ein paar Leute lachten. Das glaubte keiner.

Soraya war erschienen, hatte ihr schlaffes Gesicht zu einem huldvollen Lächeln gezwungen und gewinkt.

Hure! Hure! hatte Frank geschrien und: Schah raus! Schah raus!, bis ihn die mit den dunkelblauen Anzügen wegschleppten und der Schmiere übergaben, die sich zerknirscht für die Belästigung der Hoheiten entschuldigte.

Das ist jetzt schon der zweite, sagte Vera. Sie schaute Joseph durch die Gitterstäbe hindurch an. Zwischen ihnen lag der tote Zeisig in seinem Käfig.

Einfach von der Stange gefallen, sagte Joseph. Da geht man in einen teuren Laden. Und dann hält es der Kacker bei uns nicht aus …

Er war nicht widerstandsfähig genug, sagte Vera. Bei uns muß man widerstandsfähig sein.

Ein neuer kommt mir nicht ins Haus, sagte Joseph. Ich lege mir sowieso ein Rennpferd zu. Wenn es nicht ins Geld läuft, machen wir Salami draus.

Brauchst du den dunklen Anzug? fragte Vera mit feuchten Augen.

Wegen dem blöden Vogel?

Nein, hatte Vera gesagt. Zur Eröffnung vom *Verissima.*

Beide hatten losgeprustet.

Neben dem Foto mit der Soraya hingen im *Zockatero* die zwei Goldzähne, eingerahmt, auf schwarzen Samt gebettet. Es waren zwei Schneidezähne. Sie erinnerten an den Sieg über Mr. Pick, genannt »the fist«, und Mr. Damasco, genannt »the zulu«, die von der Kaiserin beeindruckt gewesen waren. Sie wollten vor der Küste ein »junket«, so nannten die Amis eine schwimmende Spielhölle außerhalb der nationalen Gewässer, aufmachen, um für Mickey Cohen und die kalifornische Cosa Nostra abzukassieren. Die Zähne waren alles, was von Mr. Pick und Mr. Damasco übriggeblieben war. Der Rest war in einer Öltrommel zu einer übelriechenden Suppe geworden. Auch wieder so eine Sache, von der niemand sagen konnte, ob der Crailsheimer etwas mit ihr zu tun gehabt hatte oder nicht. Es war sinnlos, ihn zu fragen.

2

Der Wind hatte damals ein anderes Wetter, ein merkwürdiges gelbes Licht und eine ungewöhnliche Strömung mitgebracht, glaubte sich Stragler zu erinnern. Die Öltonne war im Mühlenberger Loch angeschwemmt worden. Über dem Atlantik hatten zwei Zyklone auf einer Bahn gekämpft, die seit Jahrhunderten von den Azoren über Hamburg bis nach Sibirien führt. Es hatte nach Tang gerochen, und die Nutten, die sich sonst nur ankeiften, waren zusammengerückt, hatten sich gegenseitig mit Prälus und mit Koks ausgeholfen. An der Reeperbahn hatte der Wind eine riesige Reklametafel aus Blech von einer Fassade gerissen und auf die Straße geworfen. Es hatte geklungen wie Theaterdonner.

Oder war das gelbe Wetter vor der großen Sturmflut gewesen, und nicht, als die Amerikaner kamen? Stragler bedauerte, daß auf dem Rahmen mit den goldenen Zähnen kein Datum vermerkt war. In seiner Erinnerung waren Mr. Pick und Mr. Damasco schlimmer als die Sturmflut gewesen.

Das gelbe Wetter, dessen Geruch er noch jahrelang in der Nase hatte, stimmte nicht mit der weißen, von der

Sonne überfluteten Fassade des Hotel *Atlantic* überein, hinter der sich Mr. Pick und Mr. Damasco in einer himmelblauen Suite, mit Blick auf die Alster, einquartiert hatten. Stragler konnte sich genau vorstellen, was damals geredet worden war, obwohl er es sich eigentlich nur nachträglich aus den Erkenntnissen der Schmiere und aus dem Geschwätz der Zimmerkellner zusammengereimt haben konnte.

Mr. Pick, alias Charlie the fist, hatte einen Kopf wie eine Billardkugel. Er hockte mit einer Krawatte, die so laut war, daß sie in den Augen weh tat, vor dem Spiegel und kämmte ein graumeliertes Toupet. Seine oberen Schneidezähne waren aus purem Gold.

Die gerahmten und auf schwarzen Samt gebetteten Zähne stammten also von ihm und nicht von Mr. Damasco, der ein Mischling war und deshalb »the zulu« genannt wurde.

Der Zulu fletzte sich auf dem Bett, den Telefonhörer zwischen Schulter und Backe geklemmt, und memorierte, während er auf eine Überseeverbindung wartete, seine »flash cards«, um beim Black-Jack ohne lang nachzudenken eine optimale Gewinnstrategie spielen zu können.

Hallohallohallo! krähte Damasco. Hier bün isch, werr da?

Sie kennen Deitsch? spottete Mr. Pick vom Spiegel her über die sprachlichen Verrenkungen seines Komplizen.

Der Zulu grinste, heftig nickend, hielt die Muschel zu und rasselte seinen ganzen deutschen Sprachschatz herunter: Mei lieba Dscholli, gib Karten! Nimm Pfotten hoch! Die Recknung bittäh. Alles Kacke, deine Elli. That's all you need.

All you need is looove … trällerte Mr. Pick, setzte

sich das gekämmte Toupet auf und nahm den Handtrainer wieder, um seine Faust in Form zu halten, die aus jeder Hand mit einem einzigen Griff einen Knochensalat machen konnte.

Hallo, bambina? sagte Zulu. Don't go down on everyone in sight. Und Mr. Pick schrie Auf Widderrsähn! dazwischen.

Charlie is going to cut your tits off, kreischte der Zulu. Charlie ti strappa i capezzoli, meckerte er wie ein Ziegenbock.

Nachdem er aufgelegt hatte, sah er Mr. Pick an und sagte: This Stragler-guy don't even call.

Who does he think, he is? hatte the fist gefragt und die Lippen hochgezogen, um das kühle Licht Hamburgs auf den Zähnen spielen zu lassen, die jetzt gerahmt auf schwarzem Samt im *Zockatero* hingen.

Der Crailsheimer hätte damals über die politische Räson hinaus eine persönliche Rechnung mit Mr. Pick und Mr. Damasco zu begleichen gehabt. Aber auch der Arm von Mickey Cohen reichte schon bis nach Europa, und die beiden waren auf dem absteigenden Ast ihrer Karriere und daher längst schlachtreif gewesen.

Es war also wieder einmal nicht klar, wer hinter der Tonne mit der Suppe und den Zähnen steckte.

Die Übernahme des Kiez war die letzte Chance von Mr. Pick und Mr. Damasco gewesen, und die hatten sie verspielt, weil sie Stragler unterschätzten.

Der Crailsheimer hatte schon am ersten Tag ihres Aufenthalts in Hamburg, als sie im *Zockatero* auf Stragler warten mußten und zum Zeitvertreib beim Black-Jack unmenschlich abräumten, hinter ihnen in die Decke geschossen, um ihre Nerven zu testen. Kalk war heruntergerieselt. Allen hatten die Ohren geklingelt. Die beiden hatten sich nicht einmal umgedreht. Mr. Pick hatte nur in sein Taschentuch gehustet und zu Mr. Damasco gesagt: Keine Blute. Mr. Damasco hatte keinen Augenblick aufgehört zu spielen, was einerseits für seine Gelassenheit sprach, andererseits aber doch einen Anflug von Nervosität verriet, denn der Schlitten war arm an hohen Karten geworden und die Gewinnchancen daher verschwindend.

Mr. Pick drehte sich später um, sagte hey! zum Crailsheimer und streckte ihm die Hand hin, der überließ ihm die behandschuhte Rechte leichtfertig. Mr. Pick ließ erst wieder los, als es knackte. Der Crailsheimer zog seinen Revolver aus der Tasche, konnte ihn aber mit der zerquetschten Hand nicht halten. Er fiel mit einem peinlichen Scheppern auf den Boden. Bevor sich der Crailsheimer nach ihm bücken konnte, kickte Mr. Pick die Waffe mit dem Fuß zu Mr. Damasco. Der Crailsheimer hechtete hinterher, um seine Reputation zu retten. Ehe er zupacken konnte, kickte Mr. Damasco die Kanone wieder zu Mr. Pick. Es war ein Spiel, das die beiden geübt zu haben schienen.

Lindi, die Erstgeborene Straglers, die längst ihre eigenen Wege ging und nur hereinschaute, wenn sie Geld brauchte, hatte dem Crailsheimer angesehen, daß er innerhalb von Minuten zu einem Killer geworden war. Vielleicht hatte hier die Affäre zwischen Lindi und dem Crailsheimer begonnen.

3

Aufmerksamkeit, meine Damen und Herren! hatte der Boxpromoter nach den Vorkämpfen das Publikum angeplärrt.

Applaus für unseren Freund und Kollegen, meine Damen und Herren! Applaus für Herrn Joseph Stragler!

Freund und Kollegen, hatte er geplärrt. Dahinter mußte sich eine Gemeinheit verbergen. Spärlicher Beifall hatte sich geregt, und Joseph, von einer Ahnung geplagt, war von seinem teuren Platz aufgestanden und durch die Seile in den Ring geklettert.

Die Veranstaltungsleitung gratuliert! plärrte der Promoter, faßte Josephs Hand und hob sie hoch, wie um den Sieger eines Kampfes zu küren.

Die Geburt eines gesunden Töchterchens! plärrte der Promoter.

Beifall und Gelächter bei den Luden auf den Ringplätzen. Wäääh! quäkten sie, wäääh-huh-wäääh!

Scheußlich, sagte Joseph, Minuten später und völlig außer Atem, während er das runzlige, lila verfärbte Gesicht der plärrenden Neugeborenen ansah und versuchte, es als ein Stück von sich zu empfinden. Er hob die Decke und sah nach, ob nicht doch zwischen den krebsroten Beinen des Säuglings etwas übersehen worden war. Die hätt'ste auch abtreiben können.

Wie er später sagte, habe er sich sofort für diese verbale Entgleisung geschämt. Er sei vom Machismo der Kollegen auf den Ringplätzen angesteckt gewesen und habe gehofft, daß der müden und von der Geburt entkräfteten Vera sein Gemurmel entgangen sei. Zumal er es natürlich nicht so gemeint habe. Mit einem Scherz habe er versucht, sich über den grausamen Lapsus zu retten.

Nicht einmal anschaffen kann ich die lassen, grinste er. Weil wir unsere Tochter schlecht anschaffen lassen können.

Sie soll es einmal besser haben, flüsterte Vera, noch matt von den Strapazen der Geburt.

Hast du Frost im Kopf? fragte Joseph sie. Hast du vielleicht anschaffen müssen? Wir haben zu essen. Kohlen für den Ofen. Klamotten. Wer hat das schon?

Das war vor der Währungsreform gewesen.

Joseph behauptete später, daß die Geburt Lindis für ihn ein traumatisches Erlebnis gewesen sei, das ihn, das waren seine Worte, der minderjährigen Hure, der minderjährigen Annita erst in die Arme getrieben habe. Der Bastard Frank war die Frucht dieser Begegnung.

Der legitime Sohn, der wiederum die Frucht von Straglers Freude über seinen illegitimen Stammhalter war, drohte erst nach dem Stichtag der Währungsreform das Licht der Welt zu erblicken. Das war ungünstig, wie Stragler meinte, der die einschlägigen Vorschriften nicht kannte und dachte, es würde ihn um ein Kopfgeld von 50 DM bringen.

Bald roch die ganze Wohnung wie ein Friedhof nach Thujen, in deren Absud Vera stundenlang baden mußte, um ihre Niederkunft zu beschleunigen.

Joseph hatte die Ärmel aufgekrempelt und ins Badewasser gegriffen, um ihren Bauch zu massieren.

Rührt sich nichts? Kein Bauchweh? Nichts? fragte er sie, und sie schüttelte den Kopf.

Chinin soll gut sein, sagte Joseph.

Vielleicht sollte ich ein paarmal vom Tisch springen? schlug Vera vor.

Das schadet womöglich dem Buben, sagte Joseph, der von Wahrscheinlichkeitsrechnung keine Ahnung hatte und meinte, daß beim zweiten Wurf wahrscheinlich nicht noch einmal ein Mädchen käme. Er entschloß sich dann aber doch, professionellen Rat einzuholen, und legte dem Generalsekretär der Hamburgischen Geburtshülflichen Gesellschaft eine in Zeitungspapier eingewickelte Speckseite hin.

Der Professor hob sie schnell hoch, damit seine Krankengeschichten nicht fettig wurden, und wog dabei das Gewicht abschätzend in der Hand.

Sieben Kilo, sagte Joseph.

Eher sechs, sagte der Professor. Trotzdem sehr aufmerksam von Ihnen.

Die Ordination war beendet.

Und sonst? fragte Joseph. Der Professor zuckte die Achseln.

Man kann nichts machen, sagte er. Wenn Sie mich fragen, man soll auch nicht. Geht alles am besten seinen natürlichen Gang.

Joseph wollte die Speckseite wieder mitnehmen, aber der Professor hielt sie fest und schob Joseph hinaus in die neue Welt der D-Mark.

Der Name Thommy war Veras Idee gewesen.

Nenn ihn wenigstens Thomas, hatte Joseph gesagt! Wer heißt schon Thommy?

Thomas Stragler geht nicht, sagte Vera. Zwei »s« hintereinander.

Joseph hatte den Knaben mit dem zerknautschten Gesicht Kadaver-Kalhaber zum Fotografieren hingehalten.

Kaum zu glauben, daß mit so was eine Dynastie anfängt.

Kadaver-Kalhaber blies ein Stäubchen vom Objektiv der Leica und schätzte das Licht auf seinem Handrükken. Im Rathaus, sagte er, um von der erstaunlichen und deutlich sichtbaren Frühreife des Säuglings abzulenken, hat die Bürgerschaft das Grundgesetz gebilligt. Jetzt ist Hamburg ein Bundesland.

Stragler hielt sich beim Anblick seines erregten Kronprinzen aus instinktiver Scham die Hände vors Gesicht, weil ihn, wie er später im *Bosporus* in Anwesenheit seiner Seife zum besten gab, der Vorfall an die Peinlichkeit seiner frühesten Erektionen erinnert habe.

Sie hätten ihn als Knaben oft aus heiterem Himmel überfallen, sagte er. Er habe dann schnell seine Hand in die Hosentasche gesteckt, das ungebärdige Körperteil ergriffen und in die Leistenbeuge gedrückt, damit man seinen Zustand nicht durch die Hose sehen könnte. Das Holpern im Autobus habe damals schon genügt, um das Malheur auszulösen, oder ein Fernweh, das er beim Kleinerwerden eines Zuges empfand. Lust habe er, soweit er sich erinnere, damals nicht bemerkt. Nichts, was mit der Lust vergleichbar gewesen wäre, die ihn oft im Traum durchströmte, wenn es ihm gelang, sich allein durch Willenskraft in die Luft zu erheben, wenn die Dörfer, Wälder und Menschen klein unter ihm wurden und er Angst bekam, die Willenskraft könnte ihn verlassen und er herunterstürzen.

Später habe ich dem Ding, sagte Stragler unter dem beifälligen Oho! und Aha! der Seife, dann natürlich schon beigebracht, daß es zu parieren habe. Dann war allerdings immer auch die Spur einer Berechnung dabeigewesen, der mutmaßliche Lustgewinn einer sexuellen Begegnung wurde gegen den finanziellen oder zeitlichen Aufwand aufgerechnet. So habe er, erläuterte Stragler seiner Seife, nach und nach seine Unschuld verloren.

Warum Stragler derartig persönliche Dinge im *Bosporus* besprochen hatte, war schwer zu erklären. Vielleicht wollte er damit dem Gerücht entgegentreten, er habe nur aus Zügellosigkeit mit der eigenen Tochter Lindi geschlafen und nicht, um sie von ihren Neigungen zu heilen. Nur der Buszek hat er wohl Näheres darüber erzählt. Die bewunderte Stragler zwar bis zur Kritiklosigkeit und war insofern Partei, aber sie war die einzige Quelle.

Angeblich sei es kurz nach Straglers Entlassung aus der Untersuchungshaft gewesen, und angeblich habe Joseph den Wagen geräuschlos ausrollen lassen und die Pump-gun unter dem Vordersitz herausgeholt, als er den fremden Wagen sah. Dann habe er sich mit dem ganzen Gewicht gegen den Wagenschlag gelehnt, um ihn geräuschlos zuzudrücken. Er habe auf dem Boden von Lindis Zimmer Unterwäsche, Frauenkleider und eine kokelnde Zigarette mit Lippenstift gesehen, die nicht von Lindi sein konnte, weil sie sich nie schminkte. Er habe die Dusche im Bad gehört, die beiden Frauen beim Duschen beobachtet und sei leise und verstört wieder gegangen.

Am Tag danach oder wenige Tage später habe er sich zu Lindi ans Bett gesetzt.

Hast du uns vermißt im Gefängnis? habe ihn Lindi ahnungslos gefragt.

Wir haben uns an die Damen des Justizvollzugs gehalten, habe Joseph behauptet und Lindis Brust gestreichelt. Lindi habe erstaunt auf seine Hand geschaut, sich aber nicht abgewandt.

Ich dachte, die tun euch Soda in die Suppe, habe sie schließlich gesagt und sich ihm lächelnd entwunden.

Soda braucht man im Kopf, habe Joseph gesagt. Im Kopf sei man allein. Dann habe Stragler seine Tochter direkt gefragt, was mit ihr los sei; und sie habe getan, als wisse sie nicht, wovon er rede.

Joseph habe den Gürtel aus seiner Hose gezogen. Vielleicht zuerst, um sie damit zu züchtigen. Dann habe er ihr aber statt einer Züchtigung die Decke weggezogen und sie gefragt, woher ihr Tierchen wissen könne, wer es gemacht habe?

Es sei wie mit einem Fremden gewesen, habe Lindi angenehm überrascht nachher gesagt und sei in ihr T-Shirt geschlüpft, das sie sich, dessen war sich Buszek sicher, vorher selber und bereitwillig über den Kopf gezogen hatte. Sie habe Joseph das Hemd hingehalten und die Krawatte, die er in seine Hosentasche stopfte.

Ich ziehe mich gar nicht mehr an, habe Stragler gesagt. Ich gehe gleich ins Bett.

Sein Umerziehungsversuch sei aber vergeblich gewesen, und Stragler habe später immer geschworen, er habe Lindi an diesem Morgen, am Bett sitzend, nur stundenlang ins Gewissen geredet.

4

Die Geschichte mit Mr. Pick und Mr. Damasco blieb für Stragler immer mit der Sturmflut verbunden, obwohl sie damit nichts zu tun hatte. Jedenfalls hatte der Sturm damals zugenommen, und es war schneller Nacht geworden als sonst. Wie man Stragler nachher erzählte, saßen seine beiden Söhne zusammen mit dem kleinen Klachel im *Schlitz*. Thommy verlangte mit seinen vierzehn Jahren eine Flasche Whiskey, und der Ober gab sie ihm, weil er mit Stragler keinen Ärger wollte. Der junge Klachel, der zwischen Frank und Thommy saß, wollte aufstehen und gehen.

Keine Angst, wir zahlen, sagte Thommy.

Weil unser Vater Zuhälter ist, erläuterte Frank und drückte den kleinen Klachel wieder auf den Stuhl. Thommy hielt ihm ein Messer unter den Hintern, und der Klachel setzte sich direkt hinein.

Hat seine Tage, sagte Thommy.

Herr Ober, eine Packung Camelia, krähte Frank.

Dann packte sie die Angst. Sie schleppten den kleinen Klachel hinaus, kämpften sich durch den Sturm, legten ihn der Buszek vor die Türe und läuteten, bevor sie im Regen verschwanden. Erst kurz nachdem sie geläutet hatten, fiel der Strom aus.

So war der kleine Klachel am Leben geblieben und konnte später Staatsanwalt werden. Stragler war davon überzeugt, daß er sich diesen Staatsanwalt selbst gemacht hatte. Wer von seinen Söhnen bei der Buszek geläutet hatte, spielte keine Rolle. Beide waren von ihm gezeugt, und daher war Staatsanwalt Klachel indirekt aus seinem Rohr geschossen.

Alles hängt mit allem zusammen, sagte Kadaver-Kalhaber, der wieder einmal ahnte, was im Kopf von Stragler vorging, während er immer noch auf Harik wartete, um ihn zu prüfen. Du kannst dir gar nicht vorstellen, sagte er, was alles mit allem zusammenhängt.

Deine Finger sind schon ganz kurz vom Mischen, sagte Stragler, der sich ertappt fühlte.

Auf der Reeperbahn, sagte Kalhaber, hat man damals sein eigenes Wort nicht verstanden, so hat der Wind geheult.

Unten am Fischereihafen haben die Schlitten im Wasser gelegen, lachte Stragler.

Was daran komisch sein soll, fragte Schnauzen-Kalle, der bei der großen Sturmflut seinen gebraucht gekauften Camaro verloren hatte, samt den schaurigschönen Flammen, die er sich auf den Kühler hatte malen lassen.

Um Mitternacht sind die Deiche in Neuenfelde und Altenwerder übergelaufen, sagte Schnauzen-Kalle. Und du lachst. Es war eine Katastrophe und eine Tragödie und nichts zum Lachen.

In den Puffs haben die Hühner an den Batterie-Empfängern gehockt, haben sie, sagte Kadaver-Kalhaber. Einträchtig, fügte er hinzu. Plötzlich waren sie alle einträchtig, die Hühner.

Im Alten Land war der Teufel los, sagte Stragler. Die Leute mußten in die Dachgeschosse. Aber irgendwie habe ich das erst hinterher mitgekriegt.

Die Hühner haben Kerzen angezündet, sagte Kadaver-Kalhaber. Kerzen, kannst du dir das vorstellen? Woher die auf einmal alle Kerzen zum Anzünden hatten? Gebetet haben sie auch, und den Beschützern ist das Lachen vergangen, sagte der Fotograf.

Gegen drei war der Deich am Spreehafen hinüber, und das Wasser soll meterhoch durch die Veringstraße und die Reichsstraße nach Wilhelmsburg geschossen sein, sagte Stragler. Aber ich habe das im einzelnen gar nicht mitgekriegt.

Er erinnerte sich, daß die Buszek eine Petroleumlampe angezündet hatte. Die hatte sie irgendwann von einer Straßensperre mitgenommen, weil sie immer mit Notfällen rechnete.

Die weißen Hosen von Dr. Steiner waren bis zum Schritt voll Schlamm gewesen. Joseph hatte seine Jakke und sein nasses Hemd ausgezogen und sich einen alten Bademantel von der Buszek umgehängt.

Daß dem kleinen Klachel ja nichts passiert, raunte Stragler dem Dr. Steiner zu. Wenn dem etwas passiert ... Er mußte den Satz nicht zu Ende sprechen. Dr. Steiner wußte auch so, was er meinte, und stillte dem kleinen Klachel im Schein der Petroleumlampe die Blutung, nähte und verband ihn.

Laß dich nicht blicken, sagte die Buszek zu Joseph. Ich rede mit seinem Alten.

Ich bin dankbar, hatte sich der Alte ein paar Tage später überwunden zu sagen. Aber nur privat bin ich das. Schließlich war er bei der Staatsanwaltschaft. Ganz streng privat.

Joseph hatte ihm die Zeitung vor die Nase gehalten. Gesetze, hatte er dem alten Klachel vorgelesen, Gesetze, hat der Schmidt gesagt. Die Leute brauchen Hilfe, keine Gesetze. Genauso sah das Stragler auch, wenn auch nicht im Zusammenhang mit Unwetterkatastrophen. Während der großen Sturmflut war Helmut Schmidt für Stragler überlebensgroß geworden. Er war in die SPD eingetreten.

Stragler hatte Vera nach der Flutkatastrophe zum Essen an die Norderelbe geschleppt. Sie war abgeschminkt gewesen und wurde von niemandem erkannt. Er war unrasiert und hatte gemerkt, daß sie im Kerzenlicht sein Gesicht von jetzt mit seinem Gesicht von früher verglich.

Was machen meine vielen Kinder? fragte Joseph.

Ich kenne nur zwei, sagte Vera. Den klugen Bastard Frank, den er mit Annita hatte, ignorierte sie.

Joseph streckte, wie immer, die Hand über die Schulter nach der Karte aus.

Draußen spiegelten sich die Lichter der Landungsbrücken im Wasser. Minutenlang wurden sie von einem Ozeanriesen verdeckt, der wie eine Stadt, mit Fenstern, Straßen und Lichtern, vorbeizog.

Sieht aus, als hätten wir abgelegt, sagte Vera.

Vielleicht haben wir, lachte Joseph. Im Kerzenlicht studierte er ihre Hand.

An der Hand merkt man es früher als im Gesicht, sagte Vera, die seine Gedanken noch besser lesen konnte als Kadaver-Kalhaber.

Laß uns abhauen.

Man kommt nicht weit, sagte Joseph. Worüber beklagst du dich.

Er blies die Kerze aus.

Müssen nicht alle sehen, wie du heulst.

5

Wie lange hängt der Trauerflor jetzt schon an Veras Plakat? fragte sich Stragler, während sie immer noch auf Harik warteten. Zehn Jahre? Seit gestern?

Der Senator meinte, Stragler habe sich nach dem Verlust von Vera nur um so mehr an die Macht geklammert. Er sprach von Verlust, ohne ins Detail zu gehen. Der mit den Bölleraugen war davon überzeugt, Stragler habe sich nur den politischen Notwendigkeiten des Kiez gebeugt. Vera sei fromm und damit zu einer Gefahr für alle geworden. Eine pathologische Gläubigkeit habe es ihr verboten zu lügen. Damit habe sie nicht nur Stragler selbst gefährdet, sondern auch sein Renommee.

Der Fotograf Kadaver-Kalhaber hatte zwar auch aufgehört zu lügen, aber das war etwas ganz anderes.

Der einzige, der die Wahrheit kennen mußte, war der Crailsheimer. Aber der schwieg. Leute, die etwas wissen, halten immer am längsten den Mund, dachte Stragler. Selbst Straglers lauernde Blicke brachten den Crailsheimer nicht zum Reden. Nach einigen Jahren hatte sich Stragler an das Schweigen des Crailsheimer gewöhnt, mehr noch, er hatte begonnen, sich auf dieses Schweigen zu verlassen. Er hatte sogar begonnen zu fürchten, der Crailsheimer könnte irgendwann reden. Er hatte es sich in der Ungewißheit bequem gemacht, wie so viele auf dem Kiez und anderswo. Die deutsche Pressestadt Hamburg war ein Zentrum der Ungewißheit. Die Stadt hielt sich die Reeperbahn wie sich Duodezfürsten Hofnarren gehalten hatten. Eine auf wenige Quadratkilometer zusammengepferchte Journaille fabrizierte aus Ereignissen und Menschen Geschichten, die in die Gesinnung der jeweiligen Publikation passen mußten wie in ausgelatschte Schuhe, die, je besser sie paßten, um so weniger mit der Wirklichkeit zu tun hatten. Gewechselt wurden die Schuhe nur, wenn die Marktanalysen ergaben, daß die Konsumenten endlich etwas anderes lesen wollten. Dann brauchte man neue Chefredakteure, und wieder einmal begann das Bäumchen-wechsle-dich, weil Chefredakteure immer nur reihum gefeuert und geheuert wurden. Ein Bundespräsident hatte sich auf diesem medialen Schüttelrost vom Gewissen der Nation in das Produkt einer Nazi-Sippschaft und wieder zurück verwandelt, ein Außenminister war vom sächsischen Einfaltspinsel, der sich in Washington kein Frühstück auf Englisch bestellen konnte, zum genialsten Außenpolitiker der Republik hochgeschrieben und dann wieder zum Kriegstreiber auf dem Balkan herunterkommentiert worden. Ein Bundeskanzler wurde vom provinziellen Saumagenfresser zum großen Europäer und dann wieder zu einem der zahlreichen politischen Gespenster, die versuchen, sich über Europa in die Geschichtsbücher zu drängeln.

Die Publizistik unterlag den gleichen Trends wie die Unterhaltungsindustrie. Politiker und TV-Entertainer wurden im Wechselbad von Zustimmung und Entrüstung eingeweicht und abgeschreckt. Nach Phasen, in denen sie nichts falsch machen konnten, kamen andere, in denen sie alles falsch machten. Und umgekehrt.

Gegen die Vergeßlichkeit der öffentlichen Meinung sind meine hin und wieder leicht korrigierten Erinnerungen der Inbegriff historischer Präzision, dachte Stragler. Der Wechsel von Gesinnungen und Überzeugungen, wenn auch streng innerhalb eines ideologischen Rahmens, war ihm zu mühsam. Andauernd wurden Schubladen links und rechts aufgemacht und wieder zugeknallt.

Es gibt keine rechte oder linke Hure, brachte Stragler seine Meinung auf den Punkt, so wie es keine rechte oder linke Blinddarmoperation gibt und keine rechte oder linke Straßenbahn.

Aber es gibt rechte und linke Autos, sagte Kadaver-Kalhaber. Ein Mercedes ist eindeutig rechts und eine Ente ist eindeutig links.

Der Crailsheimer sah ihn ratlos an, und Stragler fing mit der Hand vor seinem Gesicht eine unsichtbare lästige Fliege.

6

Die Partie im *Zockatero* war nicht in Gang gekommen, weil Harik sich nicht hatte blicken lassen. Die Hohe Partie zog schließlich ins *Bosporus* um. Dort hatte der Betrieb nach einem flauen Montag wieder aufgefrischt.

Der Laden war proppenvoll. Er wäre vermutlich auch proppenvoll gewesen, wenn die Leute die Korantexte an den Wänden hätten lesen können. Die meisten Leute, die im *Bosporus* verkehrten, waren politisch korrekt, und für sie war ein Besuch im *Bosporus* fast so etwas wie die Teilnahme an einer Lichterkette. Man zeigte Flagge und durfte als Dreingabe dieselbe Luft wie Stragler und seine Hohe Partie atmen.

Als wir vor Verdun lagen, sagte Stragler, während ihm der türkische Ober eine Serviette umband, da waren die Türken prima. Die konnten sogar Igel braten. Hochfein machten sie die. In Lehm eingewickelt und mit Thymian gewürzt.

Verdun, sagte Kadaver-Kalhaber. Da warst du noch gar nicht auf der Welt. Außerdem waren vor Verdun keine Türken.

Du weißt nicht, was ich damit sagen will, sagte Stragler unwirsch. Es war ihm peinlich, daß die anderen merkten, wie seine Gedanken hin und wieder ins Treiben gerieten und mühelos Jahre überwanden. Wen interessiert, wann was war? Was ich sagen will ... er sah Kadaver-Kalhaber an, der gespannt wartete und eine Hand ans Ohr hielt, als wäre er schwerhörig, und gab es auf, ihm zu erklären, was er sagen wollte.

Der Kunstprofessor Jensen-Escherode winkte Stragler, wie immer. Diesmal winkte Stragler flüchtig zurück und ärgerte sich sofort über sich. Jensen-Escherode war offensichtlich stolz darauf, ihn zu kennen. In diesem Stolz steckte ein Moment der Herablassung. Ähnlich der Herablassung überbezahlter Reporter, die aus ihren Penthäusern im Versace-Design mit einer Menge Spesen in der Tasche hie und da in die Niederungen kleiner Leute hinabstiegen, um von dort aus über die eigene Betroffenheit zu berichten. Auf der Sylter Buhne 16 konnten sie sich dann den üblen Geruch nach Wohnküche und Etagenklo vom Nordwest aus der Freizeitkleidung blasen und sich für ihre Kühnheit bewundern lassen.

Der Kunstprofessor blieb stehen, als warte er auf ein Ereignis. Sein Blick wanderte zwischen Joseph Stragler und Annita Ulenkampff hin und her. Annita war schon seit drei Uhr früh da und inzwischen ziemlich angekokst.

Sie saß ein paar Tische hinter Stragler, hatte echtes Art deco am Hals und war hellwach. Unter einem Chiffon-Fetzen von Armani war sie nackt. Das pastellfarbene Twinset aus Cashmere, die Perlenkette, das Crotäschchen und das Dupont-Feuerzeug hatte sie längst abgelegt. Ihren ständigen Begleiter, einen wichtigen Mann des NDR, hatte sie gerade gegen einen Staatssekretär aus Bonn ausgetauscht. Inzwischen konnte ihr egal sein, was die Leute dachten. Die Frage war mehr, ob sich der Staatssekretär die Ulenkampff leisten konnte, ohne Schaden an seinem Image zu nehmen, obwohl das Image eines Politikers bekanntlich nichts mit seinem Leben zu tun hat.

Auf Annitas Tisch lagen zwischen abgegessenen Tellern und Speiseresten ihre Zigaretten, ein Haufen »le must« von Cartier und ihre Unterwäsche. Sie zeigte ihre Brüste am Tisch herum.

Die kleinere heißt Mimmi, sagte sie.

Vorne am Eingang stand eine Dame auf, nahm ihre Handtasche, als hätte sie Angst, daß ihr Begleiter, Staatsanwalt Dr. Klachel junior, sie klauen könnte, während sie sich auf der Toilette für später frisch machte. Schnauzen-Kalle nahm ihren Stuhl, Klachel junior sprang auf, aber Schnauzen-Kalle drückte ihn sanft auf seinen Stuhl zurück und sagte: Kusch!, bevor der Staatsanwalt den Mund aufmachen und sich weh tun konnte. Beinahe hätten die anderen Gäste Beifall geklatscht. Es hatte sich wieder einmal – Jensen-Escherode hätte gesagt »einmal mehr« – gelohnt, herzukommen.

Staatsanwälte waren qua Definition Reaktionäre, weil sie Strafen forderten, wo Toleranz angebracht war. Kalle schob den requirierten Stuhl zwischen Stragler und den Crailsheimer, setzte sich und streckte seine Hand über die Schulter nach hinten wie Stragler.

Auch saure Nieren? fragte ihn Stragler.

Gibt Schleim auf die Pfeife, sagte Schnauzen-Kalle, dessen Hand der Ober beharrlich ignorierte.

Die Dame kam von der Toilette und duftete betäubend nach Chanel No. 5.

Hol meinen Stuhl zurück, Knietschkopf! schrie sie Staatsanwalt Klachel junior an. Jensen-Escherode, der immer noch stand, winkte ihr zu, sich zu mäßigen. Es wurde still.

Annita Ulenkampff stand auf, ging von hinten auf Stragler zu und legte ihm die Hände über die Augen.

Verzeihung, sagte der Ober, der nicht vorbeikonnte.

Schscht! machte Jensen-Escherode.

Schlappschwanz! schrie die Dame, die keinen Stuhl mehr hatte, den Staatsanwalt Klachel junior an.

Schscht! machte Jensen-Escherode etwas schärfer. Die Ulenkampff nahm die Hände weg, Joseph hielt seine Augen geschlossen.

Anfeuernde Pfiffe. Joseph stand langsam auf, zog seine Manschetten zurück, zeigte seine leeren Handflächen herum, dann die Handrücken, wie ein Zauberer seinen leeren Zylinder herumzeigt.

Kadaver-Kalhaber klopfte auf dem Tisch mit Messer und Gabel einen Trommelwirbel.

Annita Ulenkampff hob mit großer Gebärde ihren Chiffon-Fetzen. Der türkische Wirt machte ein eisiges Gesicht und klapperte mit Tellern.

Mit geschlossenen Augen schob Stragler der Ulenkampff die Hand zwischen die Schenkel. Sie zog wie eine Knallcharge die Luft durch ihre blendend weißen Zähne.

Die Ulenkampff! verkündete Joseph, machte die Augen auf und verbeugte sich.

Rauschender Beifall, stehende Ovationen.

Die Ulenkampff hauchte einen Kuß auf Straglers Hand. Sie machten gemeinsam eine weitere Verbeugung, als wäre hinter ihnen ein Vorhang gefallen.

Und wer zahlt den Scheiß? schrie die Dame ohne Stuhl dem Staatsanwalt Klachel junior nach, als es wieder ruhiger wurde. Der machte sich hochflüchtig unter vielen Entschuldigungen davon.

Die Ulenkampff sah Stragler an. Sie mußte lachen, und Stragler wußte genau, warum sie lachte.

7

Vor der Währungsreform hatte Joseph so bräsig in der Badewanne gehockt wie später in seinem Cadillac, der auf dem Höhepunkt des Wirtschaftswunders seinen Chevy ersetzte. In der Notwohnung am Hafen war es zugegangen wie in einem Taubenschlag. Er hatte Zeitung gelesen, als wären alle anderen Luft. Schnauzen-Kalle brachte die minderjährige Trümmerfrau Annita an, auf die Joseph sein Auge geworfen hatte, mit der Aussicht auf unerhörte Ausschweifungen.

Nicht trocken unterm Hemd, das Luder. Läßt mich den Koffer tragen, sagte Schnauzen-Kalle statt einer Begrüßung. Schon auf dem Herweg war ihm klargeworden, daß Annita kein heuriger Hase war, sondern eine verzogene Göre, die etwas erleben wollte.

Die bringt es einmal weit, sagte Joseph, ohne von der Zeitung aufzusehen. Er tat, als hätte er Annitas Schicksal in der Zeitung unter der Rubrik mit den Tauschangeboten entdeckt, Plattenspieler gegen Turnschuhe, Fahrradschlauch gegen Standuhr. Dabei wollte er nur vor den anderen den Anschein erwecken, als kenne man sich nicht näher, und damit überspielen, daß es ihm mißlungen war, sie in der kaputten Villa ihres Vaters zu poussieren.

Annita, der die anderen Trümmerfrauen nachgesagt hatten, daß sie für ein paar Nylons oder ein paar Stangen Zigaretten zu allem bereit wäre, bloß damit sie nicht Trümmer anfassen mußte, war aus gutem Haus und entschlossen, sich selbst zu verwirklichen und entweder in die Politik oder an die Oper zu gehen.

Du machst nichts davon, hatte ihr Vater gesagt, der

Straglers vergeblichen Versuch, sie für sich zu gewinnen, verbittert geduldet hatte. Mätresse wirst du werden, von irgendwelchem vaterlandslosem Gesindel.

Sie hatte ihm das nicht übelgenommen und die Beschimpfung seiner seelischen Belastung zugeschrieben. Bei der Entnazifizierung hatte es ihn erwischt, weil er sich als Professor für völkische Geschichte und Rassenhygiene einen Namen gemacht hatte. Die blonde Tochter Anna, deren Namen er zu Ehren der Legion Condor zu Annita hispanisiert hatte, war Ostern fünfundvierzig noch fest entschlossen gewesen, sich wie eine hohe germanische Frau an einer Wagendeichsel in der Wagenburg zu erhängen, sollte die Vorsehung Hitler den Sieg über die welsche Flut verweigern.

Dann aber war sie doch neugierig auf die Welt nach den Nazis geworden, und bald stolzierten britische Offiziere, die nach Old Spice dufteten und Eschenstöckchen unter dem Arm hatten, in ihren Träumen herum. Sie ließen ihre glänzenden Stiefel knarzen und machten sie neugierig. Annita hängte sich nicht an einer Wagendeichsel auf.

Die Fenster der elterlichen Villa waren noch vernagelt gewesen, als Stragler es dort mit ihr versucht hatte. Die Wände hatten noch Risse von den Luftminen, die aus den Bäuchen der feindlichen Flugzeuge durch die Nacht heruntergepurzelt waren. Im Garten standen Steinfiguren um einen Brunnen herum, in dem sich seit Jahren Laub und anderes gesammelt hatte. Den Figuren fehlten Nasen und andere abstehende Teile. Joseph war mit einer alten BMW samt Beiwagen gekommen und hatte nicht ausgesehen wie ein britischer Offizier. Er hatte dem Professor für völkische Geschichte und Rassenhygiene goldbraunen Uniformstoff aus der Kleiderkammer der Rheinarmee mitgebracht, war über Nacht geblieben, aber nicht weit gekommen, weil Annita darauf bestanden hatte, einen Unterschied zwischen sich und jenen Frauen zu machen, die schon beim erstenmal zu allem bereit sind.

Joseph hatte versucht, sie davon zu überzeugen, daß eine Wartezeit im Zusammenhang mit dem Geschlechtsverkehr nichts mit Anstand, aber viel mit Pedanterie zu tun habe und nur Zeitverschwendung sei. Es hatte nichts gefruchtet.

Der Professor hatte sich einen Stock tiefer den Stoff der Sieger umgeworfen wie eine Toga und war damit in seinem Zimmer auf- und abgeschritten. Hin und wieder war er stehengeblieben, hatte den Blick gegen die Decke gerichtet und zum Zimmer seiner Tochter hinaufgehorcht. Die Glasaugen der beiden ausgestopften Raben Hugin und Munin auf dem Altar des Odin hatten böse geglänzt. Der Professor für völkische Geschichte und Rassenhygiene und der Zimmervermieter Joseph Stragler hatten sich morgens, aus unterschiedlichen Gründen übernächtigt, vor dem einzigen funktionierenden Klo der Villa getroffen. Sie hatten die Form gewahrt und einander den Vortritt offeriert. Aber keiner wollte den Vortritt und den anderen vor der Klotür warten lassen. Die akustischen Begleiterscheinungen des Stoffwechsels waren beiden zu familiär. Stragler hatte schließlich nachgegeben und gar nicht erst versucht, gegen die Schüsselwand zu pinkeln oder sich durch die Spülung eine akustische Tarnung zu verschaffen.

Eine solche Villa wollte er irgendwann haben, aber mit einem funktionierenden Springbrunnen und mit Figuren, die intakte Nasen und abstehende Teile hatten, mit ganzen Fenstern und, wenn irgend möglich, mit einer Freitreppe.

Joseph lag entspannt im Badewasser, das Vera warm hielt, indem sie von Zeit zu Zeit eine auf dem Spirituskocher stehende Kanne mit brodelndem Wasser nachgoß, vorsichtig, damit sie ihm nichts verbrühte. Als sie die Notwohnung unter der Hand ergattert hatte, war Joseph als erstes aufgefallen, daß die Emaille der Badewanne an manchen Stellen abgeschlagen war. Den Ärger darüber hatte er aber bald überwunden, denn eine Badewanne war vor der Währungsreform ein ähnlicher Luxus wie später ein Auto mit Weißwandreifen und Rallyestreifen. Angeschlagen oder nicht angeschlagen.

Von der Wanne aus hielt Joseph Hof wie ein Fürst, der ungeniert auf dem Nachtstuhl sitzend seine Minister empfängt und sich während ihres submissesten Vortrags entleert. Sein Instinkt sagte ihm, daß körperliche Intimität den Abstand zu anderen Leuten nicht unbedingt und in jedem Fall verkleinert, sondern oft sogar vergrößert. Auch Katharina von Rußland hatte sich vor ihren Lakaien ebenso ausgezogen wie vor ihren zahmen Affen. Geschäftspartner waren für Joseph wie Kanarienvögel, vor denen man sich sowenig bedecken mußte wie die Zarin vor ihren Affen.

Beinahe hätten alle das Klopfen an der Tür überhört, denn im Radio begleitete ein Reporter plärrend und mit tränenerstickter Stimme die letzte Niederlage von Max Schmeling. Er tat so, als wäre das der wirkliche, der eigentliche und endgültige Untergang des Tausendjährigen Reichs.

Es war aber dann doch nicht der Doktor Suhl aus dem Rathaus gewesen, den alle erwartet hatten, sondern die Immobilienbesitzerin Luise Schanz. Sie hatte gierig den Duft von echtem Bohnenkaffee eingezogen und mit geschlossenen Augen gestöhnt: Bohnenkaffee!

Stragler hatte sich wieder in seine Zeitung vertieft.

Seife, Gummis und Wandschmuck stellt der Betrieb, sagte Vera zu Annita und nahm ihr brüsk die Kanne weg, mit der sie beim Nachgießen helfen wollte.

Bettwäsche müssen die Hühner mitbringen.

Wenn man ein Handtuch unterlegt, kann man die Wäsche eine Woche lassen, beruhigte sie die Immobilienbesitzerin Schanz. Bei fünfundzwanzig Watt sieht keiner was.

Der Brauer hat einen ganzen Senat ohne Nazis, sagte Stragler von der Badewanne aus, ohne die Zeitung sinken zu lassen.

Man glaubt gar nicht, wie viele Leute es gibt, die keine Nazis waren, sagte Vera. Tausende.

Gut, daß der Hitler das nicht gemerkt hat, sagte die Schanz.

Joseph winkte Vera mit der Seife, damit sie ihm den Rücken wasche. Danach tauchte er unter und schnaubend wieder auf und warf der Schanz ein Handtuch hin.

Damit sie endlich wieder einmal einen Mann zwischen die Finger kriegt! plärrte er und lachte.

Man kann jemanden so abtrocknen, und man kann jemanden so abtrocknen, sagte Schnauzen-Kalle, der jeden Handgriff der Schanz scharf beobachtete. Sie trocknete Joseph kräftig ab.

Bloß immer nur zuschauen, sagte Vera voll Hohn, da ist auf Dauer kein Segen drin. Sie lachte nicht.

Auf ihre alten Tage will die Schanz es noch wissen, keckerte Schnauzen-Kalle.

Bringt es dein Freudenjüngling nicht? fragte Joseph etwas von oben herab. Dann sagte er aah-huuuu!, weil ihn die Schanz an einer empfindlichen Stelle erwischt hatte.

Kriegskind, sagte die Schanz. Kein Saft und keine Kraft. Wer weiß, wie lang mir der noch bleibt.

Setz ihn als Erben ein, schlug Joseph vor. Das macht alle stark.

Dann bringt er mich um und legt sich eine Junge zu. Ausgekocht wie solche Früchtchen sind.

Setz mich als Erben ein. Ich tu dir nichts. Wenn er dir abhaut, besorg ich dir einen neuen. Kistenschieber, die an Land kommen, wenn was zu holen ist, gibt es auf dem Kiez wie Blattläuse.

Du bist bloß auf mein Kino scharf, sagte die Schanz.

Die Ruine hinter der Reeperbahn? lachte Joseph, der sich das Handtuch um die Lenden geschlungen hatte. Ein Hektar schlagbarer Dreck mit Gleisanschluß?

Da trauen sich nicht einmal Ratten hin, sagte die Schanz. Da duftet alles noch nach Liebe.

Und nach UFA, sagte Joseph. Genau das richtige Grundstück für unser Cabaret Vera.

Schnauzen-Kalle band sich ächzend die Schuhbänder, obwohl sie nicht locker waren. Trümmer, die nach Liebe dufteten. Er machte sich im Kopf eine Notiz.

Bei mir haben sie den Jud Süß uraufgeführt. Ein Künstler, vom Scheitel bis zur Sohle, der Veit Harlan, sagte die Schanz.

Joseph baute sich vor der Schanz auf und deutete auf Vera.

Gegen ihre Figur ist der Jud Süß ein Dreck. Gib uns das Kino, und ich besorge dir, was du brauchst. Bis zu deinem letzten Schnaufer.

Schnauzen-Kalle hob den Kopf und überlegte, wie Stragler das gemeint haben könnte.

Stragler machte die Zarah Leander nach und summte: Nhhh-Tag und Nacht ein steifer Schwaaannnnz. Innnh einem Bett von Mutti Schaaannnnz.

Joseffff? schrie Vera. Es ist eine Dame da.

Bis zu meinem letzten Schnaufer? lachte die Schanz. Mir fehlt nichts. Bis auf den Spreizfuß, die Galle und das Kreuz.

Der Tod ist oft eine Erlösung, scherzte Joseph und blinzelte Schnauzen-Kalle zu.

Cabaret Vera, lenkte Vera ab. Wie das klingt. Mit Leuchtschrift.

Größer. Viel größer, trumpfte Joseph auf und beschrieb mit seinen Händen wie ein Dirigent die Umarmung eines ganzen Symphonieorchesters.

Cabaret Verissima! schrie er. Wer weiß, ob der Trümmerhaufen von der Schanz überhaupt groß genug ist.

Annita hatte ihren Koffer geöffnet und ordnete ihre Unterwäsche.

Sachen, die eine Dame braucht, sagte sie, um die unverfrorenen Blicke der anderen zu parieren.

Wo der Suhl bleibt? fragte Schnauzen-Kalle. Auf dem schwarzen Markt in der Talstraße haben sie vierzig Kilo Kaffee erwischt.

Nicht ein Kilo von mir, sagte Joseph.

Nicht ein Kilo von ihm, sagte die Schanz.

Der Doktor Suhl? Der vom Rathaus? fragte Annita. Sie wußte, wer wichtig war in Hamburg.

Benzinscheine, Fahrradschläuche, Milchpulver, Versicherungen, zählte Joseph auf, um eine genaue Personenbeschreibung seines Mannes im Rathaus zu geben.

Und drei Dutzend uneheliche Kinder, fügte Schnauzen-Kalle hinzu.

Der kopuliert sich noch ins Armenhaus, sagte die Schanz traurig.

Kopuliert, lachte Joseph. Kopuliert, hat sie gesagt. Möchte bloß wissen, wie der das macht. Bei dem Gesicht, das der hat.

Schnauzen-Kalle machte eine wegwerfende Handbewegung, als sei das Gesicht beim Kopulieren nicht von Belang.

Ein Büro direkt neben der Damentoilette, sagte er. Da kommt viel vorbei. Da ergibt eins das andere.

Ich muß bei jeder baggern, bis mir die Augen tropfen, sagte Joseph. Bei mir ergibt nie eins das andere.

Hilft ihnen bei Wohnungsanträgen und bei Suchanzeigen. Dann mit Kerzenlicht und Händchenhalten. Bevor sie was merken, Schnauzen-Kalle sah sich vorsichtig nach Vera um, haben sie ihn drin. Ehrlich, schlupp! Und alles ist gelaufen.

Du kriegst die Tür nicht zu! sagte Joseph. Bei ihm merkten sie es alle. Sogar schon bevor er daran dachte.

Er säuselt, sagte Schnauzen-Kalle.

Er säuselt?

Er säuselt denen ins Ohr, erläuterte Schnauzen-Kalle. Er säuselt, daß er sich ein Kind von ihnen wünsche. Da werden sie alle weich.

Joseph verstand die Welt nicht mehr.

Von denen, die ich kenne, murmelte er, sieht man bloß Staubwolken, wenn man so was säuselt.

Schnauzen-Kalle nahm die Hand von Joseph und tätschelte sie.

So, sagte er. Genau so. Schnauzen-Kalle hielt sein Gesicht ganz nah vor Josephs Gesicht. Dabei schaut er ihnen tief in die Augen.

Laß das! sagte Joseph und zog schnell seine Hand weg. Er ging um Annita herum.

Mit dem Hintern kannst du dir bei mir was Seriöses aufbauen. Annita machte ihre Bluse auf.

Die kleinere heißt Mimmi.

Die kleinere heißt Mimmi? sagte Joseph. Ihm kamen beide gleich groß vor.

Mehr ist nicht an ihr dran, sagte Vera. Da kannst du luren, solange du willst.

Titten haben manchmal mehr Charakter als Gesichter, sagte Joseph zur Begründung seiner Wißbegierde. Es gibt dumme Titten und schnippische, hochnäsige und leutselige. Und es gibt schlaue Titten, hinter denen mehr steckt, als man auf den ersten Blick meint.

Schlaue sind vielleicht schlau, aber sonst gar nichts, versuchte die Schanz die dicke Luft wegzureden. Und was hat eine von schlauen Titten? Mit dem Gesicht kann man wenigstens Grimassen schneiden.

Mit Titten nicht, lachte Vera. Mit Titten Grimassen schneiden ... Wenn sie das hinkriegt, wird sie unsere Zugnummer.

Ich lasse sie warten, bis ihnen die Ohren abfallen, sagte Annita bockig, um zu zeigen, daß sie auch im Kopf schlau war, nicht nur unter der Bluse.

Das ist vielleicht eine Berufsauffassung, sagte Joseph, aber die Rüge klang mehr nach einem Kompliment.

Wenn ein Knilch zahlt, okey-dokey, sagte Annita. Wenn nicht, sage ich es – dem Crailsheimer.

Der Gummizähler aus Crailsheim, sagte Joseph. Der hat grüne Latschen und ist nicht trocken hinter den Ohren. Bei uns macht so was Schnauzen-Kalle.

Die braucht einen Politiker oder so etwas. Einen, der nur dienstags oder freitags kommt, schnell kopuliert und sich sonst nicht blicken läßt, sagte die Schanz. In dem Beruf braucht man eine solide Grundlage. Ich hätte zur Not auch von meinem Kino leben können.

Einen, der nur heimkommt, um Frau und Kinder zu erschrecken, wieherte Joseph. So einen braucht sie.

Da hätte sie freie Hand, sagte die Schanz.

Weil eine Sitzung die andere jagt, spottete Joseph.

Die sitzen sich alles zu mit ihren Sitzungen, sagte die Schanz. Die lassen einen, was das Kopulieren anbelangt, weitestgehend in Ruhe.

In der Talstraße haben sie zwei Dutzend Schwarzhändler kassiert, sagte Schnauzen-Kalle gedankenverloren. Fünf Zentner Butter beschlagnahmt.

Nicht ein Gramm von ihm, sagte Vera.

Nicht ein Gramm von mir, sagte Joseph. Wenn einmal das neue Geld da ist, dann ist nicht einmal Butter noch etwas wert, dann schmeißen sie Brot in den Müll. Du wirst es noch erleben, daß sie Brot in den Müll werfen. Dann ist alles aus, und die Läden sind voll. Aber, er reckte sich in Siegerpose, ich habe sie rechtzeitig auf den Markt geworfen, meine Butter. Ich muß mir meine Nase vergolden lassen.

Die auch, sagte Vera.

Das ist eine Liebeserklärung! sagte die Schanz. Daß ich das noch erlebe!

Wo er nur bleibt? fragte Joseph. Der Suhl!

Vielleicht Parteivorstand oder so, sagte Schnauzen-Kalle.

Jesus, Maria und Joseph! sagte Joseph. Der Suhl glaubt schon wieder an was?

Ach wo, der will nur Karriere machen, beruhigte ihn die Schanz und tupfte sich die Augen mit einem Spitzentaschentuch.

Joseph schüttelte Arme und Beine aus, um seine Muskeln zu lockern.

Von mir wird Leistung erwartet. Und ihr quatscht

blöd rum. Er drehte das Radio lauter. Der Reporter heulte immer noch wegen Schmeling herum. Joseph ging mit Annita nach hinten.

Weiß auch nicht, warum du das machen mußt. Du bist doch kein Zuhälter, rief ihm Vera nach.

Veras Stutenbissigkeit war nicht Eifersucht, sondern Neid auf die Jahre, die Annita noch vor sich hatte und sie schon hinter sich. So wie man fremde Leute mit drekkigen Schuhen ungern auf den Teppich läßt, so wollte Vera keine fremden Rückstände in ihrem Leben. Weder im gemeinsamen Bett noch in Josephs Erinnerung.

Ob die ein Kissen braucht, fragte die Schanz scheinheilig.

Dauert sowieso nicht lang, sagte Vera. Ist im Handumdrehen vorbei! rief sie Joseph nach, obwohl sie wußte, daß es so nicht war.

Alle faßten sich in Geduld und warteten. Das Schweigen erinnerte an die Stunden im Luftschutzkeller, wenn feindliche Bomberverbände im Anflug über der Küste gemeldet waren und man schweigend auf das »Tack-Tack-Tack« aus dem Lagezentrum des Gauleiters horchte.

Es klang, als käme ein Stöhnen von nebenan.

Das ist kein Zuckerschlecken, sagte Schnauzen-Kalle.

Vera und die Schanz sahen sich an, als hätte er ein schlimmes Geräusch von sich gegeben.

Ohhhoahhh haaah!

Wenn es die juckt bei der Arbeit, soll sie als Tippse gehen, sagte Vera. Es juckt einen nicht bei der Arbeit.

Die Schanz machte das Fenster zu.

Wegen der Nachbarn, sagte sie. So eine ist imstand und küßt ihren Gockel auf den Mund.

Seit der britische Sergeant Bananen angeschleppt hatte, die auf dem schwarzen Markt ein Vermögen wert gewesen waren, wußte Vera, daß Untreue nichts mit der Berührung von Schleimhäuten zu tun hat.

Joseph hatte vor der Türe im Treppenhaus Wache gestanden, weil es noch kein Schloß gab. An eine Badewanne war damals noch nicht zu denken gewesen. Drinnen hatte Vera gelacht, und Joseph hatte argwöhnisch den Kopf gehoben.

Auf einmal hatte der britische Sergeant aufgeheult wie eine Katze, der jemand auf den Schwanz getreten ist, war aus der Türe herausgeschossen und in heller Panik die Treppe hinuntergeflohen. Mit der einen Hand hatte er seine Hose gehalten, mit der anderen sein Geschirr.

Der hat mich angefaßt! hatte Vera protestiert und die Staude Bananen vor ihre Brüste gepreßt.

Und? hatte Joseph gefragt und sich verzweifelt auf die Treppe gesetzt. Wie soll er dich ficken, ohne dich anzufassen?

Er ist ein feindlicher Soldat! hatte Vera geschrien.

Es gibt keine Feinde mehr! Wir alle lieben uns jetzt! hatte Joseph gequiekt und dann losgeprustet. Der ist ... er hat kaum Luft bekommen ... rausgekommen wie aus der Geisterbahn!

Vera hatte sich halbnackt mit den Bananen neben Joseph auf die Treppe gesetzt und mitgelacht.

Und ich denke, du hast ihm einen abgekaut, hatte Joseph gehechelt, als er wieder Luft bekam.

Wie soll ich wissen, ob dir das recht ist? hatte Vera gesagt.

In diesem Augenblick hatte Joseph begonnen, Vera zu lieben, und Vera hatte begonnen, an das »Wir« auf dem Holzgaser zwischen den alten Reifen zu glauben.

Joseph erzählte später oft, wie sie beide eng umschlungen aus dem Fenster ihrer Notunterkunft geschaut hatten.

Die Möwen fliegen, hatte Vera gesagt. Als ob nichts gewesen wäre. Wo die waren, wenn es in Hamburg gebrannt hat?

Unten war ein Lastwagen mit Kohlen vorbeigeholpert, und ein Polizist war mit dem Dienstfahrrad nebenhergefahren, damit der Lkw nicht leer wurde, bevor er bei der Universität ankam, die er beliefern sollte. Wie hungrige Krähen hatten Damen und Herren, Studienräte und Schaffnerinnen den Transport umkreist und alles, was sie herunterangeln konnten, in Netze, Körbe und Aktentaschen gestopft.

Ein Trümmerfeld, hatte Vera gesagt, so weit das Auge reicht.

Joseph war die Trümmerwüste verheißungsvoll vorgekommen wie die schneebedeckten Weiten Alaskas den Goldsuchern der zwanziger Jahre. Im feuchten Brandgeruch hatte er Luxus und Macht gewittert.

Wohin man schaut, Ruinen, kaputte Häuser und kaputte Leute, sagte Vera.

Platz für Straßen, schwärmte Joseph. Für Kaufhäuser, Kneipen, Kinos. Für kleine Puffs und große Puffs und, nach einem Seitenblick auf Vera, für Kirchen.

Du bist verrückt, schrie Vera. Da sind noch Tote drunter.

Planieren, zubetonieren, draufbauen. Anders wird man die nicht los.

Vera stellte sich auf die Zehenspitzen, um hinter den Horizont zu schauen. Man sieht fast bis zum Meer.

Stragler hatte sie fürsorglich um die Hüfte gefaßt, damit sie nicht Übergewicht bekäme und aus dem Fenster fiele.

Ein freier Blick, sagte er.

Ständig dieser eiskalte Wind.

Joseph schnupperte mit zurückgelegtem Kopf. Riecht nach Geld, der Wind, sagte er, und Geld macht warm.

Alles, was Vera sah, waren leere Fensterhöhlen, aufgerissene Wände, geschwärzte Tapeten und direkt gegenüber eine Kloschüssel, die an einem Rohr im Leeren hing.

Schau, sagte sie, froh, endlich etwas Hübsches gefunden zu haben, schau, da drüben hängt sogar noch ein Bild. Schiff in Seenot.

Wenn der Schutt einmal weg ist, kann man alles kaufen, sagte Joseph. Tee, Kaffee, Butter, Mösen und Politiker – und, nach einem Seitenblick auf Vera, Blumen.

Da ist kein Idealismus drin, sagte Vera. Ich muß an etwas glauben.

Das hab ich hinter mir! sagte Joseph. Spätestens seit er im Schlafzimmer des Goldfasans seine Unterhose über den Ährenkranz des Julfests gehängt hatte, war sein Verhältnis zur Gläubigkeit gestört. Sein Verdacht war gewachsen, daß jeder Glaube, woran auch immer, ein Verrat an der Realität war. Seiner Meinung nach war es ein Frevel, den winzigen, kaum sichtbaren Zipfel der Wirklichkeit, den man selten genug zu fassen bekommt, dann auch noch zu leugnen und an Schimären zu glauben. Das war, als würde ein Durstiger seinen letzten Tropfen Wasser in der Wüste in den Sand gießen und auf ein Wunder hoffen, statt es zu trinken.

Der Benefiziat des Baron Rottenstein in Thalpointing hatte ihm nach der ersten Kommunion gesagt, daß einem gar nichts anderes übrigbleibe, als zu glauben, weil unter dem Strich alles unglaublich sei. Daraufhin hatte ihm der kleine Joseph gestanden, daß die Hostie nicht wie Menschenfleisch, sondern nach nichts geschmeckt habe, wie die Oblaten, mit denen sein Großvater Briefe zugemacht hatte.

Von hinten kam ein finaler Lustschrei von Annita. Die Schanz nahm Vera bei der Hand und hielt sie fest.

Da muß man durch!

Annita war nicht einmal ganz angezogen, als sie mit Joseph zurückkam.

Machst du immer so einen Krawall? fragte Vera, und die Schanz mischte sich als letzte Instanz ein und wies sie zurecht.

In Hamburg bumst man leise.

Das kriegen wir in den Griff, versprach Joseph.

Mittwoch

1

In der Nacht zum Mittwoch fiel Stragler auf, daß die Figuren der Galerie immer gleich aussahen. Die Zocker, die an den billigen Tischen spielten oder im Halbdunkel herumstanden und lange Hälse machten wie magere Gänse, schienen, im Gegensatz zu ihm, nicht zu altern. Ihre Kleider, ihr Gerede, ihr Geruch nach kaltem Rauch waren seit Jahren gleich. Natürlich mußten einige weggezogen sein, andere waren vielleicht krank geworden oder sogar gestorben, aber die neuen sahen genauso aus wie die alten, waren genauso schlecht rasiert wie ihre Vorgänger und hatten dieselbe ungesunde Hautfarbe.

Stragler sprach den Fotografen Kadaver-Kalhaber darauf an. Er traute ihm ein präzises optisches Gedächtnis zu, und er war sicher, daß er ihm keine Märchen erzählen würde. Es stellte sich aber heraus, daß Kadaver-Kalhabers Wahrheit komplizierter war als jedes Märchen.

Der Fotograf dachte scharf nach, bevor er bereit war, sich zu äußern. Kann vielleicht daran liegen, sagte er schließlich, daß man sich die Gesichter der Galerie nie genau anschaut. Wer will schon wissen, wie die aussehen? Wahrscheinlich liegt es daran, daß einem die Galerie scheißegal ist. Für die Schauspieler auf der Bühne sieht das Publikum im Theater wahrscheinlich auch immer gleich aus. Vielleicht von den ersten paar Reihen abgesehen. Oder, er machte eine lange Pause, oder es sind wirklich immer dieselben Typen. Warum soll es im *Zockatero* keine Wunder geben, warum eigentlich nicht? Wo man sich doch sonst vor Wundern kaum retten kann.

Es gibt keine Wunder, sagte Joseph. Und du weißt ganz genau, daß es keine Wunder gibt. Also warum sagst du so etwas?

Kadaver-Kalhaber studierte die Schemen im Hintergrund.

Jeder glaubt etwas anderes, sagte er. Ich glaube, daß es Wunder gibt. Du glaubst, daß es keine gibt. Warum soll dein Glaube besser sein als meiner? Man muß irgendwann endlich damit aufhören, zwischen dem einen Glauben und dem anderen Glauben einen Unterschied zu machen. Glaube ist Glaube.

Die Galerie hat kein ewiges Leben, sagte Stragler. Das hat nichts mit Glauben zu tun.

Wenn ein Zocker genauso aussieht wie ein anderer Zocker, sagte Kadaver-Kalhaber, dann ist das ein Zufall. Ein ziemlich seltener Zufall sogar, wenn du mich fragst. Wenn ein Dutzend Zocker genauso aussehen wie ein Dutzend anderer Zocker, dann ist das kein Zufall mehr. Vielleicht noch kein Wunder, aber sicher kein Zufall. Wenn sich die alle auch noch im ersten Stock über dem *Golden City* hinter der Damentoilette treffen und zocken, dann ist es ein Wunder. Oder vielleicht nicht?

Es gibt keine Wunder.

Dann sind sie sich auch nicht ähnlich. Dann bildest du dir das nur ein, sagte Kadaver-Kalhaber. Was kann ich für deine Phantasie? Für mich sehen sogar dieselben Zocker jeden Tag anders aus, obwohl es immer dieselben Zocker sind.

Das *Zockatero* war im Lauf der Jahre zu einem Wartesaal geworden, in dem alle auf das eine große Geschäft warteten, auf das alle auf dem Kiez warten, auf die eine Tonne Koks, auf die eine lukrative Entführung und auf den einen großen Coup, nach dem man sich dann in Teneriffa zur Ruhe setzen kann. Da sich die Warterei auf die Super-Mezie hinzog, war es sinnvoll, sich die Zeit mit Zocken zu vertreiben. Schließlich war der Scheckartist ein Beweis dafür, daß es die Super-Mezie tatsächlich gab und daß sie, wenn sie endlich fällig war, vollkommen unerwartet und wie ein Blitz aus heiterem Himmel kam.

Der Scheckartist war auf einen Schlag reich geworden. Zu reich, um verlieren zu können, oder jedenfalls zu reich, um das Verlieren noch genießen zu können. Als er reich geworden war, hatte er die Lust am Zocken verloren und lieber zugeschaut, um sich wenigstens an den Qualen der anderen zu weiden. Vor zehn oder zwanzig Jahren wäre er beinahe verhungert. Mit knurrendem Magen war er damals nach Köln zurückgegangen und hatte im Karneval selbstgemachten Magenbitter aus Lakritze, Tabasco und Kartoffelschnaps in einem Bauchladen herumgeschleppt und verkauft, um sich und seine Fische ernähren zu können. Das einzige, was er vom Kiez nach Köln gerettet hatte, war nämlich ein Aquarium voll mit Fischen gewesen. Wenn er den Fischen zuschaute, vergaß er Hunger und Durst. Die Wasserpflanzen des Aquariums waren dann im Schatten des Kölner Doms gewachsen und gewachsen. Sie hatten das ganze Aquarium zugewuchert und ihm beinahe die Fische erstickt. Weil er aber am Hungertuch nagte, hatte er das Grünzeug nicht einfach herausgeangelt und in den Müll geworfen, sondern eine Kleinanzeige aufgegeben, um es zu verkaufen. Es kamen über tausend Zuschriften von Interessenten, die von ihm Wasserpflanzen haben wollten, und selbst ein dümmerer Mensch als der Scheckartist hätte gemerkt, daß er auf eine Goldader in Gestalt einer riesigen Marktlücke gestoßen war.

Wenige Monate später hatte er Wasserpflanzenplantagen in Thailand, in Ceylon und in Birma. Außerdem eine Mätresse in Hamburg, die nicht auf den Strich ging. Er schaute von Zeit zu Zeit wieder im *Golden City* herein, stieg ins *Zockatero* hinauf, duftete nach teurem Rasierwasser, hatte immer ein tadelloses weißes Hemd an und ein zierliches Platinkettchen im Revers seiner Tweedjacke, an dem etwas hing, das niemand zu sehen bekam. Beim Bac holte er sich hin und wieder zum Zeitvertreib ein paar Mark, wenn er nicht im Sitzen schlummerte.

Der einzige, der flüssiger war als der Scheckartist, war Joseph Stragler. Er hatte Vertretungen übernommen, sich an Restaurants beteiligt und mit Hilfe des Senators, den er in der Tasche hatte, Immobilien in schlechten Lagen gesammelt, die er dann wieder der Hansestadt für Asylsuchende zu Spitzenpreisen vermieten konnte. Die Puffs florierten nicht mehr. Aids war nach Ansicht von Stragler nicht das eigentliche Problem. Die Leute hatten zu seinem Erstaunen keine Angst vor dem Sterben. Viele Freier bezahlten sogar doppelt, wenn sie »ohne« bedient wurden. Vielleicht erhöhte, dachte Stragler, die Lebensgefahr beim Geschlechtsverkehr, genau wie beim Zocken, den Reiz.

Zu Straglers Verblüffung waren sogar Kondome zur

ideologischen Frage geworden. Ein führender deutscher Sexualforscher hatte die seuchenpolitische Empfehlung, Kondome zu benützen, öffentlich mit der Freiheitsberaubung in den KZs der Nazis verglichen, und die Gesundheitssenatorin, die wußte, daß in St. Georg täglich Dutzende von Freiern von HIV-positiven Huren angesteckt werden konnten, hielt ein Berufsverbot für eine ganz und gar unzulässige Einschränkung weiblicher Selbstverwirklichung.

Das Problem, so sah das Stragler, war also nicht die Gefahr. Das Problem war auch nicht, daß selbst die zimperlichsten Damen zu Hause inzwischen alles mitmachten, was sich ihre Sexualpartner ausdachten. Das Problem war, daß die wenigen lukrativen Läden auf dem Kiez in der Hand der Jugos, der Türken und der Italiener waren, die Tschetschenen, Kurden, Usbeken, Polen und Russen sich das Giftgeschäft unter den Nagel gerissen hatten und die einheimische Ludenschaft fast in allen Geschäftszweigen zweiter Sieger war.

Stragler erzählte überall herum, beim Senat liege eine Eingabe der Grünen, die Mittel zur Förderung der bodenständigen Prostitution fordere, um die sündige Meile Hamburgs vor Überfremdung zu retten. Natürlich, so Stragler, nannten die Grünen das in ihrer Eingabe nicht Überfremdung. Er behauptete steif und fest, die Realos hätten klammheimlich Abschied genommen von ihrer multikulturellen Gesellschaft. Nur ihre waschechten Fundis würden noch unbegrenzte Einwanderung für alle jene Asylsuchenden fordern, die ihre eigenen Länder in Schutt und Asche gelegt hatten und danach verständlicherweise lieber woanders wohnen wollten. Nur wegen ihrer eingefleischten Gefolgsleute würden die Grünen, so behauptete Stragler, noch die Öffnung der Grenzen für alle verlangen, die sich zu

Hause aus Glaubensgründen und in Stammesfehden massakrieren, und für die vielen, deren Heimat durch Korruption, Mißwirtschaft und Waffenkäufe in Hungerzonen verwandelt worden war.

Die offensichtlich aus der Luft gegriffenen Behauptungen Straglers waren ein durchsichtiger Versuch, dahinter eine Gesinnung zu verstecken, die Jensen-Escherode mit einem gewissen Recht reaktionär genannt hatte. In der Tat sah Stragler die Forderung nach Toleranz auch gegenüber den Fremden, die ebendiese Toleranz für einen dekadenten Sittenverfall und für strafwürdige Dummheit hielten, als reines ideologisches Marketing an, das ein paar Idealisten bei der Stange halten sollte. Die Hamburger Grünen hatten sich zwar tatsächlich den etablierten Parteien angepaßt, seit sogar Reedersgattinnen bei ihnen mitmachten, mit Mountainbikes zu ihren Workshops angestrampelt kamen und den Jaguar in der Garage ließen. Sie hätten sich gern den Huren des Kiez gewidmet. Aber die regelten ihre Angelegenheiten lieber selber. Dafür lobte sie Stragler und mokierte sich über die Messerstecher und Frauenschinder in Santa Fu, die sich gegen die alternative Fürsorge nicht wehren konnten. Er hatte sich oft gefragt, warum sich die Polit-Softies so gern der Schläger in Santa Fu annahmen. Vielleicht dämpfte es ihre Lebensangst, Freunde zu haben, die vor nichts zurückschreckten. Vielleicht, dachte er, läßt sich die eigene Lebensangst am besten unterkriegen, wenn man sich mit denen gut stellt, die Angst en gros produzieren. Außerdem macht es natürlich mehr her, dachte Stragler, sich um Messerstecher und Frauenschinder zu kümmern als um Kranke oder Alte oder Behinderte.

Nicht nur für die Grünen, sondern auch für die Hamburger Justizverwaltung war man erst wer, wenn man jemanden umgelegt hatte. Jahrelang hatte ein Häftling in Santa Fu weibliche Angestellte vergewaltigt. Als das dann aufflog und der verantwortliche Amtsträger vom Richter gefragt wurde, wieso er nicht Lärm geschlagen und die Frauen vor den viehischen Attacken geschützt habe, hatte er eingewandt, daß er keinen solchen Lärm habe schlagen können, ohne mit diesem Lärm ein schlechtes Licht auf den liberalen Strafvollzug zu werfen, und das wäre in niemandes Interesse gewesen. Das hatte dem Richter eingeleuchtet.

Als Stragler den Crailsheimer ansah, fiel ihm auf, daß der dieselbe ungesunde Hautfarbe hatte wie die Zocker der Galerie, obwohl er nie selber zockte, sondern immer nur Patiencen legte, die ständig aufgingen, weil er mogelte. Der Aufstieg vom Pißbudenluden zum Lohnkiller war vermutlich die einzige Chance des Crailsheimer gewesen, nicht in der Galerie zu landen, zu der er eigentlich vom Wesen her gehörte. Daß er etwas wußte, was Stragler wahrscheinlich nie erfahren würde, verlieh ihm eine gewisse Macht über dessen Tagträume. Joseph hatte schon oft erfahren, daß man sich nicht nur durch gemeinsames Wissen verstrickt, sondern auch durch offene Fragen.

Vielleicht, tagträumte Joseph, hatte Vera den Crailsheimer gefragt, ob sie sich etwas Warmes anziehen solle. Er konnte sich das gut vorstellen, denn sie dachte auch in außergewöhnlichen Situationen ans Praktische.

Brauchen Sie nicht, könnte sie der Crailsheimer beruhigt haben, wenn sie ihn das wirklich gefragt hätte. Vielleicht hatte er zu ihr gesagt, wir finden eine saubere Lösung. Das hätte ihm ähnlich gesehen.

Ich will nicht häßlich sein.

Werden Sie nicht.

Ich will nicht, daß einer nachschaut, wie voll meine Blase ist und was ich gegessen habe, wenn alles vorbei ist.

Eine leichte Mahlzeit ist zu empfehlen.

Vielleicht hatte sich Vera die Lippen nachgezogen, um dem Crailsheimer Zeit zu lassen, sich zu sammeln, und der Crailsheimer hatte vielleicht zu ihr gesagt: Mancher wäre noch froh um Sie. Auch das hätte dem Crailsheimer ähnlich gesehen.

Das war eine Möglichkeit von hunderten. Vera hatte einen blinden Fleck auf dem Kiez hinterlassen. Niemand fragte nach ihr, niemand sprach Stragler auf sie an. Das konnte Rücksichtnahme sein oder eine Verabredung. Sie hatte gesagt, daß sie ihn lieber verlassen als einen Meineid leisten und ihm ein Alibi für den Neger geben würde, den sie auf einem Misthaufen in Barmbek mit einem Loch im Kopf gefunden hatten.

Als Vera mit dem Crailsheimer fortgegangen war, hatte ihr Thommy nachgewinkt und Stragler hatte ihn angefaucht.

Du kotzt mich an!

Weil ich bin wie du? hatte Thommy dumm gelacht.

Das, hatte Stragler zum Crailsheimer gesagt, muß man sich von seinem eigenen Fleisch und Blut sagen lassen, um ihn aus seinem Schweigen herauszulocken. Vergeblich.

Straglers Schmerz war damals so furchtbar gewesen, daß er seine Eingeweide zu zerfressen, seine Nächte zu verbrennen und ihm die Atemluft zu vergiften drohte. Es war ihm gar nichts anderes übriggeblieben, als diesen unerträglichen Schmerz entschlossen zu ignorieren. Nur so war es ihm möglich, mit der Last weiterzuleben, die ihm, davon war er überzeugt, ein grausames Schicksal aufgebürdet hatte.

Auf dem Kiez hatte er ohne große Mühe gelernt zu glauben, was er sagte. Nach Veras Heimgang hatte er gelernt zu fühlen, was opportun war. Damit hatte er einen unanfechtbaren Status im Geschäftsleben erreicht. So wie man ihm in seiner Anfangszeit alle Leichen auf dem Kiez gutgeschrieben hatte, so hätte man ihm jetzt nicht einmal mehr einen Massenmord angekreidet. Seine Rüstung aus Popularität und Erfolg war undurchdringlich geworden.

Trotzdem: Die Schneise, die Stragler in seine Erinnerung hatte schlagen müssen, verlangte nach Aufforstung. Zuerst war es nur Neugierde gewesen, die wie Unkraut zu wuchern begonnen hatte, dann wurde ein Gestrüpp daraus, das sich zäh zwischen ihn und den schweigenden Crailsheimer legte, wenn sie sich allein gegenübersaßen.

Weil der Crailsheimer schwieg, uferten die gedanklichen Wanderungen Straglers aus. Es gab da auch eine Version, in der Vera aus eigenem Entschluß entweder in die Elbe oder sonstwo hinein- oder irgendwo heruntergesprungen war.

Er hatte sie in der Garderobe des *Verissima* überrascht, wie sie sich von ihrem Körper verabschiedete, hatte ihr zugesehen, wie sie ihre Haut im Spiegel der Garderobe, mit demselben Blick, mit dem ein Handwerker sein Werkzeug auf Funktionstüchtigkeit prüft, einer Kontrolle unterzog. Das Licht war gnadenlos gewesen: Winzige Fältchen, bläulich hervortretende Venen und schlaffe Haut.

Joseph erinnerte sich, wie er Vera vor ewigen Zeiten

den Kopf in den Schoß gelegt und ein Auge zugekniffen hatte, um ihren Körper zu einer Landschaft werden zu lassen, die bis zum Horizont ihm gehörte. Nach Buschwerk, nach sanften Tälern und Höhen, die mit feinen blonden Härchen bestanden waren, ragten in der Ferne zwei Hügel auf, die sich hoben und senkten.

Die Landschaft, über die Joseph damals mit einem offenen Auge hinweggeflogen war, hatte ihre Lieblichkeit verloren. Vera hatte in der Garderobe des *Verissima* die Arme gereckt, um die Brustmuskeln anzuspannen, die Haut an den Schenkeln mit den Fingern gedehnt und Joseph plötzlich im Spiegel gesehen.

Ich glaube, ich habe es hinter mir, hatte sie zu ihm gesagt, ohne sich umzudrehen, und hatte gelacht, als habe sie sich längst mit dem Gedanken vertraut gemacht.

Joseph war nichts eingefallen.

Traurig? hatte Vera gefragt und sich zu ihm umgedreht.

Wenn einem das beste Pferd lahmt ... hatte Joseph seine Trauer unter einem Grinsen zu verstecken versucht. Er hatte sie an sich gezogen, um seinen Schmerz nicht preiszugeben.

Der Crailsheimer hatte vielleicht, so träumte Stragler manchmal mit offenen Augen, gerade noch einen Zipfel von Veras Kleid erwischt. Er sah ihn mit dem Fetzen in der Hand dastehen und horchen. Die Blamage hätte das Schweigen des Crailsheimer erklärt. Wenn das aufgekommen wäre, hätte sein Nimbus gelitten und das Gewebe der Angst hätte reißen können, in das sich der Pißbudenlude mit Hilfe der Goldzähne an der Wand des *Zockatero* eingesponnen hatte, nachdem ihm Mr. Pick vor allen Leuten die Hand zerquetscht hatte.

Sie hat nie begriffen, daß man sich mit der Wahrheit im Leben schwertut, hat sie nie, sagte Kadaver-Kalhaber. Wieder sah er Stragler an, woran der dachte. Ich, sagte er, kann davon ein Lied singen.

Und alles bloß wegen der Sache mit dem Scheiß-Neger, sagte Stragler, die mir Pudel-Paul mit seiner blöden Hellseherei eingebrockt hat.

2

Der Neger war nach wenigen Auftritten im *Verissima* zu einer Kultfigur geworden. Er studierte Maschinenbau und stand Abend für Abend für 75 DM, was damals ein Haufen Geld war, bewegungslos mit dem Rücken zum Zuschauerraum auf der Bühne. Wenn der Spot auf ihn fiel, raste das bessere Publikum. An den Füßen hatte er fluoreszierende weiße Stiefel, auf dem Kopf einen fluoreszierenden weißen Zylinder. Sonst war er nackt. In das Gegröle der Besoffenen mischten sich Rufe wie »Nieder mit dem Rassismus!« oder »Black is beautiful!«

Abend für Abend hatte er den weißen Zylinder abgenommen, ihn vor sein Geschirr gehalten, sich dann umgedreht und sich im Publikum eine Dame der Gesellschaft gesucht, die er unter dem Pochen des Schlagzeugs fixierte. Der Spot folgte, wie wieder und wieder geprobt, seinem Blick und blieb Abend für Abend auf dem für diese Nummer als Dame der Gesellschaft verkleideten Zigarettengirl liegen.

Zuerst hatte Stragler gelacht, als der Maschinenbaustudent von der Inszenierung abwich und nicht das verkleidete Zigarettengirl fixierte, sondern weitersuchte, bis er Vera am Tisch fand, an dem alle hockten, Frank Stragler, der Wiener und seine Knöpfe, Steiner mit seinen weißen Hosen, der Kunstprofessor, der Senator und ein paar andere. Der Mann am Scheinwerfer zögerte, mußte dann aber doch dem Blick des Negers folgen. Nieder mit dem Kolonialismus! krähte Jensen-Escherode, um einen Eklat zu vermeiden.

Der Neger konzentrierte sich auf Vera, ließ seine Bauchmuskeln spielen, seine Haut glänzte. Das Publikum hielt den Atem an.

Dann breitete der Neger die Arme aus, der Zylinder blieb hängen, und Vera klatschte übermütig Beifall.

Das trifft den weißen Mann, wo es ihm weh tut, sagte Frank zu seinem Vater.

Was machst du, wenn du hier rausfliegst, fragte Stragler den Schwarzen, den ihm Schnauzen-Kalle und Pudel-Paul nach der Vorstellung an den Tisch geholt hatten.

Er muß die Raten für seinen VW zahlen, sagte Pudel-Paul, weil er, auch ohne Glasauge, alles kommen sah.

Er könnte für dich boxen, schlug Jensen-Escherode vor.

Und wenn ich verliere? lachte der Schwarze.

Dann schneiden wir dir deinen rabenschwarzen Riemen ab, sagte Stragler grinsend und löste damit bedauernde Och's und Au's und Miau's an den Tischen in der Nähe aus.

Der Neger suchte mit den Augen den Wiener-Teddy.

Und wenn ich die Nummer mitnehme?

Dann finden sie dich, prophezeite Pudel-Paul, dich und deinen Zepedeus auf einem Misthaufen in einem Schrebergarten in Barmbek.

Mit einem Loch genau da, fügte Stragler lächelnd hinzu und tippte dem Schwarzen auf die Stirn.

Als sie ein paar Tage später den Schwarzen mit einem Loch in der Stirn, genau an der Stelle, auf die Stragler getippt hatte, auf einem Misthaufen in einem Schrebergarten in Barmbek fanden, mußten sich die Männer von der Mordkommission wegen der Fliegen Masken vor Mund und Nase halten. Und Kadaver-Kalhaber entdeckte, daß auch Schwarze blaß werden können, wenn sie eine Zeitlang im Freien liegen.

Entweder der Stragler hat den Bimbo gezwickt, sagte eine Spitznase von der Mordkommission, oder er ist ein Hellseher.

Jeder weiß, sagte Kadaver-Kalhaber und hörte einen Augenblick auf, die Leiche des Schwarzen zu fotografieren, daß der Stragler ein Hellseher ist, das weiß doch nun wirklich jeder.

Ich glaube nicht an Hellseher, sagte der von der Mordkommission.

Dann braucht der Stragler ein wasserdichtes Alibi für die Tatzeit, sagte Kadaver-Kalhaber. Ein absolut wasserdichtes.

Seit wann siezen wir uns? fragte Stragler seinen zeitweiligen Parteifreund Staatsanwalt Klachel; er war nämlich inzwischen wieder einmal in die CDU eingetreten. Warum soll ich den Bimbo umlegen, wenn ich ihn rausschmeißen kann.

Warum sollen Sie ihn rausschmeißen, wenn Sie ihn umlegen können? Eine Kultfigur kann man nicht rausschmeißen. Die kann man nur umlegen.

Stragler sagte nicht, daß er zur Tatzeit bei der Buszek war. Das wollte er nicht, weil Frauen wie Vera nie begreifen, daß Sex nur selten etwas mit Gefühlen zu tun hat, und weil sie derartige Begegnungen oft mißverstehen. Daß Vera ihm ein Alibi verweigerte, war Rebellion. Sie brachte ihn damit nicht nur in Gefahr, sondern, was wichtiger war, sie stellte seine mühsam und jahrelang erkämpfte Autorität auf dem Kiez in Frage. Wer sollte noch vor ihm Angst haben, wenn er seiner eigenen Frau nicht einmal Angst machen konnte?

Nachdem sie gestritten hatten, war Vera weggelaufen und er war ihr gefolgt. Er riß das Portal der Kirche auf, in die Vera vor seiner Wut über ihre neue Wahrheitsliebe geflüchtet war. Das Tageslicht drängte hinter ihm ins Halbdunkel und ließ die Glasfenster verblassen. Der Mesner drehte sich mißtrauisch um. Der Qualm der Kerze, die er gerade gelöscht hatte, kräuselte sich durch einen Lichtbalken nach oben.

Joseph nahm Weihwasser, und der Mesner wandte sich beruhigt wieder dem Altar zu. Joseph wischte sich das Weihwasser an der Jacke ab. Er pirschte an Betenden vorbei, nahm einen Augenblick hinter einem Beichtstuhl Deckung und schlich dann auf Zehenspitzen nach vorne, um sich in eine Bankreihe zu zwängen, neben Vera hinzuknien und ihr zur Versöhnung unter den Rock zu fassen.

Neiiiin! sagte Vera tonlos.

Ich bin dein Mann, erinnerst du dich?

Hier nicht, sagte Vera.

Danach gingen sie an Marmorgesichtern, die ihre blinden Augen himmelwärts richteten, an steinernen Faltenwürfen und frommen Händen vorbei. Es duftete nach abgestandenem Weihrauch, nach verwelkten Blumen und Kerzenwachs.

Ein Alibi ist keine Sünde, flüsterte Joseph. Im Vorbeigehen kühlte er seine Stirn mit dem Wasser des Taufbeckens.

Vera schüttelte den Kopf.

Zuerst der Endsieg und jetzt das Jesulein, schnaubte Joseph. Der Mesner hob wieder den Kopf.

Irgendwas braucht der Mensch, sagte Vera leise.

Ich nicht, sagte er. Ich brauche das nicht.

Vera war stolz auf ihn, weil er keinen Himmel brauchte. Sie beneidete ihn sogar ein wenig, erzählte sie später dem Senator. Wenn du es nicht warst, flüsterte sie, dann hält ER die Hand über dich.

Bist du verrückt, sagte Joseph und war von einem Augenblick zum anderen sicher, daß sie einem religiösen Wahn verfallen war. Sie war vor dieser furchtbaren Gläubigkeit nicht mehr zu retten gewesen.

Als ebenso leidenschaftlicher wie heimlicher Politiker hatte Stragler zur Wahrheit ein politisches Verhältnis. Das Wesen der Politik ist die Lüge, von ihm aus die kreative Lüge. Die Lüge zum allgemeinen Besten. Mit Wahrheit, dessen war sich Stragler sicher, kann man nichts aufbauen. Alle Utopien sind kreative Lügen. Ohne Utopien gibt es keine Veränderung zum Besseren. Für Stragler war daher in der politischen Lüge auch der Wunsch verborgen, die Welt möge anders und besser sein, als sie ist.

Wer nicht bereit ist zu lügen, sagte er zu Vera, der nimmt die Welt so beschissen hin, wie sie ist.

Sie verstand nicht, was das mit einem Alibi zu tun haben sollte.

Nach Veras Verschwinden hatte Stragler angefangen, bestes Tuch wie einen Harnisch zu tragen, Cheviot statt Kettenhemd, Borsalino statt Eisenhut, Foulards statt

Federbusch. Seine ständig zu engen Anzüge und der Cut, in dem er ausgesehen hatte wie der »Chef de rang« eines Vorstadthotels, waren in der Kleidersammlung der Caritas gelandet.

Über Nacht lernte er, daß man den untersten Knopf der Weste nicht mehr zumacht, seit ihn der vertrottelte Edward VII. bei einem Jagd-Dinner auf Sandringham irrtümlich offengelassen hatte, daß ein Smoking tatsächlich bequem ist und daß Krawatten nicht zu ordentlich gebunden sein dürfen, wenn sie elegant sein sollen. Vor dem Spiegel übte er, bis die Falte unter dem Knoten aussah, als wäre sie Zufall, er, der sich immer mit geschlossenen Augen und tastend rasiert hatte, um nicht zusehen zu müssen, wie er langsam den leidenschaftslosen Gesichtsausdruck des Geschäftsmannes annahm.

Auch seine Sprache veränderte sich. Er hatte sich ein Repertoire zugelegt, sprach von »Zielvorgaben«, »konzertierten Aktionen«, »Minuswachstum« und »Vermittelbarkeit«, sagte »rückwärts« statt »hinten«, »elektronisch« statt »elektrisch« und »Technologie« statt »Technik«.

Dabei hatte er am Tag vor dem Streit mit Vera noch gedacht, sie wäre zu retten. Er war sich dessen sogar sicher gewesen, als sie ihn nach einem schlechten Traum zu trösten versucht hatte.

Schschscht! hatte sie zu den Kindern gesagt. Papi hat schlecht geträumt.

Joseph hatte, gerührt von ihrer Fürsorge, in einer Schale mit Rasierseife viel zuviel Schaum produziert.

Ich war tot, hatte er schmunzelnd gesagt und gehofft, ein allgemeines Bedauern auszulösen.

Und wo war ich? wollte Vera nur wissen.

Du hast gefragt, was man mir am besten zur Beerdigung anzieht, lachte Joseph.

Und was hast du gesagt?

Bloß nicht den schwarzen Anzug.

Und was habe ich gesagt?

Der Glencheck steht ihm gut, sagte Joseph und machte ihre sachliche Stimme nach, mit der sie die Dinge ihres täglichen gemeinsamen Lebens regelte.

Was du zusammenträumst, sagte Vera.

Daß Vera keine Zärtlichkeit mehr empfinden konnte und nur aus Pflichtgefühl die Knie auseinandernahm, war bei dem Altersunterschied zu erwarten gewesen. Der Arzt Dr. Steiner hatte ihr etwas verschrieben, das Stragler den Eindruck vermitteln sollte, sie zerflösse immer noch unter seinem Verlangen. Seine überfallartige Lust machte ihr zwar manchmal logistische Schwierigkeiten, aber es gelang ihr immer unter einem Vorwand, etwas von dem Gel aufzutragen, ohne daß er es merkte.

Sie bereute, daß sie früher nicht bereit gewesen war, ihm den, wie er es nannte, Ehestandsfinger zu führen, um ihm zu zeigen, was sie am liebsten mochte. Sie hatte nicht verstanden, daß er, der sich in seinen Puffs jederzeit mit allem Denkbaren und Undenkbaren hätte versorgen können, sich überhaupt nicht nach Lust, sondern nach Vertrautheit gesehnt hatte.

Du bist im Bett so spießig, als ob du in der Oper wärst, hatte Stragler gesagt, um nicht zugeben zu müssen, daß er kein Zuhälter mehr war.

3

Schnauzen-Kalle hielt im *Bosporus* wieder einmal die Hand in der Art Straglers über die Schulter. Die Ober des *Bosporus* ignorierten sie, genauso wie immer, und das warf wieder einmal die Frage nach seinem Status auf.

Die überschminkten Weiber in Dr. Hariks Büro an der Alster schoben ihn auch jedesmal in einen Nebenraum, wenn er sich das Erfolgshonorar für ranzige Schulden abholte, die er durch seinen Auftritt zu Geld gemacht hatte. Den anderen Mandanten, das war ihm nicht verborgen geblieben, sollte sein Anblick erspart bleiben. Er fragte sich, was für Mandaten Dr. Harik junior haben könnte, die an seinem Anblick Anstoß nehmen würden, denn es war ihm nicht entgangen, daß Stragler unauffällig die Karten zählte, wenn der Anwalt in der Hohen Partie mitspielte. Kalle hatte die kindische Vorstellung, daß Mandanten an der Moral ihres Anwalts etwas lag.

Auf dem Kiez nahm niemand Anstoß an seinem Gewicht, obwohl dort die Crème de la crème aus Kunst, Politik und Presse verkehrte. Die Prominenz wetteiferte um das Privileg, mit Schnauzen-Kalle etwas zu trinken. Wobei er Champagner mied, weil er ohnehin zum Aufstoßen neigte und Stragler ihm das ständig vorhielt.

Jahrelang hatte er sich heimlich für eine Karriere als Catcher abgemüht. Im Dienst der Rechtspflege hatte er keine Zukunft gesehen. Schwitzend und schnaufend hatte er seine Hanteln gehoben, Expander gezogen und Liegestütze gemacht. An den Wänden seiner Bude hingen Plakate von Catchern. Einer von denen wollte er werden. Die Masse hatte er und die Krampfadern auch, die unter Catchern endemisch zu sein scheinen. Häßlichkeit war kein Hindernis, sondern Voraussetzung für den Erfolg. Wer im Ring den größten Abscheu erweckte, verkaufte die meisten Eintrittskarten.

Dazu hast du nicht genug Ehrgeiz, hatte Joseph einmal verblüfft beim Anblick der Fotos von vollgefressenen Muskelsäcken mit ihren Knieschonern, Lederbandagen, Henkersmasken und verschwitzten Trikots gesagt.

Doch, widersprach Schnauzen-Kalle. Und wie! Du hast keine Ahnung von meinem Ehrgeiz. Weiber, die jodeln, wenn ich den Typen die Ohren abreiße und sie in die Eier beiße.

Du solltest etwas gegen deine Blähungen tun, sagte Joseph, um ihn auf den Boden der Tatsachen zurückzuholen. Muskeln sind den Weibern oft egal. Wenn du sonst nichts hast.

Schnauzen-Kalle wuchtete sich unwillig hoch und baute sich zu nahe vor Joseph auf.

Ich meine Knete oder so, lachte Joseph, der ganz vergessen hatte, daß man über Schnauzen-Kalles Geschlechtsteil mit jedem, nur nicht mit Schnauzen-Kalle, reden konnte.

Kalle konnte die Demütigung im *Bosporus* nicht länger ertragen. Er sprang auf, packte den türkischen Ober am Kragen und führte ihn am ausgestreckten Arm wie eine Marionette in Richtung Toilette. Die Schuhe des Mannes schienen den Boden kaum zu berühren. Die beiden Fremden in ihren neuen Anzügen sahen ihm aufmerksam und nachdenklich nach, bevor sie sich etwas in ihrer Sprache sagten und nickend offenbar ein bedrohliches Einverständnis erzielten.

Es klang, als würde draußen jemand gegen eine Türe

geworfen. Kadaver-Kalhaber zog seinen Lichtmesser heraus.

Weckt mich, wenn es soweit ist, raspelte er mit seiner übernächtigen Reibeisenstimme und schloß die Augen. Aber erst dann. Nicht vorher wecken.

Sie, sagte der Herr mit den Bölleraugen, der immer schon um drei Uhr früh, wenn das *Bosporus* aufmachte, vor der Tür stand. Sie haben das tolle Foto von der Krankenschwester gemacht? Mit den glänzenden Straßenbahnschienen. Er wollte den Fotografen nicht schlafen lassen.

Mit dem abgefahrenen Fuß im Vordergrund? krächzte Kalhaber. Ganz vorne. Und links ein Damenschuh mit hohem Absatz? Rechts der Kopf?

Und dahinter das Rathaus, sagte der Herr.

Und die Schienen treffen sich im Unendlichen, sagte Kadaver-Kalhaber, da erst treffen sie sich.

Großartig, sagte der Herr. Liebeskummer hat in der Zeitung gestanden.

Oder so was, sagte Kadaver-Kalhaber. So etwas wie Liebeskummer muß es gewesen sein.

Auf der Toilette brach eine Scheibe oder die Glasfüllung einer Tür. Kadaver-Kalhaber hob seinen Lichtmesser und drehte ihn hin und her.

Annita Ulenkampff zog sich eine Linie Koks durch die Nase hinter die weiße Stirn und klopfte sich sanft mit dem Finger auf die Nasenflügel.

Nicht in die Eier! schrie der Crailsheimer Richtung Toilette. In die nicht! Das mögen die Türken nicht.

Da sind sie kitzlig, sind sie da! sagte Kadaver-Kalhaber. Gelächter überlagerte einen Augenblick das Gepolter draußen.

Das ist der Kiez, strahlte der Kunstprofessor Jensen-Escherode, der wie die meisten Intellektuellen ein verschwiegenes, aber lebhaftes Interesse an physischer Gewalt hatte. Er suchte und fand den Blick des Böller-äugigen.

Mich interessiert vor allem die Komposition, sagte Kalhaber. Der Ausschnitt, das interessiert mich. Die Farbtemperatur.

Die Türe zur Herrentoilette ging einen Spalt auf und knallte dann wieder zu. Die müden Klienten des *Bosporus* ließen ihre Köpfe enttäuscht wieder sinken.

Komm raus, Fettarsch! schrie der Crailsheimer wie ein Banderillero, der einen Stier auf sich aufmerksam machen will, um ihn vom Torero abzulenken.

Die Türe flog auf, Schnauzen-Kalle nahm den Crailsheimer an. Der ließ ihn kommen, schob seine Hand in die Jacke. Kalle wurde langsamer, ging noch zwei Schritte, blieb dann vor dem Crailsheimer stehen und senkte den Kopf, genau wie ein Stier.

Hast du keinen Hunger? fragte ihn der Crailsheimer.

Doch, lachte Kalle, der seine ganze Wut an dem türkischen Ober losgeworden war. Der Crailsheimer schob ihm seinen Teller hin.

Schnauzen-Kalle aß, was ihm der Crailsheimer hingeschoben hatte. Er hatte immer gewußt, daß er zu weich war für diese Welt. Es war eine Sache, einem frechen Ober die Luft abzudrehen, und eine ganz andere, armen Schweinen für Rechtsanwalt Dr. Harik die Arme zu brechen, weil sie kein Geld hatten. Selbst dann, wenn er Leuten nicht für Harik, sondern für eigene Rechnung in den Bauch trat, fühlte er sich nicht wirklich wohl dabei.

Stragler hatte ihm sein zunehmendes Unbehagen an roher Gewalt erklärt. Sie werde, wie vieles, mit der Zeit zu einer lästigen und, mit zunehmendem Alter, auch anstrengenden Pflicht. Man habe mit Gewalt um sich zu schmeißen wie andere Leute mit Geld, um zu zeigen, daß man darüber verfügt. Mit Wut oder gar mit Lust habe das so wenig zu tun wie die scheußlichen Antiquitäten, die man nur kaufe, um zu zeigen, daß man sie kaufen könne.

4

Schnauzen-Kalle salzte nach, was ihm der Crailsheimer hingeschoben hatte, obwohl es der schon einmal gesalzen hatte.

Willst du dich einpökeln? fragte der Crailsheimer. Er bekam keine Antwort, weil Schnauzen-Kalle mit seinen Gedanken ganz woanders war.

Er sah sich als Stern von Bethlehem auf der Bühne, spürte den Strick in der Hand, mit dem er das widerspenstige Kamel der heiligen drei Königinnen aus dem Morgenland festhielt, auf dem die Damen reiten sollten. So etwas, oder etwas ähnliches, hätte er zu seinem Beruf machen sollen, statt für Harik oder Stragler zu kassieren. Die Arbeit für Stragler war humaner als die für Harik. Stragler, das war Kalle aufgefallen, fühlte sich nie so erbarmungslos im Recht wie der Rechtsanwalt oder wie Jensen-Escherode. Wirklich brutal und grausam sind nur Leute, die ganz sicher sind, im Recht zu sein, und fest davon überzeugt, sich für eine gute Sache einzusetzen.

Der hat wieder mit den Stiefeln kassiert, hatte der Sheriff damals während der laufenden Weihnachtsvorstellung im *Verissima* herumgebrüllt und sich durch die nackten Weiber gedrängelt, die goldene Sternchen auf den Brustspitzen und zwischen den Beinen hatten und auf dem Rücken Flügel aus Pappe und Gänsefedern mit einem hautfarbenen Gummizug.

Das geht nicht in sein Spatzenhirn! hatte sich Joseph beim Sheriff beklagt, um sich als Opfer und nicht als Anstifter darzustellen und die Festnahme Kalles wegen Körperverletzung wenigstens bis nach der Weihnachtspremiere hinauszuschieben.

Der kriegt es einfach nicht auf die Reihe, was so was für einen Eindruck macht, hatte Joseph gejammert.

Der hat nichts rausgerückt, hatte Kalle sich verteidigt.

So! sagte der Sheriff. Nichts rausgerückt. Der gibt es auch noch zu …

Darum geht es nicht, war Stragler dem Sheriff über den Mund gefahren, damit der nicht das aufmachen konnte, was man in der Politik einen Nebenkriegsschauplatz nannte. Er schob den Sheriff zur Seite.

Und warum nicht? fragte er Schnauzen-Kalle. Warum hat er nichts herausgerückt? Häh? Warum wohl? Joseph hatte bei dieser Frage immer nur den Sheriff angesehen, als wüßte der selbstverständlich die Antwort, auf die Schnauzen-Kalle trotz aller Konzentration nicht kam.

Der Sheriff machte den Mund auf, um das Selbstverständliche auszusprechen. Stragler winkte ab.

Nicht vorsagen!

Nichts gehabt? hatte Schnauzen-Kalle vorsichtig getestet, ob es vielleicht das war, was Joseph hören wollte.

Halt das blöde Vieh ruhig, hatte ihn der Sheriff angeblafft, weil ihm das Kamel das Gesicht ableckte. Schnauzen-Kalle hatte dem Sheriff blitzschnell die Stange mit dem Stern von Bethlehem und den Strick mit dem Kamel in die Hand gedrückt. Der Sheriff hatte

Applaus bekommen, als er so mit dem Stern von Bethlehem und dem Kamel am Strick auf der Bühne stand.

Stragler hatte den Sheriff immer noch angesehen, als sei es vollkommen sinnlos, das Wort an Schnauzen-Kalle zu richten.

Wenn du ihn prügelst, bis er Blut spuckt, wieso hat er dann was? hatte er gefragt und von Schnauzen-Kalle eine Antwort erwartet, obwohl er den Sheriff ansah.

Und warum kann man das nicht regeln wie unter Gentlemen? hatte der Sheriff hinzugefügt und dabei auch nicht Schnauzen-Kalle, sondern Stragler angesehen. Zum Beispiel über den Herrn Rechtsanwalt Dr. Harik? Man kennt sich doch, oder vielleicht nicht?

Flüchtig, hatte Joseph gesagt, sehr flüchtig, und sich mühsam das Lachen verbissen.

Das Publikum hatte geschrien und gepfiffen, weil es endlich die nackten Königinnen aus dem Morgenland auf dem Kamel sehen wollte.

Der Inspizient hatte auf einen Wink von Stragler einfach den amerikanischen Schlager abgefahren, den Vera für die Königinnen aus dem Morgenland ausgesucht hatte.

I've met a wonderful princess.
In the land of Uuhbladeeee.
She said ubladilia.
Meaning, oh, be good to meeee.
Shehee had a sister,
Whohoo had three eyes.
And had only eyes for meeee.
Eyes for meeee.

Die Königinnen hatten improvisieren müssen und waren auf einem unsichtbaren Kamel O-beinig über die Bühne geritten. Das Publikum war begeistert gewesen.

Der Sheriff hatte sich von Stragler von der Bühne herunterziehen und ein paar Freikarten in die Tasche stopfen lassen.

Bei dem weiß man nie, wo er steht, hatte Kalle nach der Weihnachtsvorstellung versucht, den Sheriff schlechtzumachen. Ich glaube fast, der arbeitet für die Schmiere.

Der *ist* von der Schmiere, hatte Joseph wütend geheult.

Eben, hatte Schnauzen-Kalle gesagt. Womöglich arbeitet er für die.

Schnauzen-Kalle hatte seine sauren Nieren schnell verzehrt, indem er manchmal seinen linken Daumen zu Hilfe nahm, um sich kleine Portionen geistesabwesend auf die Gabel zu schieben, und daran gedacht, wie ihm Joseph damals den Zuckerpump erklärt hatte.

Na? hatte Joseph damals zu ihm gesagt, du pumpst einem dreihundert, okay?

Okay, hatte Kalle gesagt und sich den Schweiß abgewischt. Ich pumpe einem dreihundert. Keine Mark mehr. Er hatte keine Ahnung gehabt, worauf Joseph hinauswollte.

Er zahlt Schokolade für dreihundert, hatte Joseph gesagt.

Logisch zahlt er Schokolade für dreihundert, wenn ich ihm dreihundert pumpe, hatte Schnauzen-Kalle gesagt.

Joseph hatte mit dem Zeigefinger abgewinkt, weil er auf etwas ganz anderes hinauswollte. Irgendwann zahlt er zweihundert zurück. Die letzten hundert schafft er nicht. Er will noch mal dreihundert. Die kriegt er, zum Kuckuck noch mal!

Die kriegt er? Schnauzen-Kalle war baff. Wieso kriegt er die?

Die kriegt er, beharrte Joseph. Minus die hundert, die er schuldet. Er kriegt also zweihundert in bar und die hundert, die er schwach ist, die kriegt er im Geist. Aber er zahlt Schokolade für vierhundert. Das ist der Zukkerpump. Kapierst du das? Er kriegt Geld und nicht die Rippen eingetreten. Geht das in deinen Affenschädel? Da, nimm deinen idiotischen Stern.

Viel früher, lange vor der Währungsreform, Kalle konnte damals höchstens fünfzehn oder sechzehn gewesen sein, hatte Stragler ihm das Geld erklärt.

Was ist das? hatte er ihn gefragt und ihm einen fettigen und angerissenen Zehnreichsmarkschein hingehalten.

Zehn verkackte Reichsmark, hatte Schnauzen-Kalle von oben herab gesagt und Straglers Hand weggeschoben.

Was gibst du mir für zehn verkackte Reichsmark?

Eine Zigarette, wenn ich meinen volksnahen Tag habe, hatte sich Kalle über das Detailgeschäft lustig gemacht und Stragler eine Schachtel Navy Cut hingehalten, damit er sich für seinen zerfledderten Geldschein eine zerknautschte Zigarette nehmen könnte.

Mit dem Schein kannst du dir jetzt eine neue Zigarette kaufen, hatte Stragler gesagt.

Schnauzen-Kalle konnte darüber nur lachen. Er kaufte Zigaretten stangenweise.

Und der Pocher, hatte Stragler gesagt, der dir die neue Zigarette verkauft, der kauft sich woanders wieder eine für dieselben verkackten zehn Reichsmark. Wie viele Zigaretten sind meine verkackten zehn Reichsmark dann wert?

Schnauzen-Kalle hatte aufgehört zu lachen und mit den Fingern nachgezählt.

Drei Zigaretten.

Und wenn tausend Leute damit tausend Zigaretten kaufen?

Schnauzen-Kalle hatte scharf nachgedacht, aber nicht gewagt, das Erlebnis laut zu sagen.

Dann haben meine verkackten zehn Reichsmark tausend Zigaretten gekauft! hatte Stragler geplärrt. Und das sind nach Adam Riese fünf Stangen.

Ein Wunder? hatte Schnauzen-Kalle gesagt.

Ein Wirtschaftswunder, hatte Stragler präzisiert.

Um die Zeit, als Joseph Schnauzen-Kalle den Zuckerpump erklärt hatte, muß das *Zockatero* gegründet worden sein. Das *Zockatero* hatte Schnauzen-Kalle eher eingeleuchtet als der Zuckerpump.

Bei dem »Haus m. Gart. in best. L. Nähe Reeperb. DM 2000«, das in der Zeitung zum Verkauf angeboten worden war, handelte es sich um eine baufällige Lagerhalle auf einem verwahrlosten Ruinengrundstück, die zwei alte Leute als Notunterkunft benutzt hatten.

De-Emm zwotausend, wa? hatte sich Joseph über die Anzeige lustig gemacht. Das sieht dem Suhl ähnlich. Nicht einfach zwei Riesen, nein, De-Emm zwotausend. Was für eine Farbe hat eigentlich so ein Tausender? hatte er Vera gefragt.

Vielleicht dunkelblau, hatte Vera vermutet. Wenn es überhaupt Tausender gibt. Oder grün wie Dollars.

Grünes Geld. Du kriegst die Tür nicht zu.

Joseph hatte dem Dr. Suhl im Rathaus, der nach der Währungsreform notgedrungen vom Schwarzhandel auf Immobilienmaklerei umgesattelt war, eine Anzahlung von 700 D-Mark gegeben. Dr. Suhl hatte nachgezählt und war nur auf 650 gekommen.

Ich glaube, Sie haben sich geirrt, sagte Dr. Suhl, dem das Wasser bis zum Hals stand, seit es keinen schwarzen Markt mehr gab.

Behalten Sie's, sagte Joseph und hatte den Vertrag eingeschoben.

Statt dem Rest von 1300 DM schickte er Kalle im Rathaus vorbei.

Keine Gewalt, hatte er ihn vergattert. Jedenfalls nicht im Rathaus. Ich will kein Gerede. Wir sind in Hamburg immer noch nicht richtig heimisch.

Schnauzen-Kalle überzeugte Dr. Suhl davon, daß der Verhau in bester Lage nicht mehr wert wäre als die schwachen 700, die er schon hatte.

Es war nicht der Baseballschläger in Kalles Hand gewesen, der die Verhandlung abgekürzt hatte, sondern sein Wissen um Dr. Suhls leichtfertige Kopulationen und den damit hin und wieder verbundenen Amtsmißbrauch. Kalle begriff, was gemeint war, wenn die Leute sagten: Wissen ist Macht.

Herr Steinmetz, hatte ihn Dr. Suhl angezischt. Er bekam kaum Luft vor Anstrengung über den offenkundigen Verfall seines Einflusses. Herr Steinmetz, Sie sind ein Stück Dreck!

Keine Schmeicheleien, hatte Kalle gebrummt und war abgezogen. Dann hatte er den alten Leuten, die aus der Bruchbude ausziehen mußten, beim Heraustragen der Möbel und des Geschirrs geholfen.

Das ist doch keine Gegend für euch, hatte Kalle sie getröstet, als sie nebeneinander auf dem Sofa saßen, das auf der Straße stand, und auf den Wagen der Abteilung für soziale Belange warteten, der sie in das Altenheim am Stadtrand bringen sollte.

Alles voll mit Nutten und Zuhältern, hatte Schnauzen-Kalle gesagt, und die beiden Alten hatten gekekkert wie Grasmücken, die sich vor einer herumschleichenden Katze warnen.

Mit dem Geld, das er dem Suhl schuldig geblieben war, hatte Stragler für die beiden einen Platz im Altenheim angezahlt. Was sie für ihr Wohnzimmer gehalten hatten, wollte er zum *Golden City* und das Schlafzimmer darüber zum *Zockatero* machen. Dazwischen war noch genug Platz für eine geräumige Damentoilette.

Ist doch auf die Dauer nichts mit Pappe vor den Fenstern, hatte Schnauzen-Kalle den alten Leuten auf dem Sofa gesagt. Im Heim kriegt ihr richtige Fenster aus Glas. Da könnt ihr den ganzen Tag rausschauen.

Die Alten wußten zwar nicht, wozu sie den ganzen Tag aus dem Fenster schauen sollten, aber sie löffelten die Suppe, die ihnen die Buszek gebracht hatte, und genossen es, im Mittelpunkt zu stehen.

Der Umbau mußte damals schnell durchgezogen werden, damit der Denkmalschutz seine Nase nicht in Straglers Pläne stecken konnte. Das *Golden City* konnte später ausgebaut werden, mit Kabinen für Entspannungsmassagen und Schaumbädern mit runden Badewannen für drei Personen. Aber das *Zockatero* ist die Zukunft, hatte Stragler damals schon gesagt. Zocken ist krisenfest. Mit dem Bumsen weiß man nie. Vielleicht kommt das ganz ab. Gezockt wird immer.

Was macht denn das für einen Eindruck? hatte Kadaver-Kalhaber gesagt. Wenn die Galerie durch die Damentoilette ins *Zockatero* latscht, mitten durch die Damentoilette, ein Rabe nach dem anderen, immer mittendurch?

Hinter der Damentoilette schaut die Schmiere nicht nach, hatte Joseph erläutert. Und wenn doch, dann hängen wir sie beim Innensenator hin und schalten die Medien ein. Dann sehen die alt aus.

Kadaver-Kalhaber war nicht überzeugt gewesen. Ich meine, da sind manchmal Damen drin, sind da in der Damentoilette. Immer die Figuren da rein und raus?

Zocker sind keine Figuren, sagte Joseph. Oder hast du schon mal einen Zocker gesehen, der Weiber im Kopf hat? Einem Zocker kannst du Weiber auf den Bauch binden, da passiert überhaupt nichts.

Aber woher sollen die Damen wissen, daß die Typen sich nichts dabei denken, wenn sie durchs Damenklo latschen?

Die spüren das, sagte Joseph. Sexuell gesehen, zählen Zocker für die Weiber überhaupt nicht. Dafür haben die eine Nase.

Wenn du meinst, hatte Kadaver-Kalhaber gesagt, war aber nicht überzeugt gewesen. Ich kann mir nicht vorstellen, daß in den Damen nichts vorgeht, wenn sie auf dem Klo sitzen und andauernd die Galerie vorbeilatscht, ein Rabe nach dem anderen. Und was ist mit den Wurzen, die neu sind?

Und überhaupt, hatte Joseph das Gespräch beendet. Im *Golden City* gibt es keine Damen. Jedenfalls nicht, solange ich was zu sagen habe. Mir reichen die im *Verissima.*

Nachdem er später verrückt geworden war, hatte Kadaver-Kalhaber behauptet, damals sei überhaupt nicht von Damen die Rede gewesen. Er hatte nach der Erledigung der Sache Suhl immer nur die Wahrheit gesagt, aber natürlich war das immer nur seine Wahrheit. Auch ein Mensch, der nicht lügt, kann hin und wieder etwas vergessen. Die einzige Dame, die er je gekannt habe, hatte der Fotograf behauptet, sei Vera gewesen, und die sei bestimmt nie im *Golden City* aufs Klo gegangen. Er jedenfalls könne sie sich dort nicht vorstellen. Er könne sich nicht vorstellen, daß Vera überhaupt jemals irgendwo aufs Klo gegangen sei, so wunderbar sei sie gewesen.

Aus dem Damenklo haben wir damals die Filze für das *Zockatero* gemacht, sagte Schnauzen-Kalle zu Stragler und putzte immer noch in Gedanken seinen leeren Teller mit Brot aus. Da haben wir die gefilzt, die wir nicht kannten, damit uns keiner von der Schmiere reinrutscht.

Stragler war gelangweilt von den alten Geschichten, winkte hinter dem Rücken von Schnauzen-Kalle dem Ober, zeigte verärgert auf den leeren Teller und machte Kaubewegungen.

Lange her, sagte Stragler, mit der Filze hinter dem Damenklo, als der Ober endlich mit einem zweiten Teller für Schnauzen-Kalle angerannt kam. Kalle machte sich darüber her.

Dafür trägst du die Verantwortung, hatte Joseph gesagt, als das *Zockatero* mit dem Damenklo als Schleuse endlich fertig war.

Schnauzen-Kalle hatte sich damals einen anderen Job vorgestellt. Türsteher war nicht sein Lebensziel gewesen.

Unten finstere Ecken, der ganze Laden stinkt nach Lysol, und die Huren sind auch das letzte, hatte er sich beklagt.

Paßt! hatte Stragler gesagt. Da reißt sich die Sitte kein Bein aus. Außerdem gibt es Penicillin. Warum hast du eigentlich den Macker mit den goldenen Manschettenknöpfen und der Rolex weggeschickt?

Das war einer von denen, hatte Schnauzen-Kalle sich herausgeredet, die man totschlagen muß, um an ihre Knete zu kommen.

Wenn er etwas bei der Arbeit für Harik gelernt hatte, dann das Einschätzen des zu erwartenden Widerstands. Deshalb hatten ihn Josephs Zweifel an seiner Sachkunde tief verletzt.

Hör zu, hatte Joseph zu ihm gesagt. Du bist Rausschmeißer. Nicht Psychologe. Der mit der Rolex war ein Mummzocker, und Mummzocker sind unsere Existenzbasis.

Kurz danach hatte sich Kalle einen blinden Scheck andrehen lassen. Seit es neues Geld gab, gab es neue Schecks, und seit es neue Schecks gab, gab es neue Scheckartisten mit nagelneuen blinden Schecks.

Hast du Tomaten auf den Augen? hatte ihn Stragler gefragt und den Scheck in winzige Fetzen zerrissen. Das riecht man doch eine Stunde gegen den Wind, daß der falsch ist. Das sieht man doch so einem Bastler schon am Gesicht an.

Ich bin Türsteher, hatte sich Schnauzen-Kalle revanchiert. Kein Psychologe.

Über die Antwort damals freute sich Schnauzen-Kalle heute noch.

Er aß zu seinen sauren Nieren den ganzen Brotkorb leer.

Das bläht, sagte der Crailsheimer vorwurfsvoll.

Eines Tages frißt der sich noch ins Grab, sagte Stragler und winkte, während er auf den leeren Brotkorb deutete. Ein Ober eilte mit einem gefüllten herbei.

Und daß mir das seriös aussieht, hatte Schnauzen-Kalle im Auftrag Straglers den Handwerkern eingeschärft, die das Dach der Lagerhalle in der Seibelstraße dicht machen und die Bretter mit altem Autoöl tränken mußten, bevor daraus das Schlitz gemacht werden konnte.

Wenigstens von außen. Innen lassen wir erst mal alles, wie es ist.

Dr. Suhl hatte damals seinen Ohren nicht getraut, als es um die Versicherung ging.

Zwanzigtausend De-Em? Eine Zwo und viermal die Null? hatte er gefragt, weil er dachte, er hätte falsch gehört. Noch dazu gegen Feuer? Was soll denn drin sein in dem Schuppen, was eine Versicherung von zwanzigtausend wert ist?

Geschäftsgeheimnis, hatte Joseph gesagt.

Dr. Suhl hatte entschieden den Kopf geschüttelt.

Dann eben nicht, sagte Joseph. Aber Zeit für ein bißchen Entspannung werden Sie doch haben? Eine aus Wien. Pestsäule, Grabenschwalbe. Soll im erzbischöflichen Palais aus- und eingegangen sein. Ihre Meinung würde mich interessieren. Auf dem Gebiet macht Ihnen doch wirklich keiner etwas vor, Herr Doktor Suhl.

Mizzi Buszek hatte Johnsons Baby Oil auf dem Kiez eingeführt. Es eignete sich nach ihrer Erfahrung für Herren, die es zu eilig hatten.

Besser als das Herumgepritschel im Schaumbad, klärte sie Dr. Suhl auf. Seife ist nicht gut für die Haut. Vielleicht könnte man, schlug sie vor, eine Behandlung mit Johnson's Baby Oil als Körperpflege von der Steuer absetzen.

Kann man nicht, sagte Dr. Suhl. Körperpflege ist nicht abzugsfähig. Die muß man selber zahlen.

Schmiergeld und Arbeitsessen kann man absetzen. Aber nicht Körperpflege.

Sogar Herren, die sonst immer gleich fertig sind, halten es mit Johnson's Baby Oil länger aus, sagte die Buszek. Eigentlich ist es eine Heilbehandlung.

Wenn Sie einmal etwas brauchen, sagte Suhl nach der Heilbehandlung, im Rathaus oder so. Er war von Mizzi Buszek sehr angetan. Sie könne sich jederzeit an ihn wenden, wenn sie Hilfe beim Ausfüllen von Formularen brauche, stellte er ihr in Aussicht.

Die Buszek sah ihm zu, wie er dünnbeinig in seinen Boxershorts, auf denen kleine Elefanten waren, dastand und in die Hose stieg, die er zuvor, Bügelfalte auf Bügelfalte, über die Stuhllehne gehängt hatte. Wie er seinen Kamm unter ihren Wasserhahn hielt, sich einen Scheitel zog und die nassen graumelierten Haare in ordentlichen Furchen auf die Kopfhaut striegelte. Suhl bemühte sich um sein Äußeres, um nicht im Chaos zu versinken, das sein überaktives Sperma aus seinem Leben machte.

Kommt langsam die Leinwand durch auf deinem Kopf, sagte die Buszek mitfühlend. Wird schon ganz schieder. Sie war von jener seltenen und daher sehr gesuchten schläfrigen Schönheit und hatte eine wunderbare Haut. Sie nahm kein Trinkgeld.

Man ist doch auch Mensch, hatte sie nachher Stragler gesagt. Und Frau. Unsereins hat selten einen ordentlichen Herrn. Sie bezog das »ordentlich« nicht auf das Leben Dr. Suhls, das sie nicht kannte, sondern auf seinen Umgang mit seiner Hose.

Schon etwas anderes als die Weiber, die im Rathaus herumrennen, hatte Joseph mit einem prüfenden Blick auf Dr. Suhl gesagt.

Hilfesuchend herumrennen, ergänzte Suhl, um nicht in ein falsches Licht zu kommen, und fertigte, ohne viel zu fragen, die Versicherungspolice für den Schuppen an der Seibelstraße aus.

Einfache Hausfrauen sind sexuell gesehen viel dankbarer als Frauen schlechthin, teilte er Stragler mit. Stragler glaubte zu wissen, was Suhl meinte, denn die Buszek hatte etwas Mütterlich-Hausfrauliches und machte keine großen Umstände. Sie wußte genau, wo anzufassen war, um alles Notwendige in Gang zu bringen.

Häßliche, einfache Hausfrauen sind der Gipfel der Dankbarkeit, sagte Dr. Suhl.

Im Dunkeln sieht man sowieso nicht, wie sie ausschauen, sagte Suhl. Am besten fühlen sich die an, die bei Tag nach gar nichts aussehen.

Es gibt nichts Langweiligeres als eine Schönheit im Bett, stimmte Stragler zu, weil er noch andere Termine hatte und die Sache mit der Versicherung unter Dach und Fach war.

Schönheiten erwarten immer nur, sagte Suhl, daß man sich anstrengt, statt sich selber mal Mühe zu geben.

Stragler hatte damals Massen von Kinderspielzeug bestellt. Die brennenden Wälder der Lüneburger Heide waren ihm eine Anregung gewesen. Tretroller, Wasserpistolen, Stofftiere, Kinderbücher, Bälle, Kreisel, Puppen und Teddybären. Er hatte alles bezahlt und von den Lieferanten ein Skonto und einen Kreditrahmen eingeräumt bekommen. Sofort hatte er alles wieder, weit unter dem Selbstkostenpreis, verschleudert.

Vera war sicher gewesen, daß er den Verstand verloren hatte.

Man muß jetzt umdenken, hatte er sie beruhigt. Sag mir, wieviel man dir pumpt, und ich sage dir, wer du bist.

Ein riesiger Haufen Teddybären aus Hongkong war übriggeblieben. Der Hamburger Markt war mit Teddybären gesättigt. Er hatte einen besonders schönen ausgesucht und Vera hingehalten.

Die kannst du alle an Waisenkinder verschenken.

Die armen Waisenkinder.

Wieso sind Waisenkinder arm? Ich war kein Waisenkind und ärmer als jedes Waisenkind.

Vielleicht wollen die lieber ein richtiges Tier, hatte Vera gesagt und den Teddybären auf den Haufen zu den anderen Teddybären geworfen. Ich, zum Beispiel, will ein richtiges Tier. Keines aus Stoff und Holzwolle. Eines, das lebt.

Eins, das in die Wohnung kackt? hatte Joseph geraunzt.

Einen Tiger, hatte Vera gelacht und sich im Schuppen an der Seibelstraße einfach für Joseph das Kleid über den Kopf gezogen.

Das war vielleicht eine Nummer damals mit Vera auf einem Haufen Teddybären, sagte Joseph zu Kadaver-Kalhaber, der, wie immer nach dem Essen im *Bosporus*, still vor sich hin verdaute.

Vielleicht war ihr nur warm, sagte Kadaver-Kalhaber, dem Joseph die Geschichte auf den Teddybären schon tausendmal in allen Einzelheiten erzählt hatte, auch, daß Vera danach Tränen der Lust in den Augen gehabt hätte.

Gut möglich, daß es ihr einfach zu warm war und daß sie vom Staub Tränen in den Augen hatte. War ein heißer Sommer, ein besonders heißer.

Was für Staub? sagte Joseph.

Das Überraschungsmoment hat sie vielleicht erschreckt, lenkte Kadaver-Kalhaber ein.

Die Krönung aller Nummern, sagte Joseph, der sich von seiner Erinnerung nichts nehmen lassen wollte. Die Krönung schlechthin. Und ich kenne eine Menge Nummern.

Ich kenne eine Menge Nummern, machte ihn der Fotograf nach. Woher willst du wissen, daß du mehr Nummern kennst als andere? Es gibt den Weibern was, wenn man sie aufs Kreuz legt, wo sie es überhaupt nicht vermuten. Auf einem Haufen Teddybären von mir aus, oder auf einer Brücke, oder im Aufzug. Jeder normale Mensch freut sich über etwas Neues. Die hat sich ausgezogen, weil ihr heiß war. Und du hast geglaubt, sie reißt sich bei deinem Anblick die Kleider vom Leib? Bist du noch zu retten?

Damals habe ich ausgesehen wie O. W. Fischer, trumpfte Stragler auf.

Der Fotograf schlug sich lachend auf die Schenkel. Das einzige, was mich an den erinnert, sind deine großen Ohren.

Stragler hörte dem Fotografen nicht mehr zu.

Zum Andenken an die Krönung aller Nummern hatte Joseph Vera damals den Käfig mit dem Zeisig mitgebracht und ein paar Kilo Vogelfutter.

Wo sollen wir denn mit dem Vogel hin? hatte Vera gefragt. Und wer soll das ganze Futter fressen?

Etwas Lebendiges, das Krach macht, hatte Joseph gesagt. Wolltest du doch. Warum können wir keinen Zeisig haben wie ganz normale Leute?

Vera und Joseph hatten sich durch die Gitterstäbe des Vogelbauers hindurch angesehen, und Joseph war sicher gewesen, daß sie ihn immer noch mochte. Ihn, samt seiner Sehnsucht, zu sein wie ganz normale Leute. Damals hatten sie noch nicht das riesige Bett gehabt und keine lavendelblaue Auslegeware von Wand zu Wand wie später in der Villa Ihlenfanger.

Ein paar Wochen vor Weihnachten hatte Joseph seinen Kreditrahmen bei den Spielzeuglieferanten ausgeschöpft und Wagenladungen voll Spielzeug liefern lassen. Das Lager war voll bis unters Dach. Im alten Jahr hatte keiner mehr mit Bezahlung gerechnet. Die Versicherung mußte angehoben werden, damit über die Feiertage nichts passieren konnte.

Kurz vor Weihnachten standen dann überall in Hamburg Schnauzen-Kalle und seine Verwandtschaft als fette Weihnachtsmänner herum und verkauften billiges Spielzeug zu Schleuderpreisen. Am Jungfernstieg, vor dem Rathaus und vor dem Polizeipräsidium.

Ganz Hamburg hat damals den Mist gekauft, sagte Schnauzen-Kalle, der mit einem halben Ohr die Diskussion um die Nummer auf dem Haufen Teddybären mitgehört hatte. Die im Rathaus, die Schmiere, alle, ehrlich, alle. Alle und ihre Onkel.

Der Crailsheimer zeigte mit dem Zeigefinger einen Vogel, aber Stragler wußte genau, wovon Schnauzen-Kalle redete.

Sagt doch glatt der Sheriff zu mir, sagte Schnauzen-Kalle, sagt der: Das Zeug ist nicht einmal gestohlen. Nicht einmal gestohlen, sagt der zu mir. Einfach so. Ich höre den wie heute.

Der Crailsheimer fühlte sich ausgeschlossen, weil er die Erinnerungen der beiden nicht teilte. Er schob angeödet seinen Teller weg.

Einen Milieuschaden hast du, lachte Stragler. Du kannst immer nur an Kriminalität denken, habe ich dem damals gesagt. Etwas anderes hast du nicht im Kopf, habe ich gesagt. Gestohlen! Ganz normales Dumping ist das.

Dumping? Dumping? Dumping? sagte Schnauzen-Kalle und versuchte das dumme Gesicht nachzumachen, das der Sheriff damals gemacht hatte.

Dumpinng! sagte Stragler und machte auch ein vor Ratlosigkeit dummes Gesicht.

Schnauzen-Kalle pfiff durch die Zähne wie der Sheriff damals.

Genauhuhu! jauchzte Stragler. Genauuuu! Genauso hat der gepfiffen. Dann erklärte er Kalle und den Leuten an den anderen Tischen im *Bosporus*, was er damals dem Sheriff erklärt hatte. Du verkaufst billig, sagte er. Du verkaufst billig, bis die merken, er deutete auf die Stammgäste des *Bosporus*, bis auch der letzte Heuler merkt, daß du billiger bist als alle anderen. Dann rennen die alle zu dir und kaufen bei dir ein. Und wenn alle zu dir gerannt sind, um billig einzukaufen, dann – er machte eine Kunstpause – verlangst du mehr als alle anderen. Die Leute, die ihm zugehört hatten, lachten.

So ein Bleeedsinn, äffte Schnauzen-Kalle den Sheriff von damals nach und deutete auf die Gäste des *Bosporus*. Dann gehen die doch wieder zu den anderen.

Zu welchen anderen? kreischte Stragler. Die sind doch inzwischen längst pleite.

Schnauzen-Kalle pfiff noch einmal mit dem dummen Gesicht des Sheriffs durch die Zähne, und aus Straglers Brust befreite sich das tiefe, volle und unbändige Lachen über eine Zeit, die er besser durchschaut hatte als die anderen.

Außerdem, sagte er und machte eine Gebärde, die

alle Gäste des *Bosporus* umschloß, wenn die einmal glauben, daß du billig bist, dann zahlen die sich lieber die Haare vom Kopf, als zuzugeben, daß sie blöd sind.

Und weißt du, was der Sheriff gesagt hat, gluckste Schnauzen-Kalle. Kannst du dich daran noch erinnern?

Nein, sagte Stragler, und noch einmal kollerte ein tiefes Lachen aus seiner Brust in Vorfreude auf das, was der Sheriff damals gesagt hatte und was Schnauzen-Kalle immer noch auf der Zunge hatte.

Du ..., Schnauzen-Kalle konnte vor Lachen nicht weiterreden. Er wischte sich den Schweiß ab und versuchte, Luft zu kriegen.

Der Crailsheimer inspizierte mit todernstem Gesicht seine Fingernägel.

Du, hat der gesagt, sagte glucksend Schnauzen-Kalle. Du bist mir vielleicht ein Menschenkenner!

Stragler wieherte, hörte sich beim Wiehern und fragte sich, ob es ein gutes Zeichen ist, sich andauernd an etwas zu erinnern, das so weit zurücklag, daß es kaum noch wahr war. Oder war es andersherum? Wurden die Dinge, je weiter sie zurücklagen, nach und nach immer wahrer? Sicher war, daß sie lustiger wurden. Das traf sogar innerhalb gewisser Grenzen auf die Sache Suhl zu.

5

Über die Sache Suhl gibt es mehrere Versionen. Schnauzen-Kalle sagte nur, sie sei eben erledigt worden. Gefragt, was denn »erledigt« in diesem Zusammenhang heiße, horchte er stets eine Zeitlang erfolglos in sich hinein und sagte: Wie so was eben erledigt wird.

Stragler erinnerte sich an die guten Kritiken, so nannte er die Berichte in den Zeitungen, die ihm freundlich erschienen, obwohl sie falsch waren. Die Verfasser hatten, wegen des Zwanzigmarkscheins zwischen den Zähnen Suhls, Täter südeuropäischer Herkunft verdächtigt. Es gab keine einzige Anspielung auf Straglers Seife. Einerseits bedauerte Stragler das, weil er lieber gefürchtet als geliebt werden wollte. Andererseits hatte er gemerkt, daß sich mit seinem gesellschaftlichen Aufstieg auch geändert hatte, was seinem Image nützte. Das Abschneiden von Hälsen machte, ab einem bestimmten Status, im übertragenen Sinn einen wesentlich kleineren Fuß als im wörtlichen.

Kadaver-Kalhaber erinnerte sich genau, denn die Sache hatte einen bleibenden Schaden bei ihm ausgelöst. Nach seiner Schilderung war es nur ein ganz normales Entsetzen gewesen, das ihn da überfallen hatte, aber das war eine seiner Vereinfachungen. Es war komplizierter.

Kadaver-Kalhaber war entsetzt gewesen über sein fehlendes Entsetzen, so entsetzt, daß er darüber verrückt geworden war. Während die Sache mit Suhl erledigt wurde, war in seinem Wohnzimmer die ganze Zeit der Fernseher gelaufen, und Kadaver-Kalhaber hatte mit einem halben Auge zugesehen und darauf gewartet, daß die blaue Milka-Kuh käme oder eine Reklame für Slipeinlagen.

Wenn der Suhl dumm mit dem Klachel herumquatscht, schmeißen die mich aus dem CDU-Kreisverband, hatte Stragler gesagt. Dann ist ein nicht unwesentlicher Teil meines politischen Einflusses beim Teufel.

Den nicht unwesentlichen Teil kriegen wir bei den Sozis billiger und besser, hatte Kadaver-Kalhaber gesagt.

Was muß man dem Aktenfresser zahlen, damit er das Maul hält?

Wenn du mich fragst, sagte Kadaver-Kalhaber, in jedem Fall zuviel. Er war aber dann doch bereit gewesen, mit Suhl zu verhandeln. Angeblich zunächst nur in der Absicht, ihm Angst einzujagen. Dazu, so sagte er später, hätten Kalle und er auch die Requisiten in seiner Aktentasche gebraucht, die er gegen ein Tischbein gelehnt hatte, als er sich setzte.

Wenn Sie herumlabern, haben wir alle ein Problem, sagte Kalhaber und nippte höflich an einem Asbach Uralt, den ihm Dr. Suhl kredenzt hatte. Labern Sie oder nicht?

Ich erzähle alles überall herum, sagte Suhl, dem der Ernst der Plauderei nicht klar war. Wofür halten Sie mich? Er hob fröhlich sein Glas.

Der Stragler gibt uns dreitausend, wenn wir dafür sorgen, daß Sie nicht labern. Mehr ist es ihm nicht wert.

Mehr nicht, sagte Suhl ehrlich enttäuscht, obwohl er sicher war, daß Kalhaber nur scherzte.

Für Ihr Auto kriegen Sie leicht das Dreifache. Aber wozu brauchen Sie dann noch ein Auto?

Dr. Suhl lachte schallend. Das ist gut, sagte er. Wozu brauche ich dann noch ein Auto?

Sie gehen auf die Sechzig zu, sagte Kadaver-Kalhaber. Bald müssen Sie froh sein um einen steifen Hals.

Ich habe keine dreitausend, sagte Suhl, der kein Spielverderber sein wollte.

Fünftausend, sagte der Fotograf, wenn wir nicht dafür sorgen, daß Sie aufhören herumzulabern. Dreitausend gibt uns schon der Stragler.

Ich hätte eine mit einem Eckhaus in Eimsbüttel an der Hand, sagte Suhl und grinste, weil er jetzt sicher war, daß der Fotograf ihm bloß Angst machen wollte.

Es läutete. Schnauzen-Kalle wurde hereingebeten, wollte aber nicht ablegen, obwohl ihm vom Treppensteigen warm geworden war. Im TV lief die Lindenstraße. Über dem Schreibtisch hing das Foto eines Offiziers der Reichsmarine in einem Holzrahmen mit geschnitzten Eichenlaubblättern.

Der Herr Vater? fragte Kadaver-Kalhaber. Dr. Suhl nickte. Auf dem Regal darunter standen eine Vorkriegsausgabe von Shakespeares Dramen, ein paar Paperbacks und »Die vollkommene Ehe« von Van de Velde. Weitere Fotos zeigten den Doktor bei der Verleihung eines Karnevalsordens, mit Dr. Kurt Sieveking auf einer Brücke, mit Aristoteles Onassis bei der Taufe der »Tina Onassis«, mit »Jupp« Posipal vom HSV und mit einem schrecklich alten Hans Albers. Die Fotos sahen aus, als hätte sich der Doktor jeweils aus einem Hinterhalt ins Bild geworfen, wenn der Fotograf nicht mehr innehalten konnte.

Darf ich bekanntmachen? fragte Kadaver-Kalhaber.

Wir kennen uns, murmelte Schnauzen-Kalle und verneigte sich linkisch.

Darf ich den Herren ...? fragte der Doktor, ... Tee, Kaffee, oder einen Likör?

Was Sie haben, sagte Schnauzen-Kalle, der nicht vorhatte, irgend etwas anzufassen.

Ich will Sie nicht berauben, sagte Kadaver-Kalhaber.

Er hat Probleme? Schnauzen-Kalle deutete mit dem Daumen auf Suhl.

Der Doktor meint, daß er die seelische Belastung nicht aushält, sagte Kadaver-Kalhaber.

Suhl machte einen Versuch, sich in das Gespräch über sich einzumischen. Der Fotograf winkte ab, als wäre er der Anwalt eines Angeklagten, der sich um Kopf und Kragen redet, wenn man ihn zu Wort kommen läßt.

Aber warum redet er dauernd mit dem Klachel? fragte Schnauzen-Kalle und zeigte zuerst Kalhaber, dann Suhl seine leeren Handflächen, um deutlich zu machen, daß er viel Platz für eine erschöpfende Antwort bereithielt.

Weil er schlecht schläft, wenn er mit niemanden reden kann, sagte Kalhaber.

Er kann doch mit uns reden, sagte Schnauzen-Kalle und mußte über diesen Vorschlag selber herzlich lachen.

Das hilft ihm nicht gegen die seelische Belastung, sagte Kalhaber mit gerunzelter Stirn.

Hat er schon einmal Baldriantee gesoffen? fragte Schnauzen-Kalle. Ich kenne einen, der säuft literweise Baldriantee. Der schläft sogar im Stehen.

Wenn er Baldriantee trinkt, muß er nachts pinkeln, und dann kann er nicht mehr einschlafen, sagte Kadaver-Kalhaber.

Wenn man älter wird, muß man eben nachts pinkeln, sagte Schnauzen-Kalle. Das ist die Prostata.

Dr. Suhl machte einen weiteren Versuch mitzureden. Diesmal winkte Schnauzen-Kalle ab.

Leute, die schlecht schlafen, sind ein echtes Problem, seufzte er. Warum hauen wir ihm nicht einfach eine auf den Keks?

Kadaver-Kalhaber blinzelte Suhl zu. Suhl blinzelte zurück.

Wer ist denn der? fragte Kalle und zeigte auf eine Terrakotta-Büste. Der Männerkopf hatte weit aufgerissene Augen und einen weit aufgerissenen Mund.

Dante, sagte Dr. Suhl. Dante Alighieri, beim Anblick des Infernos.

Ah, sagte Schnauzen-Kalle. *Da*bei!

Kalhaber holte ein Abschleppseil aus seiner Aktentasche und drapierte es Suhl locker um den Hals. Suhl lächelte gezwungen. Kalhaber korrigierte den Sitz des Seils mit schiefgelegtem Kopf, als wäre es eine hübsche Krawatte.

Dann zogen sie zu und hielten sich außer Reichweite der Hände des Doktors, die irgendwo Halt finden wollten und sich schließlich im Abschleppseil verkrallten.

So klein sie sind ..., ächzte Schnauzen-Kalle.

Suhl trat mit den Füßen um sich, warf einen Stuhl um.

Na, na, na! keuchte Kadaver-Kalhaber. Ob du es glaubst oder nicht, der hat einen Ständer.

Das gibt sich, hechelte Schnauzen-Kalle, dem Schweiß von der Nase tropfte. Das Gesicht des Doktors hatte inzwischen die Farbe einer unreifen Pflaume angenommen.

Dem sollte man wirklich den Schwanz abschneiden! sagte Schnauzen-Kalle empört.

Ich habe noch was vor, sagte der Fotograf, nahm einen Zwanzigmarkschein, steckte ihn Dr. Suhl zwischen die Zähne und machte ein Foto.

Du hast echt eine Macke, sagte Schnauzen-Kalle und hielt ihm entschieden die Hand vor die Leica. Ich glaube, der hat die Hosen voll. Schnauzen-Kalle schnüffelte in die Luft.

Unser Stinkerchen, sagte Kadaver-Kalhaber und packte seine Leica wieder ein. Hier begann seine kompulsive Wahrheitsliebe.

Es gab Ereignisse, an die sich Schnauzen-Kalle lieber erinnerte.

6

Nach der großen Mitternachtsshow hatte Schnauzen-Kalle damals den Stern von Bethlehem an die Türe von Veras Garderobe gelehnt und das Kamel am Herrenklo angebunden. Zum Umziehen war keine Zeit gewesen.

Er hatte die Kanister in seinen VW-Standard gepackt.

Stragler und er hatten in der Nähe der Lagerhalle geparkt und waren vorsichtig ausgestiegen. Die halbe Reeperbahn stand fröstelnd und erwartungsvoll um die Bruchbude herum, um den warmen Abbruch nicht zu versäumen.

Als Joseph ausstieg, gab es Applaus. Ein italienischer Gastarbeiter schrie: »Forza! Strageler!«

Einen Augenblick! brüllte Kadaver-Kalhaber. Ich muß einen anderen Film einlegen! Muß ich!

Laß die Kanister drin! hatte Joseph Schnauzen-Kalle angeschrien, weil der, trotz des Publikums, ungerührt alles Notwendige zum Abfackeln ausgeladen hatte.

Ich liebe dich, hatte Vera zu Joseph gesagt, als er sich müde und zerschlagen in der Heiligen Nacht ausgezogen und seine Sachen einfach auf den Boden hatte fallen lassen, als habe er die Absicht, sich nie wieder anzuziehen. Vera hatte sich mit liebevoller Nachsicht an seine Schlamperei gewöhnt, aber heute hatte sie an der Art, wie er seine Klamotten fallen ließ, gemerkt, daß er deprimiert war.

Ich liebe dich ganz doll!

Wie den Zeisig? hatte er gefragt. Liebst du mich wie den Zeisig? Mehr oder weniger als den Zeisig?

Mein armer großer Vogel, hatte sie gesagt. Niemand liebt ihn. Außer mir. Und das reicht ihm nicht.

Er hatte ein Tuch über den Vogelkäfig geworfen und sich zu ihr ins Bett gelegt, nur um in ihrer Nähe zu sein.

Die Hühner in den Puffs hatten in dieser Nacht auch ihren Moralischen gehabt und eine Gelegenheit, sich auszuheulen. Zum Beispiel beim Anblick der Unterwäsche mit Schlitzen, da, wo es zählte, und beim Auspakken der gestohlenen Pelze, die ihnen die Luden mit dem Geld aus der Notkasse der Frauen zu Weihnachten beim Hehler gekauft hatten. Das ganze Jahr über hatten sie die Kasse auffüllen müssen, damit sie die Miete nicht schuldig bleiben mußten, wenn sie krank wären oder ihre Tage hätten oder wenn sie nicht aufstehen könnten, weil ihnen alles weh tat.

Straglers Damen ging es besser als den anderen. Vera hatte Maßstäbe gesetzt, indem sie sich immer geweigert hatte, in Joseph einen Zuhälter zu sehen. Es war ihm gar nichts anderes übriggeblieben, als die harte Kruste zeitweilig abzustreifen.

Das männliche Publikum im *Bosporus* hing an seinen Lippen, wenn er seine eigenen Theorien zum Thema Frauen verkündete.

Die Damen reden sich ein, sagte er, daß uns ihre Selbstverwirklichung Angst macht. Er lachte laut, um die Unsinnigkeit akustisch zu unterstreichen. Wir sind ratlos, sagte er. Ratlos sind wir. Und voll Sorge. Verfügbarkeit, Besitz. Er lächelte schmerzlich und machte eine wegwerfende Bewegung mit der Hand. Der Verlust von Besitz läßt sich verwinden. Darüber kommt man als Mann hinweg. Man besorgt sich eben etwas Neues. Aber es schmerzt, daß wir zu Sexualobjekten gemacht werden und uns nicht einmal darüber beschweren dürfen. Zu unsereinem kann man im Bett sagen, was man will. Man kann ihm gewissermaßen seelisch in die Eier treten. Eine Frau, die keine Lust hat, ist eine anständige Frau. Ein Mann, der keine Lust hat, ist ein Schlappschwanz. Wir sind Freiwild. »War das alles?« heißt es dann in Augenblicken, in denen wir wehrlos und verwundbar sind, oder: »Das kann ich selber besser!« Und warum halten wir den Mund? Ganz einfach, weil wir uns schämen, daß wir Männer sind, zu denen man so etwas sagen kann.

Ich bin für Emanzipation, heulte er. Nicht weil die Damen uns dann nicht auf der Tasche liegen. Nein! Ich könnte die Emanzipation erfunden haben, so leidenschaftlich bin ich dafür. Aaaaber, sagte er, man muß doch auch danach fragen, was die Emanzipation mit den Frauen anrichtet. Früher, er blickte ratlos in die Runde, hat unsereiner hie und da ein Lächeln bekommen, wenn er einer Dame die Tür aufgehalten, einen Stuhl angeboten oder sogar einen Parkplatz überlassen hat. Heute schauen sie dich dafür an, als hättest du sie in den Hintern gezwickt. Ich bin für Emanzipation, ja, dreimal ja, ohne Wenn und Aber, sagte er. Aber es gibt eine Emanzipation, vor der man die Frauen schützen muß. Als zum Beispiel unsere Damen auf dem Kiez den Führerschein machten, einfach so, um irgendwohin zu fahren. Aus keinem anderen Grund. Da hat das Gefahren heraufbeschworen. Man mußte sie verhauen, jawohl verhauen, sagte Stragler voll Abscheu. Um sie vor diesen Gefahren zu schützen. Mit blutendem Herzen verhauen.

Das hatte den Bölleräugigen an seine Familie denken lassen, und er hatte trotz des Kopfschüttelns von Jensen-Escherode Beifall geklatscht.

Da brauchen Sie nicht den Kopf zu schütteln, hatte er den Kunstprofessor zurechtgewiesen.

Was soll er sonst schütteln? hatte Kadaver-Kalhaber gejubelt.

Zwischen dem ersten und dem zweiten Weihnachtsfeiertag, kurz nach Mitternacht, war die Lagerhalle an der Geibelstraße ohne Publikum abgebrannt und zum Versicherungsfall geworden. Damit hatte Stragler die Ära des Verlustprofits eingeläutet, die später Arbeitsplätze durch Autodiebstahl und getürkte Havarien sicherte.

7

Joseph hatte auf dem Kiez einen Status erreicht, der jeder seiner Bemerkungen Bedeutung verlieh. Was er sagte, war wichtig geworden. Erst ein tragischer Zwischenfall machte ihm das bewußt.

Er war mit Thommy in seinem damaligen Chevy an der renovierten Villa des Professors Ulenkampff vorbeigefahren, in der auch Annita mit seinem Bastard Frank wohnte. Weil Annita mit Frank am Springbrunnen im Garten stand, hatte er angehalten und Thommy aussteigen lassen. Hinter ihm hielt in respektvoller Entfernung ein blauer Packard.

Dein Vater hat keinen Chevy, hatte Thommy zu Frank über den Zaun geplärrt.

Mein Vater hat doch einen Chevy, hatte Frank zurückgeplärrt.

Wie soll dein Vater einen Chevy haben? hatte Thommy geschrien. Du hast nicht mal einen Vater.

Danach hatte Stragler im *Schlitz* die verhängnisvolle

Bemerkung gemacht, daß ihm der blaue Packard mit dem weißen Verdeck, der hundert Meter hinter ihm gehalten hatte, langsam auf die Nerven falle.

Und alle haben mir damals geschworen, sagte Stragler nach dem Zwischenfall zu Kadaver-Kalhaber, daß sie nichts mit der Sache zu tun hätten.

Wörter, sagte Kadaver-Kalhaber, die können scharf sein wie Messer, können sie.

Ich habe nur gesagt, daß mir der blaue Packard mit dem weißen Verdeck auf die Nerven fällt.

Nein, sagte Kadaver-Kalhaber. Das redest du dir ein. Du willst glauben, daß du damals nur das gesagt hast. Du hast gesagt, daß dir der Typ in dem Packard den Nerv tötet, genau das hast du gesagt.

Tausend Leute sagen andauernd, daß ihnen etwas den Nerv tötet, sagte Stragler. Wenn das immer solche Folgen hätte, wäre Hamburg seit Jahren ausgestorben.

Du hast gesagt, daß der dir den Nerv tötet, sagte Kadaver-Kalhaber. Das ist etwas ganz anderes, als wenn tausend Leute das sagen. Das ist so ähnlich, als würde Saddam Hussein sagen, daß ihm jemand den Nerv tötet. Außerdem ist der Kistenschieber von der Schanz einfach ins *Schlitz* gekommen und hat sich vor allen Leuten weiße Dame reingezogen.

Nur um meinen Laden in Verruf zu bringen, nicht zum Vergnügen, sagte Stragler.

Darum geht es nicht, sagte Kadaver-Kalhaber. Du hast gesagt, daß er dir den Nerv tötet.

Das ist kein Grund, jemanden beim Pinkeln über den Haufen zu ballern, sagte Stragler. Solange jemand pinkelt, herrscht Friede. Außerdem war es keiner von uns.

Der hat nicht einfach gepinkelt, der hat dir gegen

den Eingang vom Schlitz gepinkelt, sagte Kadaver-Kalhaber. Das hat er.

Alles war voll Bregen, sagte Stragler. Die Fenster, die Schaukästen. Er war sicher, daß weder der Crailsheimer noch Schnauzen-Kalle etwas damit zu tun hatten, also was hatte er damit zu tun? Vermutlich hatte sich nur jemand bei ihm lieb Kind machen wollen.

Worte sind manchmal mächtiger als Kanonen, sagte Kadaver-Kalhaber. Wenn zum Beispiel der Suhl das Maul gehalten hätte, dann wäre mir auch einiges erspart geblieben.

Und uns erst, sagte Stragler. Er erinnerte sich, daß er ins *Verissima* gegangen war, wo sie alle hockten, während seine Leute die Schweinerei vor dem *Schlitz* weggeräumt hatten. Na? hatte Jensen-Escherode gefragt, wen haben wir denn heute kaltgemacht? Joseph hatte gelacht und sich zu ihnen gesetzt und dabei den Spritzer auf dem Zifferblatt seiner Armbanduhr gesehen. Er hatte die Uhr unter dem Tisch abgestreift und in die Hosentasche gesteckt.

Unser Zeisig hat gepfiffen wie verrückt, als ich nach Hause kam, um mir den Fleck aus der Hose zu waschen, sagte Stragler.

Damals hast du noch gar keinen Zeisig gehabt, sagte Kadaver-Kalhaber. Der Zeisig, das war tausend Jahre später.

Der Zeisig hat laut gepfiffen, wenn Vera beim Abspülen mit dem Geschirr geklappert hat ...

... der Zeisig, den du noch gar nicht hattest, kann gar nicht gepfiffen haben, unterbrach ihn der Fotograf. Da kommt dir wieder alles durcheinander.

Beim Abspülen hat er gepfiffen, wann soll er sonst gepfiffen haben. Später hat Vera nicht mehr beim Abspülen geklappert, weil sie später gar nicht mehr abgespült hat. Später ist eine aus Spanien zum Abspülen gekommen.

Kadaver-Kalhaber zuckte resigniert mit den Schultern.

Hör ihn dir an, habe ich zu Vera gesagt, das weiß ich noch wie heute. Hör dir bloß den kleinen Scheißkerl an. Ohne so einen kleinen Scheißkerl ist eine Wohnung so tot wie ein Grab. Stragler sah nach so vielen Jahren immer noch, wie der Zeisig damals unermüdlich zwischen zwei kleinen Holzstäbchen hin- und hergehüpft war, als hätte er das große Los gewonnen. Joseph hatte einen Finger durch das Gitter gesteckt.

Der blöde Vogel, hatte Vera gesagt. Was der für einen Krach macht.

Von da an hatte er gewußt, wie gefährlich es ist, wenn einem Leute jeden Wunsch von der Stirn ablesen. Er hatte sogar so etwas wie Respekt vor wichtigen Leuten wie Generälen, Konzernherren oder Ministern empfunden, konnte sich vorstellen, wie schwer es für die war, von Leuten umgeben zu sein, die ihnen jeden Wunsch von der Stirn abzulesen bereit waren. Er stellte sich das aufreibend, aber auch großartig vor.

Donnerstag

1

In der Nacht zum Donnerstag verließ Stragler das *Zokkatero* früher als sonst.

Wenn der Joseph weg ist, sagte der Fotograf Kadaver-Kalhaber, dann wird es sofort ein paar Blenden dunkler, ehrlich, mindestens zweieinhalb Blenden. Sogar die Zeit vergeht langsamer.

Die Galerie, die bis dahin nur Hintergrund gewesen war, wurde sichtbar, als hätte ein Beleuchter den Scheinwerfer von der Hohen Partie weg auf die Hemdenschnorrer an den billigen Tischen geschwenkt. Wenn Stragler weg war, durfte die Galerie laut werden und ihren Reigen um Karten und Bargeld tanzen wie Fliegen um eine Lampe. Sie wußten nichts voneinander, konnten aber jedes Zittern der Hand eines Gegenspielers deuten. Sie wußten, was mit ihm los war, wenn er sich eine Zigarette anzündete, obwohl die alte noch brannte, ob er gut oder schlecht gezogen hatte, wenn er das Feuerzeug, ohne darüber nachzudenken, auf seine Karten legte, damit sie bloß nicht mit den anderen durcheinander kämen. Aber keiner von ihnen kannte den Familienstand des anderen oder die Adresse oder wußte, woher die Kröten kamen, die zwischen vollen Aschenbechern und Brandlöchern im grünen Filz verrieben wurden. Für die Galerie gab es kein Leben bei

Tag. Sie brauchten sich wie Wermutbrüder, wollten aber nicht wissen, ob der andere krank war, ob er Hunger hatte oder was er mit seinem Schwanz machte. Vor Tageslicht verkrochen sie sich wie Ohrwürmer. Nie traf man einen von ihnen bei Sonnenschein an der Alster. Erst abends nahmen sie wieder Gestalt an.

Wer von der Hohen Partie in die Galerie abstürzte, kam nur schwer wieder hinauf. Wenn überhaupt, ging es nur Schritt für Schritt. Ein erster Schritt war, bei der Hohen Partie, den Hals reckend, aus sicherer Entfernung zuzuschauen. Der nächste Schritt war, im Vorbeigehen stehenzubleiben, als interessiere man sich nur für den Ausgang einer speziellen Partie, um gleich wieder zu verschwinden. Schließlich konnte man sich vorsichtig hinsetzen, ohne sich bemerkbar zu machen. Zuerst an den Rand des Stuhls, als stehe man ohnehin gleich wieder auf, dann mit der Zeit etwas bequemer. Die Abgestürzten mußten den Mund halten. Das war schwierig, denn wie durch Zauberei waren praktische Verlierer über Nacht zu theoretischen Gewinnern geworden.

Es gibt Zocker, die sogar beim Zuschauen Fehler machen, sagte Kadaver-Kalhaber. Die gibt es.

Gratuliere! hatte Schnauzen-Kalle aufgeheult und dem verdutzten Kadaver-Kalhaber überschwenglich die Hand geschüttelt. Du merkst wirklich alles.

Wenn Stragler einen von den Abgestürzten um Feuer bat, war das wie eine Erhebung in den Adelsstand. Normalerweise scheuchte er sie weg, indem er seinen Karten, mit denen er manchmal Zwiesprache hielt, anvertraute, was er über sie dachte. Zum Beispiel, daß Kiebitze aus dem Maul stinken wie alte Hunde. Wenn er so etwas sagte, zog sich der Kiebitz, der sich zu früh ins Licht der Hohen Partie gewagt hatte, wieder ins Dunkel zurück wie eine Schnecke, die sich in sich selbst einsaugt, wenn man ihre Stielaugen antippt.

Einer, der nur in der Galerie spielte, war der Schnaufer, so genannt wegen seiner kaputten Lunge. Er brachte andauernd Damen mit, denen er im Café Keese den besseren Herrn vorgemacht hatte. Eine Lungenhälfte hatten sie ihm schon herausoperiert, und die andere war vom Rauchen auch schon porös. Wenn er zornig wurde, fing er an zu hecheln, und die Galerie nahm Rücksicht auf ihn und versuchte, ihn nicht zu reizen. Er hätte ihnen gefehlt.

Mach deine Zigarette aus, sagte Mausi zum Schnaufer. Der Gestank von deinen Tschicks bringt mich um.

Der Schnaufer zündete sich eine neue an, obwohl der Rest der alten noch qualmte und beißenden Rauch von sich gab. Er konnte mit nichts aufhören. Jedes Ende war für ihn ein Tod. Er schaffte es nicht, eine Zigarette auszumachen, nachdem er sie zwischen seinen Nikotinfingern bis auf einen nassen Stummel ausgesaugt hatte. Er ließ sie auf oder neben dem Aschenbecher rauchend verludern und war immer der letzte, der ging. Erst wenn die Nacht ganz ausgeweidet war, stemmte er sich aus dem zähen Gemenge von kaltem Rauch, Schweiß und Hoffnung heraus. Die Beteuerungen, sich nach einem ruhelosen Schlaf und nach Einbruch der Dunkelheit wieder zu treffen, brachte eigentlich selbst Verlierer zur Räson. Beim Schnaufer aber half nur die unter Zockern sogenannte Spuckrunde, die nach den allerletzten drei Partien kam. Wer dann noch eine allerallerallerletzte Partie verlangte, mußte sich erst von allen anspucken lassen.

Die Damen, denen der Schnaufer im Café Keese den besseren Herrn vorgespielt hatte, sahen ihm zuerst mit Ausdauer zu, zündeten ihm Zigaretten an, lehnten sich an ihn und schauten ihm, Interesse heuchelnd, in die Karten. Der Schnaufer blickte nachdenklich an die Decke, lehnte sich im Stuhl zurück, horchte in sich hinein, zählte irgend etwas an seinen Fingern ab, gustierte die Karten und spielte den Gewinner. Schmutz aus Castrop-Rauxel und Fink aus Lodz, der Kölner Scheckartist und die anderen Zocker machten das Theater mit und kassierten ihn draußen im Pissoir ab, damit seine Begleiterinnen nicht merkten, daß er verlor. Es dauerte ein paar Nächte, bis die Damen zu fragen wagten, ob das die letzte Partie sei und wann diese allerletzte Partie endlich aus wäre und ob man vielleicht noch woandershin gehen könne. Bald fingen sie an zu quengeln, um in irgendein Bett zu kommen. Der Schnaufer redete sie dann nach einem halbherzigen Geschlechtsverkehr in den Schlaf, indem er ihnen, im Dunkeln rauchend, genau erklärte, was passiert wäre, wenn er in der letzten Partie nicht den Pik Buben, sondern die Karo Zwei ausgelassen hätte, und warum er das dann doch nicht hatte tun können. Nicht ohne Unterton des Vorwurfs versuchte er ihnen beizubringen, daß er sehr gut ausgesehen hätte, wenn diese letzte Partie nicht die allerletzte gewesen wäre, sondern vielleicht die vorletzte oder die vorvorletzte. Die Frauen, die er in den ersten Stock über dem *Golden City* mitbrachte, schliefen immer häufiger im Sitzen neben ihm am Spieltisch ein und welkten dahin.

Wir hatten zuwenig gemeinsame Interessen, sagte der Schnaufer, wenn er wieder allein kam und eine neue fällig war. Fast immer sah sie der Verflossenen ähnlich, machte sich die gleichen Sorgen um ihre

Handtasche, baumelte mit den Ohrringen und legte Wert darauf, daß ihr jemand in den Mantel half. Meistens tat das Mausi, der immer wußte, was sich gehört.

Kaum war Stragler weg, hatte Mausi ein goldenes Dunhill in der Hand.

Bist du gesund? fragte ihn der Schnaufer, sofort auf dem Quivive. Das war keine Frage nach dem Wohlbefinden. Der Schnaufer wollte wissen, ob Mausi Bargeld hatte. In Anbetracht des goldenen Feuerzeugs eine naheliegende Frage. Mausi schüttelte fröhlich den Kopf. Er hatte als Profiboxer ein paar Schläge zuviel auf den Kopf bekommen, wurde aber nur in seltenen lichten Momenten gefährlich. Er verzockte seine Fürsorge und fing im städtischen Asyl mit derselben vornehmen Geduld Mäuse, mit der Bessergestellte in schottischen Wildwassern Lachse angeln.

Die gemeine Hausmaus, sagte Mausi, ist die Forelle des kleinen Mannes.

Als ob du nicht von uns Feuer kriegst, sagte der Schnaufer zu ihm. Schmeißt mit unsrem Geld herum, der blöde Sack.

Bin nicht ganz dicht, grinste Mausi.

Statt hauszuhalten wie wir alle, sagte der Schnaufer zu den anderen und klappte den Deckel des goldenen Feuerzeugs ein paarmal auf und zu, um durch den satten Klang nach Gold das Überflüssige für alle hörbar zu machen.

Bin valat, sagte Mausi.

Mausis Feuerzeug war obszön. Zocker, die auf eine einzige Karte, ohne mit der Wimper zu zucken, Hunderte setzen und verlieren, sparen an Schuhen, leisten sich kein Taxi und kaufen sich keine Krawatte, weil sie mit den dreißig Mark für eine Krawatte, teure kauft sowieso kein Zocker, vielleicht den einen wirklich großen Coup gewonnen hätten, mit dem sie dann beim Baccarat eingestiegen wären, um die Bank gegen den grauenvoll nach Rasierwasser duftenden Suivi-Spieler zu halten, der mit seinen blöden Wasserpflanzen reich geworden war, der nie schwarze Fingernägel hatte und immer blütenweiße Hemden, der immer Banco! bellte und vor Mitternacht mit dem Geld der Galerie verschwand. Gegen den hätte man die Bank ein dutzendmal halten können und, wenn sie gestanden wäre, was durchaus hätte sein können, innerhalb einer halben Stunde das Geld, das man nicht für eine Krawatte verschleudert hatte, zu einer satten Million machen. Man wäre reich geworden, weil man auf eine Krawatte verzichtet hätte.

So ein Scheißfeuerzeug ist so beschissen, wie eine Scheißmillion auf den Mist zu werfen, sagte der Schnaufer.

2

Im Morgengrauen schleppte Dr. Steiner die Buszek ins *Bosporus*. Er hatte sie mit der Autorität, die ihm die weiße Hose und die weißen Schuhe verliehen, untergefaßt und mitgenommen, als sie an ihrer Ecke auf die Sonne wartete, die zwar schon aufgegangen, aber noch nicht durch die Wolken gedrungen war. Der Himmel war immer noch blauschwarz. Die Nacht hindurch hatte ein Gewitter in der Luft gelegen, sich aber nicht in Blitz und Donner aufgelöst.

Steiner hatte seit seinem glänzenden Auftritt als

Gutachter Gesichtszuckungen, die ihm hin und wieder das Gesicht zusammenschnürten wie das Ende einer Wurst. Zuerst hatte er spontan gezuckt und einen Tick simuliert, um einen wissenschaftlichen Eindruck zu machen. Dann waren die Zuckungen zu einer Manie geworden.

Es war Harik, der Stragler verteidigte, mit Hilfe von Frank, dem Bastard, gelungen, das Gericht davon zu überzeugen, daß Hellseherei kein Straftatbestand war und daß die Sensibilität, mit der sein Mandat geahnt hatte, daß der Neger auf einem Komposthaufen in einem Schrebergarten in Barmbek enden würde, nicht gegen seinen Mandanten verwendet werden dürfe. Harik hatte außerdem die Meinung vertreten und durch zahlreiche Kommentare gestützt, daß man niemanden verurteilen könne, nur weil er kein Alibi habe.

Nicht einmal ein Alibi? fragte der Vorsitzende. Na, dann werden wir Herrn Stragler wohl freisprechen müssen, wenn er nicht einmal ein Alibi hat.

Die Beisitzer lachten pflichtschuldigst, und hinten im Zuschauerraum, wo die Luden saßen, machte jemand »miau!«.

Dr. med. Steiner zeigte den Finger, um als Gutachter weiteres dazu sagen zu dürfen.

Der Vorsitzende drohte ihm mit seinem Finger, denn er fand, er habe schon genug gehört. Dabei hatte Steiner seinen Trumpf als Gutachter noch gar nicht ausgespielt.

Fettarsch! sagte Joseph zum Vorsitzenden und schaute ihn erwartungsvoll an.

Beifall hinten bei den Luden.

Der Vorsitzende stand auf.

Bin ich ein Fettarsch? fragte er seine Beisitzer und wackelte mit seinem Hintern. Die Beisitzer lachten, weil es gut für die Karriere ist zu lachen, wenn der Kammerpräsident einen Scherz macht. Sie schüttelten entschieden die Köpfe.

Dann streichen wir das aus dem Protokoll, sagte der Vorsitzende und setzte sich wieder. Er war dafür bekannt, daß er sich unter keinen Umständen provozieren ließ, und Stragler hatte ihn getestet.

Mich schleppt man her, protestierte Joseph, und die Schmiere kassiert beim Wiener den Abschmatz in Naturalien.

Ab was? Der Vorsitzende tat so, als sei er schwerhörig, und hielt sich eine Hand ans Ohr. Dr. med. Steiner zeigte wieder seinen Finger.

Herr Rechtsanwalt, höre ich da etwas von Beamtenbestechung?

Kann ich mir nicht vorstellen, Herr Vorsitzender, sagte Rechtsanwalt Harik.

Können wir uns nicht vorstellen, lächelte der Vorsitzende. Streichen wir auch aus dem Protokoll.

Beifall vorne, Miaurufe und Buhs von hinten.

Bitte, Herr Gutachter ...? sagte der Vorsitzende.

Persönlichkeitsspaltung, sagte Steiner, und Dr. Harik erläuterte auf englisch: multiple personal disorder.

Multiwhat? wollte der Vorsitzende auf englisch wissen, während Steiner dem Angeklagten Stragler die Hand auf die Schulter legte.

Zwei Persönlichkeiten. Zwei Geschäftsleute. Zwei Zimmervermieter. Zwei Stragler.

Ratloser Blick des Vorsitzenden.

Der eine weiß nicht, was der andere tut, erläuterte Harik.

Beeindrucktes Raunen.

Aber beide stehen vor Gericht, schnaubte der Staatsanwalt. Der eine Stragler und der andere Stragler.

Man verurteilt womöglich den falschen Stragler, warnte Harik.

Oder die lassen den falschen Stragler laufen! schrie jemand im Publikum.

Einweisung in die Psychiatrie? fragte der Vorsitzende, und seine Miene hellte sich bei dieser Möglichkeit auf.

Problematisch, wandte Dr. Steiner ein. Man steckt vielleicht den unschuldigen Stragler in die Klapsmühle?

Wir stoßen an die Grenzen der Rechtspflege, sagte der Vorsitzende und vertagte wieder einmal. Gelächter im Saal. Wer sollte einen Typen fürchten, den nicht einmal die eigene Frau genug fürchtet, um ihm ein Alibi zu verschaffen?

Der Bastard Frank, der Harik assistierte, gab den Einsatz. Die Mädchen in seinem Gefolge zogen in außerparlamentarischem Protest ihre T-Shirts über die Köpfe und ließen ihre blanken Busen hüpfen. Der Vorsitzende verlor nun doch seine Souveränität und winkte den Gerichtsdienern, die Mädchen aus dem Gerichtssaal zu schaffen.

Unsittliche Berührung! schrie Dr. Harik. Vor den Augen des Hohen Gerichts! Wir sehen uns vor Gericht wieder, Hohes Gericht!

Scheißrevolution, murmelte Joseph. Jetzt ziehen sich die schon umsonst aus.

So wenigstens hatte Steiner seine Rolle als Gutachter in Erinnerung.

Kadaver-Kalhaber konnte sich an diese Version nicht erinnern. Er erinnerte sich nur daran, daß ihm Dr. Steiner während der Verhandlung zugeraunt habe, man könne Schnauzen-Kalle zu seinem nächsten Geburtstag vielleicht eine chirurgische Penisverlängerung schenken und dafür in der Verhandlungspause sammeln. Darüber habe er so gelacht, daß er den Verhandlungssaal habe verlassen müssen, um den Vortrag des Anwalts nicht zu stören.

Zu Beginn der Untersuchungshaft hatte Stragler seine Taschen leeren müssen. An die Backsteinwände der Haftanstalt waren senkrechte weiße Striche gemalt und große weiße Zahlen, damit man bei einem eventuellen Ausbruchsversuch sofort den richtigen Block benennen konnte. Ein Typ im Jogginganzug lief im dunklen Flur vor der Aufnahme auf der Stelle.

Kleingeld, zweihundertsiebzig in Noten, Rolex, Taschenmesser, sagte der Beamte und schob Stragler das Taschenmesser und die Banknoten wieder zu.

Sie haben hier nicht nur Freunde, Herr Stragler. Vergessen Sie das Draußen, Herr Stragler, sagte er. Zählen Sie keine Tage. Werfen Sie den Kalender weg, und halten Sie sich die Schwanzlutscher vom Leib. Die können nichts, was Sie nicht besser können. Wenn Sie einer anmacht: Auf den Kopf, Herr Stragler. Gleich und so fest Sie können.

Ich haue nicht auf Köpfe, stellte Stragler richtig.

Sie lassen hauen, korrigierte sich der Vollzugsbeamte. Selbstverständlich, Herr von Stragler, Sie lassen hauen.

Obwohl man im Gefängnis sieht, ob ein Mann stark genug ist, um allein zu bleiben, war Joseph dann doch schon nach wenigen Tagen beim Gefängnisarzt erschienen. Die Langeweile drohte ihn umzubringen.

Ich glaube, ich bin krank, sagte er.

Aaaaah! machte ihm der Arzt vor und streckte die Zunge heraus.

Joseph streckte auch die Zunge heraus und sagte ebenfalls: Aaaaah!

Wo? wollte der Arzt wissen, der im Hals Straglers nichts Auffälliges bemerkte.

Jeden Tag frische Bettwäsche. Die schauen schon ganz blöd.

Ins Bett gepinkelt? sagte der Arzt verständnisvoll.

Einen nach dem anderen runtergeholt, sagte Joseph. Die ganze Nacht. Einen nach dem anderen. Das kann doch nicht gesund sein.

Um Himmels willen! stieß der Arzt heraus, als hätte Joseph ihm ein grauenvolles Leiden offenbart. Isolationssyndrom! Vielleicht eine Mitarbeiterin aus einem Ihrer eh ...

... Puffs? fragte Joseph. Eine von meinen Huren?

Kontaktpersonen, sagte der Arzt.

Baaah, sagte Joseph, als hätte der Arzt nicht alle Tassen im Schrank. Und die halbe Haftanstalt schaut zu.

Stragler bekam ärztlich verordneten Ausgang, um das Isolationssyndrom zu bekämpfen. Einmal durfte er sogar für ein paar Tage nach München zu einem Boxkampf fahren, um, wie es im anstaltsärztlichen Attest hieß, den Kontakt mit seinem sozialen Umfeld nicht zu verlieren und die spätere Wiedereingliederung in die Gesellschaft nicht zu gefährden. Es war gut für sein Prestige, daß er trotz eines Mordverdachts und Verdunkelungsgefahr am Ring in der Münchener Olympiahalle zwischen Herrn Staudacher und dem Bürgermeister Hof halten konnte.

Bald darauf ergaben sich unübersehbare Hinweise darauf, daß die Sache mit dem Neger aus der Umgebung des Wiener geplant worden war, der im *Verissima* die Drohungen von Stragler und die Hellseherei von Pudel-Paul genau mitangehört hatte. In dringenden Tatverdacht waren die beiden Knöpfe des Wiener geraten.

Das Gericht konnte aber nie klären, welcher von beiden die Tat begangen hatte. Die Beschreibung von zwei zuverlässigen Zeugen traf auf beide zu. Jetzt war tatsächlich einer der Falsche und der andere der Richtige, auch ohne multiple personal disorder, und es war noch schwerer zu klären als bei den beiden Straglers, welcher der beiden Knöpfe den Mord begangen hatte. Die Staatsanwaltschaft hatte Straglers Entlassung verfügen müssen, ohne einem der Knöpfe des Wiener etwas nachweisen zu können.

3

Die Buszek war die einzige, die den ärztlichen Ratschlägen von Dr. Steiner noch zuhörte. Gesund leben und auf eine gute Verdauung achten, lautete seine ständige Ermahnung. Wenn der Mediziner mitten im Satz einen Anfall hatte, der ihm das Gesicht zusammenzog, wartete die Buszek geduldig, bis es sich wieder glättete. Steiner wußte, daß die Buszek an der Nadel hing, weil sie wenigstens hin und wieder an die Putzerei in der Mariahilfer Straße glauben und nicht in einer Stadt versinken wollte, in der man als Hure entweder ganz nach oben kommt oder ganz unten bleibt.

Und, wie geht es uns? hatte er sie gefragt. Tutto bene?

Gut, hatte sie gesagt. Für die anderen regnet es. Für unsereiner schüttet es. Je älter du wirst, desto mehr mußt du bringen. Natursekt und Prügel, das geht. Zum Klistier muß sich eine wie ich halt schon arg zwingen. Wenn man jung ist, kann man die Gockel leichter mit was ablenken, das keine solche Sauerei ist.

Der Knoten in deiner Brust, sagte Steiner und blieb einen Augenblick in der Tür des *Bosporus* stehen, um einen Tastbefund zu erheben, der wächst immer langsamer. Er wußte, daß die Buszek lieber sterben als sich operieren lassen wollte. Ein Krampf zog sein Gesicht zusammen. Mund und Nase berührten sich fast. Je älter du wirst, sagte er, als sich der Sturm in seinem Gesicht wieder gelegt hatte, desto langsamer wächst er. Medizinisch gesprochen, wird die Prognose von Tag zu Tag günstiger.

Die Buszek sah ihn an. Ich beschwere mich doch gar nicht.

Je älter du wirst, desto unwahrscheinlicher ist es, daß dich der Krebs umbringt, sagte Steiner. Mit jedem Tag wird es, statistisch gesehen, wahrscheinlicher, daß du vorher stirbst. Du mußt dir das vorstellen wie einen Wettlauf. Einen, sagte er und lächelte aufmunternd, den ausnahmsweise einmal der Krebs verliert.

Das hast du schön gesagt. Die Buszek setzte sich Stragler aufs Knie, obwohl der Crailsheimer sofort aufgestanden war, als sie ins *Bosporus* hereingekommen war. Stragler schob ihr statt einer Begrüßung einen Bissen in den Mund.

Als die Buszek von Dr. Steiner am Donnerstagmorgen in dem Trauerkleid, das sie sich für Peng-Pengs Beerdigung gekauft hatte, ins *Bosporus* geschleppt worden war, faßte sie Mut und stellte Stragler die Frage, die ihr zwanzig Jahre lang im Kopf herumgegangen war.

Warum Peng-Peng? fragte sie, nachdem sie Stragler liebevoll seinen zerknautschten Hemdkragen geglättet hatte.

Das fragst du jetzt? sagte Joseph. Jetzt, nach hundert Jahren, fragst du mich das?

Nach dreißig, sagte die Buszek. Oder vielleicht zwanzig.

Von mir aus vorgestern, sagte kauend Stragler. Du weißt doch, wie er war. Wenn der sich was in den Kopf gesetzt hat.

Der hat nur einen Vogel gekannt, sagte die Buszek, und das war der Frosch. Sie versuchte zugleich zu lächeln und zu heulen. Es gelang ihr nicht. So gerne sie unter Tränen gelächelt hätte, wie es in den Romanen hieß, die sie gerne las, sie konnte immer nur das eine oder das andere.

Und der Klachel weiß bis heute nicht, daß du ihm das Leben gerettet hast, schniefte sie.

So ist sie, die Justiz, sagte Stragler und wischte sich den Mund ab, um sie auf die Backe zu küssen. Undankbar ist sie. Er gab ihr ein Taschentuch.

Mein Knie ist eingeschlafen, sagte er. Du bist nicht mehr so leicht wie früher.

Ich brauche den Klachel, hatte er zu dem Fremdenlegionär Peng-Peng damals gesagt, um ihn davon abzubringen, den Staatsanwalt zu zwicken. Den kannst du mir nicht wegmachen. Den brauche ich. Das hatte in den Ohren von Peng-Peng wie ein Witz geklungen, war aber Straglers Ernst gewesen. Der Klachel ist mein auf und nieder, hatte Joseph gesagt. Mein ein und alles.

Auf und nieder? hatte der zahnlose Peng-Peng verständnislos wiederholt. Ein und allesch? Wasch für ein auf und nieder?

Was für dich der Krieg in Brazzaville ist, das ist für mich der Klachel. Wie viele Autos kannst du fahren? Wie viele Weiber kannst du aufs Kreuz legen, wieviel Geld kannst du bunkern? Wer willst du sein? Zum Beispiel einer, dem der Klachel nicht Herr wird. Was wären wir ohne die Klachels?

Wotschu?! hatte Peng-Peng gejault und sich bekreuzigt, weil es nach seiner Erfahrung einfachere Möglichkeiten gab, jemanden nicht Herr über sich werden zu lassen.

Wozu, wozu? hatte Stragler gezetert. Wozu gibt es einen Baum? Wozu gibt es mich? Wozu gibt es dich? Wozu kriegen wir Kinder, für die es viel besser wäre, wenn wir sie nicht kriegen würden?

Du kriegscht keine Kinder, korrigierte ihn Peng-Peng. Du machscht höchschtens welchue.

Stragler tippte Peng-Peng an die Stirn. Wozu? Wie willst du das mit deinen paar Gramm Hirn wissen? In einer Milchstraße im Kosmos, die unter Milliarden Milchstraßen kein Mensch findet, da soll es unter Abermilliarden Sonnensystemen ...

Was für Schonnenschüschtemen? unterbrach ihn Peng-Peng.

... unter Aber- und Abermilliarden Sonnensystemen soll es ein verkacktes geben, das so winzig ist, daß es kaum existiert. Ausgerechnet in dem total verkackten winzigen Sonnensystem, das kaum existiert, soll es ein Gerücht von einem Stäubchen geben, bloß ein Gerücht von einem Stäubchen, das von einer Epidemie von sechs Milliarden Bazillen mit Hirn befallen ist. Mit einem von diesen Bazillen-Hirnen, er stieß mit seinem

Finger gegen den Kopf von Peng-Peng, willst du wissen, wozu? Nimmst du mich auf den Arm, oder was?

Hör schon auf, sagte Peng-Peng und schob Straglers Hand von seinem Kopf weg. Ehrlich, hör auf. Iuch will gar nicht mehr wischen wotschu.

Kurz nach der Buszek war, ausgeschlafen, adrett und überraschend, Annitas Staatssekretär aus Bonn ins *Bosporus* gekommen. Über den Laden hatte sich eine beklemmende Stille gelegt. Die Bodyguards zogen sich diskret zurück, nachdem sie trotz sorgfältigen Musterns der Anwesenden niemanden ausmachen konnten, der aussah, als wäre er bereit, sich mit dem Staatssekretär in die Luft zu sprengen.

Der Politiker strahlte in die Runde, faßte sich bei den über den Kopf gehobenen Händen wie ein Sieger im Ring: alles Wähler, die da herumsaßen. Die Welt war voll von potentiellen Stimmen. Man mußte sie nur sammeln.

Bundeswehrmaschine, Krisenmanagement, sagte er atemlos, während seine Augen Annita suchten. Gipfeltreffen London, Zwischenlandung Fuhlsbüttel, stoße später zum Kanzler.

Er winkte Annita Ulenkampff und schüttelte Stragler lange und in die Runde lächelnd die Hand, wie bei einem Fototermin vor dem Palais Schaumburg.

Da will immer einer auslassen, wenn die sich die Hand schütteln, sagte Kadaver-Kalhaber aus Berufserfahrung. Und immer wenn einer auslassen will, drückt der andere wieder zu. Wie in Japan.

Japan . . ., sagte der Crailsheimer und zuckte die Achseln. Wer drückt was in Japan?

Der hat keine Ahnung von Japan, sagte Schnauzen-Kalle.

Hiroshima, Tokio, sagte Kadaver-Kalhaber. Immer wenn der eine hochkommt, sieht er, daß der andere noch unten ist. Also nichts wie runter. Dann kommt der andere hoch und muß schleunigst wieder runter. Das dauert und dauert und dauert, bis zufällig beide zugleich raufkommen. Erst dann dürfen sie aufhören.

Wen interessieren die Japaner? versuchte Stragler, dem der Staatssekretär immer noch die Hand schüttelte, Kadaver-Kalhaber zum Schweigen zu bringen. Sicher niemanden, der gleich zum Kanzler stoßen wird, um ihm beim Bau Europas zu helfen.

Ich darf Sie, sagte der Staatssekretär zu Stragler und machte eine Kunstpause, ich darf Sie – der Dame meines Herzens vorstellen. Dann meckerte er ein unbekümmertes Lachen und zerrte Stragler an den Tisch von Annita.

Casanova, Entrepreneur und Bonvivant, sagte er, deutete auf Stragler wie ein Zirkusdirektor auf einen dressierten Affen und fügte hinzu: Oder habe ich etwas vergessen?

Zimmervermieter! schrie der Herr mit den Bölleraugen, der sich um eine Konfrontation betrogen fühlte.

Schnauzen-Kalle stand auf und reckte drohend seinen Hals nach dem Herrn.

A voice from the sewer, sagte der Staatssekretär. Zu deutsch: eine Stimme aus der Kanalisation.

Gelächter.

Sie oft im Fernsehen bewundert, sagte Annita zu Stragler. Eine Menge über Sie in der Zeitung gelesen. Dabei lächelte sie das desinteressierte Lächeln der oberen Zehntausend und schob Stragler den Handrücken unter die Nase.

Solange die Schmieranten meinen Namen richtig schreiben …, sagte Stragler und deutete einen Handkuß an. Ein Politiker, sagte er dann, Gnädigste, der eine Frau wie Sie erobert, ein solcher Politiker muß zaubern können.

Frauen sind Glückssache, krähte der Staatssekretär. Politik ist Berechnung. Wenn man die Wähler nicht für klüger hält, als sie sind, ist man so gut wie gewählt.

Allgemeiner Beifall.

Ich sage immer, lachte Stragler, wenn man sie erst einmal bei den Eiern hat, gewinnt man ihre Herzen im Handumdrehen.

Der Herr liebt Idioten, raunte Kadaver-Kalhaber dem mit den Bölleraugen zu. Darum macht er so viele.

Ich wähle immer den, der am wenigsten verspricht, sagte Stragler obenhin. Da ist man am wenigsten angeschissen.

Den Leuten, lachte der Staatssekretär, sagt man am besten vor der Wahl überhaupt nichts. Vor allem nicht, was man nachher für eine Politik macht. Was sagt man ihnen statt dessen? Na? Er schaute sich um, als erwarte er von den Gästen des *Bosporus* eine Antwort. Was sagt man ihnen morgens, mittags und abends? Was hämmert man ihnen ein – na, was wohl?

Die Gäste des *Bosporus* schwiegen gespannt.

Man sagt ihnen morgens, mittags und abends, daß sie schlechte Demokraten, verkommene Staatsbürger und verantwortungslose Schweine sind, wenn sie nicht wählen.

Bloß weil sie nicht wissen, was ihr nach der Wahl mit ihnen macht, sagte Kadaver-Kalhaber.

Die meisten lachten.

Demokratie ist Vertrauenssache, sagte Jensen-Escherode mit ernstem Gesicht.

Wahlen sind Blankoschecks, sagte der Herr mit den Bölleraugen.

Ich wähle, weil ich mitgestalten will! versuchte sich Jensen-Escherode verbissen als Anwalt hoher Wahlbeteiligungen aufzuspielen. Wer nicht wählt, überläßt anderen sein Schicksal.

Das brachte den Staatssekretär herzlich zum Lachen. Die Leute können doch nur uns wählen. Oder euch. Sie haben doch keine Wahl. Nach fünfundvierzig haben wir ihnen vor der NPD Angst gemacht. Dann vor den Grünen, dann vor den Republikanern und jetzt vor der PDS, krähte er. Angst funktioniert immer.

Wir kämpfen um den besten Weg, sagte Jensen-Escherode.

Wir lehnen es ab zu kämpfen, fuhr ihm der Staatssekretär über den Mund. Keinen Klassenkampf und keinen Kampf ums Dasein. Wir sind friedfertig, uns genügt das hohe »C«.

Und das ist scharf geladen, sagte Stragler.

Nicht einmal ein Sozi würde es heute noch wagen, die unbefleckte Empfängnis eine fromme Legende zu nennen, sagte der Staatssekretär.

Das wäre, maulte Jensen-Escherode, als glaubte einer nicht an die freie Marktwirtschaft.

Der Staatssekretär wandte sich an Stragler und schlug ihm auf die Schulter.

Nur bei Zimmervermietern weiß man nie, woran man ist. Er drohte scherzend mit dem Finger. Die sind imstande und nehmen einem die Frau weg.

Was weiß der Kerl aus Bonn? fragte halblaut der Crailsheimer.

Ich glaube an die alleinseligmachende Demokratie, ihren eingeborenen Sohn, den Herrn Bundeskanzler, und an die Parteien, ihre mißratenen Kinder, leierte der Staatssekretär ein politisches Credo herunter.

Amen, lachte Stragler, um nicht unhöflich zu sein.

Aber als Bewunderer alles Politischen, als Zimmervermieter, der viel lieber Politiker geworden wäre, fuhr er dem Staatssekretär dann doch in die Parade und wandte ein, daß es billig sei, als Politiker die Politik lächerlich zu machen, um sich im *Bosporus* anzubiedern. Über Politik meinen alle mitreden zu können. Das ist wie beim Zocken. Die Kiebitze wissen immer am besten, wie es geht.

Alle merkten, wie ernst es Stragler plötzlich war, und hielten sich zurück, bis der Herr mit den Bölleraugen dem Staatssekretär an den Kopf warf, daß es den Politikern nie um die Sache, sondern immer nur um die Macht gehe. Er sah sich stolz um, weil er glaubte, damit Bonn die Stirn geboten zu haben.

Da blieb Stragler nichts anderes übrig, als dem Herausgeforderten beizuspringen. Alle Sachfragen sind Machtfragen, sagte er. Wie will man etwas durchsetzen, wenn man nicht die Macht dazu hat? Oder wenn man gar nicht gewählt wird?

Die Zeit ist wieder einmal reif für Scheiterhaufen, unkte Professor Jensen-Escherode, der drauf und dran gewesen war, dem bölleräugigen Herrn zuzustimmen, weil ihm als Intellektuellem besonders an Sachfragen lag und ihm die Macht, sie zu lösen, verdächtig vorkam.

Der Staatssekretär hielt sich mit gespielter Entrüstung die Ohren zu und wandte sich an die türkischen Mitbürger, um sich für den Weiterflug nach London etwas einpacken zu lassen. Für den Fall, daß er Hunger bekäme, sagte er, nachdem er in Fuhlsbüttel zum Kanzler gestoßen wäre.

Pudert er dich wenigstens hie und da? erkundigte sich Stragler bei Annita.

Sein Kleinod ist müde, sagte Annita.

Wenn *du* das nicht schaffst ..., sagte Joseph bekümmert.

Mir fällt bald nichts mehr ein.

Das hohe »C«? wollte Stragler wissen.

Annita schüttelte den Kopf. Ach wo, die vielen Sitzungen, sagte sie.

Die haben ständig ihren Fuß im Maul, sagte Stragler.

Und immer Europa im Kopf, sagte Annita.

Vielleicht sollte er radfahren oder sonstwie öfter an die frische Luft.

Europa ist ihm wichtiger.

Mit einem Kleinod, das müde ist, wollen die Europa bauen? Wenn du mit einem Hund ins Bett gehst, stehst du mit den Flöhen auf.

Der weiß nicht einmal, daß Frank von dir ist, sagte Annita. In ihrer Stimme schwang der Vorwurf mit, daß dem Staatssekretär Europa wichtiger war als ihr Bastard.

Der Staatssekretär winkte noch einmal von der Küche aus, nahm das Frühstück, das ihm der Ober in Zellophan gepackt hatte, den Kaffee in einem Styroporbecher, warf Annita aus der Ferne ein Küßchen zu, zeigte Stragler ein V-für-Victory und die Stullen seinem Chauffeur.

Draußen röhrte die Harley vorbei. Stragler mußte lachen, weil ihm einfiel, wie ihm damals der halbstarke Kadaver-Kalhaber beinahe aus dem Beiwagen seiner R66 gefallen war. Er hatte nicht tief genug sitzen können, weil unter seinem Hintern vierzig Stangen Lucky Strike verstaut waren.

Weit entfernt, kaum erkennbar, war eine Kontrolle der Military Police aufgetaucht. Und keine Seitenstraße war in Sicht gewesen.

Stragler hatte die Maschine verlangsamt, war im Schritt an die Militärpolizisten herangefahren und hatte dann wieder Vollgas gegeben. Die Militärpolizisten hatten sich auf ihre Harleys geworfen und die Verfolgung aufgenommen. Die Straße hatte vor allem aus Schlaglöchern bestanden. Die BMW R66 von Stragler, Baujahr 1936, hatte zwar nur einen guten halben Liter Hubraum und nur lächerliche 28PS gehabt, aber sie war hinterradgefedert gewesen. Kadaver-Kalhaber hatte sich mit der Kraft der Verzweiflung festgehalten, um nicht aus dem Beiwagen katapultiert zu werden. Dann hatten sie hinter sich ein Geknatter wie von Sylvesterkrachern gehört.

Als sie sich zum erstenmal umgedreht hatten, war von den Harleys nichts mehr zu sehen gewesen.

Die Kurve hast du gekratzt! hatte Kadaver-Kalhaber jubiliert und mit dem Finger probiert, ob seine Zähne noch fest saßen.

Alle meine Vorfahren, hatte Joseph gesagt, waren hervorragende Kurvenkratzer. Aus seiner Hose war Blut gelaufen.

Hoffentlich hat es die Maschine nicht erwischt, hatte Kadaver-Kalhaber gesagt.

Idiot, hatte Vera damals gesagt, als sie ihm die blutige Hose herunterzog. Verdammter, blöder Idiot. Ein Querschläger, der vom Rahmen der Maschine abgeprallt war, kollerte auf den Boden.

Ein paar Zentimeter. Und alles wäre weg.

Ist aber nicht, sagte Joseph und nahm ihre Hand, damit sie fühlen konnte.

Es lebt, grinste Joseph. Das Tierchen lebt.

Was machst du, wenn es vor dir stirbt? fragte Vera.

Jetzt spielt die Musik, sagte Joseph und stampfte auf den Boden. In diesem Leben oder in keinem.

4

Mit Vera im Beiwagen und mit Benzin im Tank, das ihm Herr Dr. Suhl organisiert hatte, war er damals zur Feier des geretteten Tierchens ins Alte Land gefahren und hatte auf einer Wiese eine Decke ausgebreitet, damit Vera sich ungeniert sonnen könnte.

Er legte seinen Kopf in ihren Schoß, machte ein Auge zu und sauste mit dem anderen im Tiefflug über die Landschaft hinweg, die bis zum Horizont sein Reich war. Nach einer Steppe mit den feinen blonden Härchen kamen die zwei Hügel. Sie sahen aus wie die »Twin Peaks« der Hippies von San Francisco, auf denen die »Drop out, turn on, tune in«-Leute bei Tagesanbruch hockten, die aufgehende Sonne erwarteten und sich die Zeit mit Liedern vertrieben. Genau so hatte er sich die »Twin Peaks« immer vorgestellt. Dabei verwechselte er schon wieder die Zeiten, denn Hippies hatte es noch gar nicht gegeben, als er mit Vera im Beiwagen der alten R66 ins Alte Land gefahren war. In seiner Erinnerung aber gab es sie schon. Ein Teil von ihm war immer Hippie gewesen, lange bevor es Hippies gab.

Er versuchte damals, sich jedes kleinste Fältchen und jeden winzigen Schweißtropfen auf der Haut Veras für immer einzuprägen, und das gelang ihm auch.

Er hob Vera eine Brust hoch. Drunter bist du hell, sagte er. Aber das weiß nur ich.

Bald wissen es ein paar tausend Touristen, sagte Vera und lachte. Ihr Lachen schaukelte seinen Kopf auf ihrem Bauch, in dem er ein liebliches Kollern hörte. Vera aß gern Obst zum Frühstück.

Wenn du auf der Bühne stehst, dann hängen sie ein bißchen, beruhigte sie Joseph. Ein bißchen nur, verbesserte er sich schnell. Es gibt nichts Scheußlicheres als Titten, die stehen.

Eine feindliche Hummel brummte vorbei.

5

Unter den Motoren der B29 vibrierte die Maschine.

»Open the door, Richard«, sang eine mäkelige Stimme.

»Open the door and let me in.«

Dunkle Wälder im Morgenlicht, glitzernde Seen, Dörfer, Höfe, flüchtende Hühner, Wiesen.

»Richard, why don't you open that door ...«

Die Bordkanonen des amerikanischen Jagdbombers barsten zum letztenmal in die Musik der American Forces, die der rothaarige Junge aus Boston vorschriftswidrig in den Kopfhörern seines Helms hatte. Der Krieg war so gut wie zu Ende. Bald konnte er seine sommersprossige Haut auf irgendeinem Truppentransporter heil wieder über den Atlantik retten.

Ein Wehrmachts-Lkw brannte. Versprengte Landser liefen über brachliegende Felder davon. Die Maschine flog eine der letzten »search and destroy missions«. Die schneebedeckten Gipfel der Alpen glänzten im Sonnenlicht hinter Rauchsäulen in der Ferne. Auf den Rumpf der Maschine war ein langbeiniges Mädchen von Vargas gemalt, das außer Pumps mit hohen Absätzen kaum etwas anhatte und offenbar erst vor kurzem beim Friseur war. Schwarzes Motorenöl wurde von der rasenden Luft über das Leichtmetall gepreßt, verzweigte sich auf ihren Schenkeln und Brüsten. Auf den deutschen Stukas gab es nur das schmucklose weiße Balkenkreuz.

Jumpin' Jesus! fluchte der rothaarige Junge in das Mikro seiner Sauerstoffmaske. Die Panzerspähwagen der SS dahinter wollte er treffen, nicht den Kirchturm. Er zog die Maschine in einer Steilkurve über die Dächer des Provinznests und meldete mit der Stimme eines Erwachsenen: »Ahh, Bussard ah-one, niner, zulu – positive area control, how do you read?« Zurück kam: »Ahh, Roger, read you five by five.« Der Rothaarige drückte die Maschine auf ein Gebäude am Rand des Städtchens hinunter. Im Gefängnishof standen Leute. Sie warfen sich auf den Boden.

Die B29 raste, ohne zu feuern, über das Dach. Unter dem Dopplereffekt der Motoren standen die Leute wieder auf. Sie hatten keine Bordkanonen gehört. Der Krieg war aus. Zwei Männer fielen sich um den Hals. Andere liefen schleunigst weg. Auf dem Dach der Schule neben dem Gefängnis jagte ein vierzehnjähriger Flakhelfer heulend die letzte Munition mit einer Vierlingsflak in den leeren Himmel. Auf dem Kopf hatte er den durchschossenen Helm seines Richtoffiziers, den es kurz vor Torschluß noch erwischt hatte.

Vera hatte versucht, im Gefängnis Persilscheine für ihren Goldfasan zu sammeln, in dessen Bett sie vom Krieg verschlagen worden war. In der Nacht vor dem Eintreffen der Sieger schnitt sie sich ihren dicken blonden Zopf ab, den sie in den Jahren des Tingelns an zahllosen Fronttheatern keiner einzigen Rolle geopfert hatte. In der letzten Nacht legte sie sich eine sogenannte Olympiarolle ein. Seit den Spielen von 1936 war diese Frisur von Berlin bis Hollywood populär geworden.

Dem Goldfasan erschien das Abschneiden des Zopfes als Verrat am Reich, und die neue Frisur, die Vera vor dem Spiegel ausschüttelte, während man das Rumoren der Front schon hören konnte, kam ihm wie eine bedingungslose Kapitulation vor. Aber er wagte nicht mehr, etwas zu sagen. Dazu war es jetzt zu spät. Er saß auf dem Bett und sah ihr zu.

Noch hatte Vera etwas zu breite Schultern. Wie die Frauen im Haus der Deutschen Kunst in München. Die Frauen im »Palazzo Kitschi«, so hatten die Schwabinger Künstler den Musentempel getauft, waren meistens blond, hatten oft etwas zu hoch angesetzte Brüste, sahen von hinten eher wie Kerle aus und waren ständig damit beschäftigt, Ähren zu bündeln oder Kriegern Kopfverbände anzulegen. Wer das für Blut-und-Boden-Kitsch gehalten hatte, war möglicherweise in Dachau gelandet.

Schon in den letzten Kriegstagen hätte man sehen können, daß Veras Schultern bald runder und weiblicher werden würden, weil der Zeitgeist bekanntlich nicht nur Kleider ändert, sondern auch Körperformen. Der Goldfasan aber merkte das nicht. Zum Geschlechtsverkehr, er nannte das »Heldenzeugen«, hatte er immer Kerzen angezündet, auch noch gegen Kriegsende, obwohl die schwer zu organisieren waren. Aus dem Heldenzeugen im eigentlichen Sinn war nie etwas geworden, weil Vera Vorkehrungen dagegen getroffen hatte. Stiefel-Müller hatte sich vor jeder Annäherung Veilchenwasser in seinen Streichholzschnitt gerieben, und Vera hatte viel Kraft gebraucht, um zu ertragen, daß er im Bett kindisch wurde und sie »mein Vögelchen« nannte. Dabei war sie zweiunddreißig und hatte spielend für das Doppelte an Jahren Erfahrungen gesammelt. Hastig, hinter der Front und nur mit Offizieren.

Nie für Geld, hatte sie Stiefel-Müller gesagt, der mit gieriger Lüsternheit ganz genau von ihr wissen wollte, was sie tat und mit wem, und wie es vor ihm war und was Heydrich für einen Stengel gehabt hatte.

Einen krummen, hatte sie gesagt, damit er Ruhe gab, ziemlich krumm. Dabei hatte sie Heydrich nie gesehen.

Hoffentlich hängen sie dir deinen Goldfasan auf, hatte ein Strafvollzugsbeamter zu Vera gesagt. Der Ortsgruppenleiter war nicht einmal im Gefängnis, das er mit wehrfähigen Drückebergern beliefert hatte, beliebt gewesen.

Zieht der wenigstens nachts seine Stiefel aus?

Sie entließen alle Häftlinge, um bloß nichts falsch zu machen und einen politischen dazubehalten. Die Amis hängen alle auf, hieß es, die sich an Antinazis vergriffen haben.

Deshalb mußte auch der wegen Fahnenflucht und Schwarzschlachtens einsitzende Metzger Joseph Stragler, ob er wollte oder nicht, hinaus in die Freiheit. Sein Todesurteil war nicht mehr unterschrieben worden, weil sich der zuständige Kommandeur rechtzeitig davongemacht hatte.

Auf Joseph Stragler warteten ukrainische Zwangsarbeiter, denen er Brot, überwiegend aus Sägemehl, angedreht hatte. Jetzt wollten sie ihn dafür totschlagen. Knurrend umschlichen ihn die Männer. Stragler drängte zurück in seine Zelle. Die Gefängniswärter ließen ihn nicht mehr hinein.

Er versuchte, Veras Aufmerksamkeit zu erringen. Sie tat, als hätte sie ihn nie gesehen. Dabei hätte sie beinahe Stiefel-Müller mit ihm betrogen. Für eine große Wurst und weil sie Uniformen satt hatte.

In Uniform konnte man sich Stragler wirklich nicht

vorstellen. Es war mit Stragler wie mit Negermusik, wie man das damals nannte. Beethoven paßte besser zu Sondermeldungen, wenn wieder einmal ein britischer Transporter samt ein paar tausend Feinden versenkt worden war. Charly Parker oder Duke Ellington waren dafür unbrauchbar.

Als Joseph im Schlafzimmer des Ortsgruppenleiters die Hosen heruntergelassen und seine Unterhosen am Ährenkranz vom Julfest aufgehängt hatte, war der Goldfasan unerwartet in seiner ganzen Pracht nach Hause gekommen. Prügel für Vera, Gestapo und Todesurteil für Joseph, und die Wurst war auch weg gewesen.

Joseph wehrte sich mit Händen und Füßen gegen seine Freilassung. Er wollte sich lieber von Amis herausholen als von Ukrainern massakrieren lassen. Er kämpfte um sein Leben. Trotzdem schaffte es das Gefängnispersonal mit vereinten Kräften, ihn vor die Türe zu setzen.

Der Goldfasan raste in voller Montur auf einem NSKK-Motorrad heran, zog Vera in den Beiwagen wie ein arabischer Fürst eine Prinzessin auf seinen feurigen Hengst, Vera erwiderte den verzweifelten Blick Straglers, Stragler sprang auf den Rücksitz und hielt sich am Koppel des Goldfasans fest. Dem blieb nichts anderes übrig, als, mit dem Defätisten hinter sich, Gas zu geben. Die Verfolger blieben zurück. Joseph Stragler duckte sich hinter den Uniformierten.

Wenn mir der noch einmal über den Weg läuft, schwor er sich beim Anblick des feisten Nazirückens, dann lege ich ihn um. Vera lächelte Stragler hinter diesem Rücken zu. Stragler hörte auf, die Zähne zusammenzubeißen, und grinste zurück. Der Blast einer B29 hüllte alles in eine Staubwolke.

Als das Benzin zu Ende ging, das Motorrad die letzten Tropfen vertuckerte und zum Stehen kam, entschied Vera sich. Ohne ein Wort zu wechseln, war sie sich mit Joseph einig geworden. Beide dachten nicht daran, Sprit für die Wurst zu organisieren, die ihnen der Goldfasan überreichte wie den Schatz der Nibelungen.

In tadelloser Haltung blieb Stiefel-Müller auf seinem Krad sitzen, als würde er im Sitzen strammstehen. Er duckte sich nicht einmal, als amerikanische Jagdbomber über ihn hinweg zurück nach Westen heulten.

Ein Held, sagte Vera, ohne sich umzusehen.

Ein Schwein, sagte Joseph.

Ein Idealist.

Ein Affenarsch.

Sie gingen schweigend nebeneinanderher.

Schau mich an, sagte Joseph. Ich bin ein Held. Nicht in großen Zeiten, aber in miesen.

Wortlos nahm Joseph Vera den Tornister ab und schleppte ihn. Die Hartwurst vertraute sie ihm damals nicht an.

Sie trampten der alliierten Front entgegen nach Norden, um den Krieg so schnell wie möglich hinter sich zu lassen.

Joseph enterte nach einem kurzen Sprint einen Holzgaser, der auch nach Norden wollte. Vera lief hinterher. Joseph zog sie hinauf.

Danke schön, sehr freundlich von Ihnen, sagte sie atemlos.

Der Tornister war schwer von Büchern. Joseph machte ihn auf und warf »Mein Kampf«, den »Mythos des 20. Jahrhunderts« und Ludendorffs »Die sexuelle Wiedergeburt« nacheinander in hohem Bogen auf die Straße. Ein Buch behielt er, weil er hoffte, für den

Prachteinband Fressalien zu ergattern: »Der Fürst« von Niccolò Machiavelli mit einer handschriftlichen Widmung: *Al camarata Muller – Benito Mussolini.* Joseph blätterte darin.

Am Horizont war der Himmel rot. Der Holzgaser rappelte an Panzern und brennenden Dörfern vorbei. Die Tête der Amerikaner beachtete den fahrenden Schrotthaufen nicht. Ein Panzer hatte das Radio aufgedreht: »Cause love is so swee-heet. On the sunny side of the street.«

Nachts, unter einer Plane auf der Ladefläche des Lastwagens mit den alten Reifen, holte Joseph nach, was im Schlafzimmer des Goldfasans unvollendet hatte bleiben müssen. Es war eine akrobatische Leistung und ein Prototyp für das, was später auf dem Kiez zur Bühnenbumserei verfeinert werden sollte. Auf der Ladefläche des Lkw waren frierende Gestalten, kritisches Publikum, das mehr hören konnte als sehen und sich an dem, was sich da abspielte, ein wenig wärmte. Ein Landser klopfte »Wir lagen vor Madagaskar« gegen die Ladewand, andere steuerten Ratschläge bei.

Was der Joseph zuerst nur tasten konnte, wie man auf dem Markt tastet, ob ein Salatkopf knackig ist, sah er dann im Schein eines Feuerzeugs, das einer hinhielt.

Mensch, sagte Joseph atemlos zu Vera. Mit den Titten stoßen wir uns gesund.

Wir.

Vera hatte nur das Wort »wir« gehört. Wir, das war die Verheißung einer Zukunft. Wir, das war besser als ein Heiratsantrag. Das war nach den requirierten Betten der Etappe, mit Männern, die keine Helden sein wollten, fast so etwas wie Glück. »Wir« hatte er gesagt.

6

Nach der kirchlichen Trauung, ein paar Jahre später, waren Vera und Joseph samt Trauzeugen, Seife und Groupies in den Behelfsbau des Schönheitstanzpalastes gezogen.

Freunde aus dem Kreisverband der CDU und dem Ortsverein der SPD waren da und auch andere politisch Interessierte, die von dem ersten Versuch, auf dem Kiez die Vergangenheit zu bewältigen, viel Gutes gehört hatten.

Joseph hatte auf die Markise schreiben lassen:

> Das Tausendjährige Reich.
> Eine szenische Vergangenheitsbewältigung in lebenden Bildern

Stragler war überrascht, daß man die Vergangenheit für bewältigbar hielt, noch dazu, wie Jensen-Escherode hervorhob, mit den naiven künstlerischen Mitteln des Nachtbetriebs. Bei dieser Thematik genügte offensichtlich die gute Absicht, die keine Frage nach der künstlerischen Qualität mehr zuließ.

Vera strippte sich zum Drum-Boogie aus ihrem weißen Brautkleid.

Wenn sie das auch noch auszieht, zischte Staatsanwalt Klachel senior, der Vater des kleinen Klachel, Joseph Stragler ins Ohr, dann muß ich Ihnen den Laden schon am ersten Tag schließen. Schamhaare, sagte er, sind eine Grenze, die nicht überschritten werden darf.

Sie zog das Höschen aus.

Klachel schoß hoch, aber Joseph drückte ihn wieder in den Sessel an der Rampe.

Nichts sehen Sie, überhaupt nichts, sagte Joseph. Sie sind ein Opfer Ihrer Phantasie. Was Sie sehen, ist ein Toupet aus der Maskenbildnerei der Hamburger Oper.

Der Staatsanwalt bedauerte, kein Opernglas mitgebracht zu haben, um Straglers Ausrede als Schutzbehauptung entlarven zu können.

Stragler flüsterte dem Staatsanwalt zu, daß Vera in Wirklichkeit nur auf dem Kopf blond sei, ihre kleinen Haare aber seien so dunkel wie ihre Augenbrauen. Wenn der Herr Staatsanwalt darauf Wert lege, verschaffe er ihm Gelegenheit, die Indizien in Augenschein zu nehmen. Gleich nach dem Auftritt, in der Garderobe.

Der Staatsanwalt verfing sich in einem für die Justiz paradigmatischen Konflikt: Alle denken, etwas Verbotenes zu sehen, obwohl sie es gar nicht sehen können. Eine Frau zeigt etwas her, das für etwas gehalten wird, was sie nicht herzeigen dürfte. So die Ausgangslage.

Eine Erregung öffentlichen Ärgernisses? Nur, wer, außer ihm, ärgerte sich? Genaugenommen ärgerte es nicht einmal ihn.

Ist es strafbar, etwas herzuzeigen, was gar nicht das ist, was man nicht herzeigen darf, obwohl alle nur hinschauen, weil sie es für das halten, was anzuschauen verboten ist? Zwar zählt das äußere Erscheinungsbild, aber hundert Leute würden beschwören, blonde Haare zwischen Veras Schenkeln gesehen zu haben. Sie würden, nach einer Einweisung durch Rechtsanwalt Harik, felsenfest behaupten, daß sie nur etwas gesehen hätten, von dem sie ganz genau wüßten, daß es gar nicht Veras Schamhaare sein könnten. Sie würden behaupten, keinem Anschein aufgesessen zu sein. Ist Schauen strafbar, wenn es durch eine Täuschung lustvoll wird, obwohl der Getäuschte weiß, daß er getäuscht wird? Oder andersherum, darf man eine Täuschung unsittlich nennen, die auf eine vertrackte Weise sogar der Scham dient und verbirgt, was niemand sehen darf? Ist es vielleicht nur die Lust des Anschauens, die bestraft werden muß, und gar nicht die Täuschung? Und die Kernfrage: Ist es zulässig, moralisch zulässig, gegen Hirngespinste Klage zu erheben?

Im Prinzip natürlich schon, dachte der Staatsanwalt, denn Hirngespinste sind das tägliche Brot der Justiz. Urteile haben nichts mit der Wirklichkeit zu tun, sie sind nur die geometrische Mitte zwischen den Hirngespinsten der Anklage und den Hirngespinsten der Verteidigung. Wer die schlüssigsten Hirngespinste erfindet, gewinnt den Prozeß.

Staatsanwalt Klachel war ein gründlicher Jurist. Trotzdem verzichtete er auf den Augenschein in Veras Garderobe, weil er sich ausmalen konnte, was die Hamburger Journaille aus einer solchen Besichtigung gemacht hätte.

Und wozu soll das grausliche Ding gut sein? hatte Vera Joseph gefragt, während sie etwas angeekelt an den blonden Locken des Haarteils zupfte.

Den Ratzen ziehst du mir an, hatte Joseph gesagt und war zu keiner weiteren Einlassung bereit gewesen.

Sei nicht kindisch. Lieber halte ich die Hand vor.

Zum erstenmal war damals Joseph der Verdacht gekommen, Vera könnte sich gern ausziehen.

Macht es dich an, wenn die gaffen?

Mhm, hatte Vera genickt. Wenn ich strippe, drohlen sich die ihre Krawatten voll. Die meinen, daß ich auf der Bühne komme.

Ich nicht, hatte Joseph gesagt, mich kann man nicht täuschen.

Ah, ja? hatte Vera etwas gedehnt das Gespräch beendet.

Joseph inspizierte als Major der großdeutschen Wehrmacht, mit Ritterkreuz samt Eichenlaub und Schwertern, die Damen vom BDM, die als Volksstürmerinnen die Alliierten aufhalten sollten, bis Herr von Braun endlich mit seiner Wunderwaffe soweit wäre. Schnauzen-Kalle war mit einem Marschallstab ausgerüstet worden und gab den Reichsjägermeister. Erst viel später wurde ihm bewußt, daß dieser Auftritt, neben dem als Stern von Bethlehem, den Zenit seiner Karriere darstellte. Besonders die rektale Untersuchung der Damen gefiel der großen Mehrheit, die lang und anhaltend klatschte. Nur eine kleine Minderheit war wie versteinert.

Höhepunkt war Joseph Straglers Auftritt als Adolf Schickelgruber aus Braunau, mit Schnauzer, Haarsträhne und Stockschnupfen. Braunau war zwar in seiner langen Geschichte so gut wie nie österreichisch, sondern immer bayrisch gewesen, aber nach dem sogenannten Zusammenbruch des Reichs endgültig und für immer den Österreichern zugeschlagen worden. Als Stragler unter Strammstehen und Hakenschlagen eine BDM-Riege daraufhin untersuchte, ob sie als deutsche Heldenmütter tauglich wären, sprang die kleine Minderheit auf und forderte Schluß und Abbruch der »szenischen Vergangenheitsbewältigung in lebenden Bildern«. Es waren Verfolgte des braunen Terrors.

Die Mitglieder der Seife ergriffen sofort die Flucht. Auf Kampfhandlungen, bei denen es nicht um Geld, sondern um Überzeugung ging, wollten sie sich nicht einlassen. Es kam zu einer Saalschlacht mit einem absurden Frontverlauf.

Joseph korrigierte, damals vermutlich zum erstenmal öffentlich, seine Vergangenheit. Wie die meisten seiner Landsleute. Er schleuderte den Störern entgegen, daß ihn die Nazis aufgehängt hätten, wenn er nicht dem Reichsführer SA Müller (es gab keinen Reichsführer SA und erst recht keinen namens Müller), wie er also dem Reichsführer SA Müller kurz vor der Hinrichtung seinen nazibraunen Horch samt Hakenkreuzstander abgenommen und, statt sich aufhängen zu lassen, damit sein nacktes Leben im allerletzten Moment auf den Boden der freiheitlich demokratischen Grundordnung gerettet habe. In der Aufregung hatte Stragler sogar vergessen, von der Stockschnupfenstimme des Schickelgruber aus Braunau wieder auf seine eigene zu wechseln. Er ermahnte die Protestierer feierlich zu demokratischem Verhalten und erinnerte sie daran, daß in einer Demokratie die Mehrheit bestimme, was richtig wäre. Und die Mehrheit habe geklatscht.

Den Opfern der Nazis verschlug es ihr Protestgeschrei. Ähnliches hörte man über Mehrheiten neuerdings auch in Bonn. Sie waren verwirrt, denn die Verfolgten des Naziregimes hatten sich noch vor kurzem eben als Opfer dieser, oder vielleicht einer anderen, aber jedenfalls einer buchstäblichen überwältigenden Mehrheit gefühlt. Sie hatten die Angst vor dieser Mehrheit nie ganz verloren, die geschwiegen hatte, die man aber erst jetzt, wenn auch in anderem Zusammenhang, eine schweigende nennen durfte. Sie teilten die Angst mit den Vätern des Grundgesetzes, die der Mehrheit ihre Rechte nur unter der Bedingung gegeben hatten, daß sie bereit war, die Minderheiten zu schützen. Schlauerweise hatten die Verfassungsväter sogar ein

Parlament erfunden, dessen wichtigste Aufgabe es war, um jeden Preis zu verhindern, daß wieder eine Mehrheit ihren Willen durchsetzen und zum Beispiel die Steuern abschaffen oder die Todesstrafe einführen konnte.

Besoffene Cockneys stiegen auf die Tische und gröhlten: »Cause he is a jolly good fellow«, »I was Lord Kitchener's valet« und »It's cheaper to keep 'er«.

Wenn man Erfolg an Wirkung mißt, war es ein durchschlagender Erfolg. Sogar »Bild« berichtete. Stragler brauchte ein größeres Etablissement.

7

Adoptieren soll mich die Schanz, hatte Stragler Harik junior vorgeschlagen.

Wie sieht denn das aus? hatte Harik gefragt.

Adoptieren, hatte Stragler angeordnet. Wen interessiert, wie etwas aussieht? Seit wann ist es wichtig, wie etwas aussieht?

Testament ist besser und weniger auffällig, hatte Harik senior auf seiner Meinung bestanden.

Testamente kann man ändern.

Wozu adoptieren?

Da bin ich sentimental, hatte Joseph gesagt. Ich brauche das Kino von der Schanz.

Harik senior hatte damals stumm dagesessen und die Würde hanseatischer Anwaltschaft verkörpert.

Stragler lachte in sich hinein, als er den Junior ins *Bosporus* kommen sah und dessen ordinäre und sonnengebräunte Sportlichkeit mit der Würde des Vaters verglich. Die Justiz, das waren jetzt die Junioren. In Hamburg blieb das meiste in der Familie. Nirgends gab es so viele Jungunternehmer, Wirtschaftsjunioren und Reederstöchter wie hier. Die Justiz, das waren Leute wie Harik junior und Klachel junior, den die Schlampe angeplärrt hatte, als sie nach Chanel No. 5 duftend aus der Toilette zurückgekommen war. Knietschkopf! hatte sie ihn vor allen Leuten genannt und ihn damit ziemlich genau beschrieben.

Die meisten Juristen waren nach Straglers Meinung Knietschköpfe, die am Recht Klimmzüge machten, während sie große Teile ihres rechtswidrigen Inneren verdrängen mußten.

Er wußte genau, daß er damit einem ganzen Berufsstand Unrecht tat, aber die Verallgemeinerung tat ihm wohl, und sein Wohlbefinden war ihm wichtiger als Gerechtigkeit. Verallgemeinerungen machen die Welt pflegeleicht. Er war davon überzeugt, daß kein seelisch gesunder Mensch ganz auf Vorurteile verzichten kann.

Stragler hatte Harik senior damals einen Packen Banknoten an den würdigen Kopf geworden. Er wollte nichts umsonst. Harik senior war schon etwas hinfällig gewesen, bereit, seinem Sohn, Dr. in spe Harik junior, die Kanzlei zu übergeben, sollte der tatsächlich irgendwann mit seinem Studium fertig werden. Der alte Anwalt war seufzend auf dem Teppich herumgekrochen, der so teuer war, daß man in ihn einsank, und hatte die Scheine eingesammelt.

Stragler hatte die, nach denen er greifen wollte, zuerst mit dem Fuß festgehalten, um ihn zu necken, und dadurch seine gute Laune wiedergefunden. Die Sekretärin war in einer Wolke von Maiglöckchenduft hereingeschwebt.

Wir sind in einer Besprechung, hatte Dr. Harik senior ihr vom Teppich aus zugerufen.

Sehen Sie das nicht? hatte Stragler gelacht, obwohl ihm der Neid auf Leute wie Harik gelegentlich Sodbrennen machte. Die Hariks hatten alles, und das seit Generationen, Knete und Ansehen. Sie logen nicht selber, sie ließen lügen. Sie betrogen nicht, sie lebten von Betrügern. Sie stahlen nicht, sie nahmen Dieben nur wieder ab, was die gestohlen hatten. Und das Beneidenswerteste: sie überstanden jede Wende, weil man sie nie beim Wort nehmen konnte, denn was sie sagten, das sagten sie immer nur zur Wahrung der berechtigten Interessen anderer, und die hatten mit Gesinnung nichts zu tun.

8

Der Trauerzug für Mutti Schanz war lang gewesen. Vorne hatten alle Gesichter gemacht, als seien sie bei irgend etwas ertappt worden. Weiter hinten hellten sich die Mienen auf. Ganz hinten erzählten sich die Knöpfe vom Wiener Ostfriesenwitze.

Die Sonne schien, aber es stürmte bei klarem blauem Himmel. Den Huren blies es die Röcke hoch, die Loddel mußten ihre Hüte festhalten, die sie trotz des stürmischen Wetters aufgesetzt hatten, um auszusehen wie in Chicago.

Da weißt du nie, sagte Schnauzen-Kalle hinterher, ob die so oft ins Kino gehen, bis sie so aussehen. Oder ob die im Kino doch echter sind, als man denkt.

Annita Ulenkampff lehnte sich in der dritten Reihe gegen den Wind. Kadaver-Kalhaber überholte sie.

Den Stragler sehen wir noch ganz oben, raunte ihr der Fotograf im Vorbeigehen zu, um ihr klarzumachen, daß sie auf das richtige Pferd gesetzt habe, indem sie Frank ausgetragen hätte, wenn auch einen Monat zu kurz, während Vera nur mit Lindi niedergekommen wäre, die sie jetzt auf dem Arm mitschleppte, damit das Kind aufhöre zu quengeln.

Der Crailsheimer drehte sich mißtrauisch um.

Die hat gedrückt und gedrückt, um nur ja vor der Vera was auf die Beine zu stellen, teilte ihm Kadaver-Kalhaber im Vorbeigehen mit und deutete mit dem Daumen auf Annita. Dann eilte er weiter, um vor den anderen am Grab zu sein und sich einen guten Platz zum Fotografieren zu sichern. Er konnte nur am Randstreifen des Kieswegs am Sarg vorbeibalancieren, mußte sich einmal kurz auf ihm abstützen, um nicht das Gleichgewicht zu verlieren, und eilte nach einem entschuldigenden Lächeln für die Totengräber weiter voraus.

Der Wind damals, sagte Stragler, nachdem ihm der Ober des *Bosporus* einen Kaffee mit Rum und viel Zukker gebracht hatte, der Wind bei der Beerdigung der Mutti Schanz, das war der Vorläufer der großen Sturmflut. Ein paar Stunden später ging es los. Da konnte man sehen, wie schlimm es werden würde.

Du bringst wieder alles durcheinander, sagte Kadaver-Kalhaber, wirklich alles. Und hör endlich auf, in der Tasse rumzurühren. Du kratzt das Porzellan ab. Die Sturmflut war zweiundsechzig, da war die Schanz noch quietschfidel, war sie da noch. Du verwechselst den Auftrieb in Ohlsdorf mit dem Auftrieb vor dem Rathaus für Charles de Gaulle. Der war zweiundsechzig. Die Sturmflut war mitten im Winter, oder vielleicht nicht? Im Herbst war de Gaulle, da fresse ich einen Besen, daß die Schanz nicht zweiundsechzig war, sondern de Gaulle.

Ein Gedächtnis hast du, sagte Stragler etwas lahm. Ein Gedächtnis, ehrlich, wie ein Sieb.

Es fiel ihm wieder ein, daß er auf der Beerdigung der Schanz sein Leben geordnet hatte und daß er sich mit der Sturmflut wirklich geirrt haben mußte, denn seine Tochter Lindi konnte da schon laufen, und Vera konnte mit Thommy ja keine paar Jahre lang schwanger gewesen sein.

Ich kriege wieder ein Kind, hatte Vera Joseph ins Ohr gesagt, während sie mit ihm hinter dem Sarg der Schanz herging. Der Wind riß ihr die Wörter vom Mund.

Okay, okay! schrie Joseph, um dem Rauschen der Bäume Herr zu werden. Diesmal heiraten wir eben! Er hatte immer noch ein schlechtes Gewissen, weil ihm beim Anblick seiner neugeborenen Tochter Lindi statt ein Ausdruck der Freude ein Fluch entfahren war.

Der Lärm beschränkte die Aussprache mit Vera auf das Wesentliche. Stragler war froh darüber. Wichtiges, dachte er, sollte man nur bei stürmischem Wetter und im Freien bereden. Im Gehen streichelte er Veras Hintern, um das »Wir« von damals auf dem Holzgaser für alle, die hinter ihnen gingen, sichtbar zu machen. Jetzt ist es öffentlich, der heiratet die, sickerte es bis hinten zu den Knöpfen vom Wiener durch.

Und aus der Ruine von der Schanz machen wir das »Verissima!« zischte Joseph.

Verissima! Verissima! Ich kriege ein Kind! hatte Vera

gegen den Wind angeschrien. Ich glaube, du hörst mir überhaupt nicht zu!

Zehn Jahre kann man dir wegschminken, sagte er mit seinem Mund ganz nahe an ihrem Ohr. Du machst die Knilche noch lange an, wenn du so tust, als ob du auf der Bühne kämst.

Ich will nicht, daß sie glauben, du warst es! heulte Vera auf, weil ihr das Mißverständnis weh tat.

Joseph ließ Vera, nach der vom Wind auf das Wesentliche beschränkten Aussprache, allein weitergehen und wartete auf Dr. Harik junior. Als Zocker bildete er sich ein, daß seine Chancen auf einen Prinzen beim zweiten Wurf besser als fifty/fifty wären, obwohl das, wie er wußte, zum Beispiel beim Roulette nicht galt. Auch wenn die Kugel schon hundertmal hintereinander auf eine schwarze Zahl gefallen war, hatte der Zufall noch unendlich viele rote und ebenso unendlich viele schwarze Zahlen in petto, so daß die Chancen für rot immer noch nicht besser als eins zu eins standen.

Damit nicht weggeweht wurde, was er dem Anwalt zu sagen hatte, ging er rückwärts ein Stück vor ihm her.

Wir haben keine rechtliche Möglichkeit, stieß Dr. Harik heraus, Fräulein Annita ihren, aah, männlichen Säugling wegzunehmen.

Es ist mein Säugling, sagte Joseph. Ich habe ihn gemacht. Ohne mich kein Säugling. Seit wann gibt es auf dem Kiez eine unbefleckte Empfängnis?

Sorgerecht hat fast immer die Mutter, erläuterte Harik. Er hielt sich einen Schal vor den Mund, weil er Angst hatte, sich zu erkälten. Um das anzufechten, braucht man schwerwiegende Gründe.

Schöne Mutter, schnaubte Joseph. Treibt sich herum. Mit Gesindel. Der Sturm wehte die Beschimpfung zur

Unverständlichkeit entstellt den Trauerzug entlang bis zu Annita.

Mit Gesindel? Mit was für Gesindel? schrie Dr. Harik.

Mit Gesindel! schrie Joseph gegen den Sturm. Ich zocke. Ich stehle. Ich ficke alles nieder, was mir über den Weg läuft. Wenn ich kein schlechter Umgang bin, wer dann? brüllte er.

Vera hielt die Rosen für Mutti Schanz fest, an denen der Wind zerrte. Sie wünschte, daß Joseph wenigstens bei einer Beerdigung aufhören würde, mit Dr. Harik Politik zu machen.

Spätestens seit dem Heimgang von Peng-Peng waren Beerdigungen für Stragler und seine Seife gesellschaftliche Ereignisse geworden wie der Jedermann in Salzburg oder der Parsifal in Bayreuth für die Soliden. Wem es nicht gegeben war, beim Defilee auf dem Domplatz oder auf dem grünen Hügel Eindruck zu schinden, der konnte während der Vorstellung zeigen, wie innig er Wagner oder Hofmannsthal verbunden war, indem er die Augen schloß, den Kopf zur Musik wiegte und schmerzlich das Gesicht verzog, wenn jemand hustete.

Beerdigungen brachten auf dem Kiez unter dem Strich mehr Prestige als Boxkämpfe oder Zockereien. Beerdigungen waren Gelegenheiten, die Rangordnung auf dem Kiez neu zu ordnen oder zu überprüfen, je nachdem, wie groß die Lücke war, die der Verblichene hinterließ, oder wer sie geschlagen hatte. Die Anwesenheitsliste konnte man am nächsten Tag in den Hamburger Zeitungen lesen. Manchmal wurden sogar Fotos von den Kranzschleifen berühmter Künstler oder Honoratioren abgelichtet, auf denen lakonische Sprüche standen wie »Tschüß, bis demnächst« oder »Wir übernehmen dein Erbe« oder »Er war einer von uns« vom

Hamburger Polizeisportverein, dem nie etwas Neues einfiel.

Der Sarg mit Mutti Schanz rumpelte in die Tiefe. Auf dem ausgehobenen Erdhaufen lag Kalhaber mit seiner Luftwaffen-Leica. Weil der Wind ihm Sand in die Augen blies, verpaßte er Annita, die als letzte dran war. Er winkte ihr, für ihn noch ein zweites Schäufelchen Erde ins Grab zu schmeißen. Sie zeigte ihm ihren Handrücken und einen gestreckten Mittelfinger.

Annita hatte keine Lust zu irgendwelchen Spielchen an diesem Tag, denn auch sie hatte die Nachricht erreicht, daß Vera wieder schwanger war. Ihre Felle schwammen davon. Jetzt blieb ihr gar nichts anderes mehr übrig, als in der bürgerlichen Gesellschaft nach oben zu klettern. Damals konnte sie noch nicht ahnen, daß sie später sogar einen Staatssekretär aus Bonn erklimmen würde.

Joseph blieb noch, als die anderen sich zum Gehen anschickten, weil ihn der Pastor die ganze Zeit fixiert hatte, während er davon redete, daß dem Allerhöchsten nichts entgehe. Stragler hatte sich umgedreht und, den Wind überschreiend und nach oben deutend, der Trauergemeinde die dunklen Andeutungen des Geistlichen erläutert.

Weil der nämlich aufpaßt wie ein Luchs. Weil der nämlich Tag und Nacht nichts anderes zu tun hat, als auf sechs Milliarden Leute aufzupassen. Der hockt hinter jeder Wolke, hinter jeder Hausecke und unter jedem Bett, wie der Verfassungsschutz, und schaut Tag und Nacht, was die alle treiben.

Er sieht alles, hatte der Pastor trotzig in den Wind gesagt, das weiß man seit Jahrtausenden. Dann hatte er Straglers blasphemische Erläuterungen mit »Staub zu Staub und Asche zu Asche« abgeschnitten.

Wenn ich der wäre, sagte Joseph nachher zum Pastor, den er am Ärmel festhielt, ich könnte nicht zuschauen. Den Nerv hätte ich nicht, mir auch noch anzuschauen, was ich angerichtet habe.

Der Pastor ließ sich schleunigst vom Wind den anderen nachtreiben. Der Nordost wehte auch die restliche Trauergemeinde hinter ihm her durch die Reihen der Gräber dem Ausgang zu, vor dem die mit Weißwandreifen, Chrombügeln und Rallyestreifen aufgemotzten Schlitten vom Kiez standen.

Die beiden Knöpfe vom Wiener versuchten gegen den Strom in Straglers Nähe aufzukreuzen. Der Blick des Pastors hatte ihnen Mut gemacht.

Gratuliere! Gratuliere! schrien sie grinsend.

Nicht einen Feind hat sie gehabt, schrie Joseph ihnen nach.

Ein Freund hat ihr gereicht! lachte einer der Knöpfe.

Stragler hätte sich gerne gemerkt, welcher von den beiden es war, aber sie sahen sich zu ähnlich.

Auf der Reeperbahn ertrunken! kreischte der andere Knopf und stolperte vor Lachen beinahe über ein Weihwasserbecken.

Vor dem Todesengel aus schwarzem Marmor hatte Schnauzen-Kalle mit seiner fetten Verwandtschaft haltgemacht und seinen fetten Onkeln und Tanten, Neffen und Nichten erläutert, wie schwer der Engel sei und wie weit er ihn für das Grab von Pudel-Paul hatte transportieren müssen.

So was von Todesengel. Mindestens zwanzig Kilometer vom alten Diebsteicher Friedhof. Wenn nicht fünfundzwanzig, sagte der Fetteste.

Wenigstens drei Zentner.

Wenn nicht vier!

Ein Todesengel, der seine Titten raushängt? machte sich Joseph über die Aaahs! und Ooohs! der fetten Verwandtschaft lustig.

Der schärfeste Trauerengel auf dem ganzen Diebsteicher Friedhof, protestierte Kalle.

Kannst du nicht was einnehmen? überschrie Joseph den Wind. Deine Rülpserei geht mir auf den Keks! Und überhaupt ... Joseph sah an Kalle hinunter. Mit Sandalen auf dem Friedhof!

Wir neigen zu Fußschweiß, sagte Schnauzen-Kalle, die ganze Sippschaft einbeziehend. Die meisten hatten Sandalen an.

Joseph eilte auf den schmalen Wegen zwischen den Gräbern hindurch, um den Weg zum Ausgang abzukürzen.

Über Leichen gehen ist keine Schande, rief er für die Ohren der anderen.

Vera hatte auf ihn gewartet und versucht, eine Laufmasche ihrer schwarzen Nylons mit Spucke zu bremsen.

Warum sagst du ihnen nicht, daß du es nicht warst? zischte sie.

Woher willst du wissen, daß ich es nicht war? sagte Joseph kregel. Ist doch alles prima gelaufen.

Du hast sie nicht umgebracht. Du warst die ganze Nacht bei mir. Sie ist gestolpert, hat sich den armen alten Kopf am Randstein bewußtlos gehauen, und dann ist sie in einer idiotischen, blöden, lächerlichen Wasserlache ertrunken.

Joseph zuckte die Achseln. Wer soll denn das glauben? Auf der Reeperbahn ertrunken!?

Aber es ist die Wahrheit! schrie Vera.

Und warum ist sie gestolpert? schrie ihr Stragler ins Ohr. Warum? Hähh! Weil sie vor Tränen nichts gesehen hat. Deswegen ist sie gestolpert. Und warum hat sie vor Tränen nichts gesehen? Weil ihr der Spinatstecher gesagt hat, daß sie ein Sack voll alter Knochen ist und er bei ihr keinen hochkriegt! Und wer hat ihr den Spinatstecher besorgt? Ich. Also? Habe ich sie abgeschafft, oder habe ich sie nicht abgeschafft?

Das ist gelogen, sagte Vera.

Das ist Marketing, sagte Stragler. Klappern gehört zum Handwerk.

Der Spinatstecher hatte damals der Immobilienbesitzerin Luise Schanz tatsächlich den Boden unter den Füßen weggezogen, als er ihr begründen mußte, warum er nicht mehr konnte. Mir graust vor einer, hatte er zu ihr gesagt, die bei Wind und Wetter spazierengeht, um Zeit totzuschlagen, während in ihrer Wohnung gevögelt wird. Mit Weibern noch dazu.

Schluchzend hatte ihn die Schanz daran erinnert, daß sie es für ihn tue und er sich, bevor sie ihn aus dem Dreck geholt habe, vor nichts geekelt habe.

Einer der üblichen Familienkonflikte auf dem Kiez, hatte Kadaver-Kalhaber später alles heruntergespielt. Und wer denkt denn gleich an so was? Bei einem kleinen Familienkonflikt denkt doch keiner, daß wer auf der Reeperbahn ersäuft.

Die Schanz war in ihrem Schmerz mitten in der Nacht fortgelaufen, war tränenblind auf die Reeperbahn gestolpert, mit dem Kopf gegen den Randstein geknallt und ein paar Augenblicke lang bewußtlos gewesen. Die paar Sekunden hatten ausgereicht, sie in einer seichten Wasserlache ertrinken zu lassen.

Der Kistenschieber Markus hatte sich mit ihrem Tod

dickgetan. Wenn er schon nichts erbte, wollte er wenigstens Respekt absahnen.

Stragler war todtraurig gewesen, auch wenn es ihm außer Vera niemand angemerkt hatte und obwohl er es nicht einmal sich selber eingestehen wollte. Er neigte nicht zur Sentimentalität, aber die Schanz hatte ihn an die verhärmte Frau erinnert, von der er in Thalpointing, wahrscheinlich im Halbschlaf, empfangen worden war. Daß sie Freude am Kopulieren gehabt hätte, wie die Schanz das immer nannte, konnte er sich bei seiner Mutter nie vorstellen. Und bei der Schanz, wenn er ganz ehrlich war, auch nicht. Bei der gab es höchstens die professionelle Geilheit, die sie solange spielte, bis sie sie selber glaubte.

Es war ihm wieder eingefallen, wie gern er einmal seiner Mutter einen Strauß gelber Schwertlinien mitgebracht hätte, die entlang der Thalpointinger Ache wuchsen. Aber er wußte, daß sie ihn sicher fragen würde, wann er die denn gepflückt habe, und dann hätte er zugeben müssen, daß er wieder einmal die Kirche geschwänzt und statt dessen den Wasserratten unter der Uferböschung des tiefgrünen Bachs zugeschaut hatte, daß er in den uralten hohlen Weiden herumgeklettert war, die nach Holz und Erde rochen wie ein gesunder Hund zwischen den Zehen, alles, nur um nicht die schmerzhafte Langeweile einer nicht endenden Messe durchstehen zu müssen.

Nie hatte er sich merken können, wann man das Kreuz zu schlagen hatte, wann aufzustehen, wann sich auf die abgewetzten Fußbretter zu knien und wann man sich endlich setzen durfte. Es gab ein paar Betschwestern, die von hinten aussahen wie Vogelscheuchen und die das der Gemeinde mit der Präzision von Robotern vorexerzierten. Die durfte Joseph nicht einen

Augenblick aus den Augen lassen, um keinen Fehler zu machen.

Die einzige Abwechslung während der Messe war die Wandlung. Von der Kinderbank aus konnte er in die Sakristei hineinschauen. Die Kinderbänke waren ganz vorn, damit der Pfarrer im Vorbeigehen, notfalls mit einer blitzschnellen Kopfnuß, Ruhe herstellen konnte. Die Tür zur Sakristei blieb ständig offen, damit der Küster sehen konnte, wie der Pfarrer die Oblaten aus Mehl und Wasser in Menschenfleisch verzauberte und Wein in Blut, das er dann allerdings selber trank.

Die Verwandlung der Hostie mußte durch Glockengeläute der Ministranten in ganz Thalpointing und Umgebung verkündet werden. Durch ein paar blankgewetzte Löcher in der gewölbten Decke kamen die von Hunderten von Ministrantenhänden speckig gewordenen Glockenseile vom Kirchturm herunter. Daran mußten sich die Knaben abwechselnd mit dem ganzen Körpergewicht hängen, um die Glocken im Turm zum Schwingen zu bringen. Über ihren Sonntagskleidern hatten sie ein langes, manchmal blutrotes, manchmal grünes, manchmal violettes Hemd, auf dem ein breiter weißer Spitzenkragen lag, der Rücken und Schultern bedeckte und, von vorne gesehen, selbst den ländlichsten Quadratschädeln etwas Engelhaftes verlieh. Sie bekamen fünfzig Reichspfennige dafür, daß sie dem Pfarrer vor der Wandlung Wasser über die Hände gossen und ein Handtuch reichten und das schwere Meßbuch um ihn herum von einer Seite auf die andere transportierten, damit er leichter daraus vorlesen könnte. In den fünfzig Pfennigen Honorar war das Läuten der Glocken inbegriffen. Außerdem mußten sie auch außerhalb der Kirche brav sein. Es war sauer verdientes Geld. Lustig war es, wenn die Glocken innerhalb von Sekunden zum Schweigen gebracht werden mußten, weil dem Pfarrer am Altar die Zauberei wieder einmal gelungen war. Dann hielten sich die Ministranten an den Glockenseilen fest und ließen sich als lebende Gegengewichte bis zur gewölbten Decke hinaufziehen und wieder nach unten sausen. Abwärts schlug es ihnen die roten Röcke über den Kopf, und man sah die Löcher in den Strümpfen und ihre Strapse. Damals trugen auch Knaben sonntags oder in der kühlen Jahreszeit geflickte lange Wollstrümpfe, die mit Strapsen an einem Leibchen unter den kurzen Hosen befestigt waren. Joseph, der nie fror, empfand das als eine Demütigung, die er nur seiner Mutter zuliebe ertrug.

9

Jetzt tauchte auch noch der Wiener-Teddy im *Bosporus* auf, obwohl der Donnerstag nicht sein Tag war. Er sah sich um wie der Staatssekretär aus Bonn, und seine Knöpfe benahmen sich hinter ihm wie dessen Bodyguards.

Früher hatten Stragler und der Wiener ihre Feindschaft so leidenschaftlich betrieben wie ein Hobby. Das war jetzt vorbei.

Der Jockey ist dümmer als ein Pfund Salz, hatte Stragler damals auf der Rennbahn zum Wiener gesagt, ohne den Feldstecher von den Augen zu nehmen.

Der ist froh, wenn er nicht runterfällt, hatte der Wiener gemeckert.

Der ist so dumm, daß er brummt, sagte Joseph.

In Irland gekauft. Da gehen sie falsch rum, sagte der Wiener. Die Wiener Bubis nickten zu allem, was er sagte.

Harter Boden, kleine Hufe, die »Infantin« läuft als Dreijährige und ist erst zwei, schimpfte Joseph.

Die im Sattel sitzen, kannst du kaufen, sagte der Wiener und hustete, weil ihn die Motten in seiner Lunge nicht in Ruhe ließen. Die im Sattel schon, sagte er. Die Pferde nicht.

Und was, wenn deine »Infantin« von unserem Jockey eine aufs Maul kriegt? fragte Schnauzen-Kalle, um die Feindseligkeiten zu eröffnen.

Es entstand eine Pause.

Zu was? fragte der Wiener-Teddy schließlich, hustete und spuckte in sein Taschentuch. Zu was haust du meinen Knopf?

Joseph nahm den Feldstecher nicht von den Augen.

Stell dir vor, Teddy, sagte er mit dem Glas vor den Augen. Der nimmt den Zossen auf der Geraden zurück!

Du hast meinen Knopf auf den Kopf gehauen? sagte der Wiener, als hätte er es gerade erst erfahren und könne es gar nicht glauben, obwohl es seit Wochen Tagesgespräch auf dem Kiez war.

Der Wiener Bubi wartete mit einem Kopfverband, zuckenden Augenlidern und einem unsteten Blick in sicherem Abstand darauf, daß der Wiener den Stragler dafür, daß er ihn so mißhandelt hatte, totschlagen würde.

Er ist sensibel, sagte der Wiener. Das sieht man ihm gar nicht an, aber er ist zart besaitet.

Ein Knopf ist ein Knopf ist ein Knopf, sagte Joseph. Er nahm das Glas herunter und sah den Wiener an. Wenn du verstehst, was ich meine?

Der Wiener war in einer schwierigen Lage. Alle warteten darauf, daß er den Stragler totschlüge.

Ich kann keine Mösen mehr sehen, sagte er, um eine Verhandlungslösung offenzuhalten. In seinem Lächeln war eine Spur Verlegenheit, das Eingeständnis, daß er sich Joseph körperlich unterlegen fühlte und einer Demütigung eigentlich nur noch eine weitere hinzufügen könnte, indem er sich mit Stragler auf eine Kraftprobe einließ.

Und ich keine Schwänze, sagte Joseph mit einem Blick auf Bubi.

Berufskrankheit, sagte der Wiener.

Man kann es sich nicht aussuchen, seufzte Joseph.

Ich kann, sagte der Wiener. Ich bin bisexuell.

Ich habe einen Tip, sagte Joseph.

Halbe-halbe? fragte der Wiener eilends. Das einzige, was jetzt noch eine Konfrontation verhindern könnte, waren gemeinsame Geschäftsinteressen. Dann fing er an zu schreien.

Come on! Bastard! Come on! Die Pferde waren in die Zielgerade gekommen. Come on! Give 'em hell!

Es war nicht einmal ein Foto-Finish. Der Wiener zerriß ein Bündel Wettscheine, der Wind trieb die Fetzen wie Schneeflocken dem Wiener Jockey ins Gesicht.

»Morgenluft« im sechsten Rennen, sagte Joseph.

Der Krieg war verschoben. Obwohl der Tip Straglers den Wiener-Teddy eine Stange Geld kostete, denn »Morgenluft« wurde disqualifiziert.

Wer ist schon Hellseher? fragte Joseph, der selber keine Mark auf »Morgenluft« riskiert hatte.

Der Wind hat die tausend Fetzen davongetrieben wie Schneeflocken, sagte Stragler zum Senator, der ein Brot zerkrümelte, während er darüber nachdachte, warum jetzt sogar die Wiener in Jogginghosen und Turnschuhen ins *Bosporus* kämen.

Was für Fetzen? fragte der Senator. Was für Schneeflocken?

»Morgenluft« gewinnt im letzten Rennen, habe ich dem Wiener-Teddy damals gesagt, sagte Stragler. Und wer hat gewonnen? fragte er den Senator, den er seit dessen Besuch im Underground in der Tasche hatte. Er erwartete von ihm, daß er mitdachte, daß er seine Gedanken kannte.

Da bringen Sie etwas durcheinander, sagte der Senator a. D.

»Morgenluft« hat gewonnen! sagte Stragler und schlug mit dem Starrsinn alter Männer auf den Tisch, daß sich alle im *Bosporus* umdrehten.

Die Disqualifikation von »Morgenluft« war wieder eine von den Sachen, die Joseph aus seiner Erinnerung gestrichen hatte.

Es hatte sich damals gut getroffen, daß Joseph Markus, den Kistenschieber der Schanz, in der Menge gesehen hatte. Dadurch hatte sich die Möglichkeit ergeben, die Erwartungen des Publikums wenigstens ersatzweise zu erfüllen.

Der Kistenschieber hatte sich ständig mit dem Heimgang der Schanz gebrüstet und damit Stragler daran gehindert, sich diese Leiche an den Hut zu stecken. Die Glaubwürdigkeit von beiden stand auf dem Spiel.

Schon als Stragler zum erstenmal gesehen hatte, daß ihm der weiß-blaue Packard von Markus folgte, hatte er gewußt, wie gefährlich es war, einen Schwächling zu reizen.

Stragler gab Kadaver-Kalhaber Hut und Jacke zum Halten, nahm seine Rolex ab und schob sie zur Sicherheit in die Hosentasche.

Mit ein paar Schritten war er bei Markus und riß ihm

die Kleider mit jener stummen Wut vom Leib, die einem Kraft gibt, weil man eine ungeliebte und viel zu lange aufgeschobene Arbeit endlich anpackt. Er zerfledderte den Kistenschieber wie eine Puppe.

Markus wehrte sich nicht mit einer einzigen Bewegung, weil er überleben wollte.

Ein Ring von Neugierigen, die sogar das Rennen vergaßen, schloß sich enger um die beiden und entzog sie den Blicken der Menge. Das bessere Publikum auf den Tribünen sah ohnehin über alles hinweg. Nur Staatsanwalt Klachel verfolgte jede Bewegung mit seinem Glas.

Kadaver-Kalhaber schrie, daß man den Kistenschieber jetzt nicht mehr totschlagen dürfe, und hielt Joseph beschwörend Jacke und Hut hin. Die ersten Zuschauer fingen an zu lachen, weil Markus nur noch einen lila Herrenslip darunter hatte.

Markus rannte, ein paar blutige Fetzen umklammernd, durch die Menge davon. Joseph sah ihm tief durchatmend nach und hielt die Arme nach hinten, um wieder in die Jacke zu schlüpfen, die ihm Kadaver-Kalhaber hinhielt. Es gab zuerst nur vereinzelten Applaus, für den sich Stragler mit erhobener Hand bedankte, dann klatschten viele.

Innerhalb von Sekunden war er vom Killer der Witwe Schanz zum Rächer der Witwe Schanz geworden. Das war für ihn sogar besser, als hätte er sie umgebracht.

Staatsanwalt Klachel hatte von der Tribüne aus die Begeisterung des Rennplatzpöbels angesichts der Lynchjustiz registriert und sich gefragt, ob es irgend etwas gäbe, was dem Ansehen Straglers Schaden zufügen könnte. Es fiel ihm nichts ein. Brutalität und Ritterlichkeit waren sich zum Verwechseln ähnlich geworden. Wer die Normen mit Gewalt verteidigte, war genausoviel wert wie derjenige, der sich mit Gewalt über sie hinwegsetzte. Es war so ähnlich wie mit Geschäften. Groß mußten sie sein, dann machten sie Eindruck. Ob sie schiefgingen oder nicht, war ohne Belang.

Klachel sah den halbnackten und blutverschmierten Kistenschieber der Schanz hinter dem Sattelplatz zum Ausgang laufen. Er fragte sich, ob es nicht doch ein wenig geflunkert war, wenn behauptet wurde, daß Strafe keinesfalls den Durst nach Rache stillen, sondern immer nur der Besserung dienen sollte. Vielleicht war der Wunsch nach Rache eben doch ein Grundbedürfnis, ähnlich wie Hunger und Durst. Vielleicht, ja vielleicht war Rache sogar ein winziges Stück Gerechtigkeit.

Wetten? hatte Kadaver-Kalhaber zu Stragler gesagt. Ich wette, der kommt wieder. Da verwette ich meinen Kopf. Zu jeder Tages- und Nachtzeit verwette ich den. Stragler hatte sich auf dem Rennplatz aus einem Feindlein einen Feind gemacht.

Wenig später hatte er leichthin gesagt, der Kistenschieber töte ihm den Nerv, und sie hatten ihn beim Pinseln vor dem *Schlitz* erschossen.

10

Die Buszek sah in Straglers Gesicht, daß er wieder einmal die Kämpfe von gestern austrug. Sie aß ihr Gyros mit den Fingern, weil sie gerne vorher ertastete, was sie sich in den Mund schob. Das ging ihr auch bei der Arbeit so. Sie sorgte dafür, daß alles hygienisch war. Ihre Waschungen waren gründlich. Es war nicht ihr Fehler, wenn ein Gockel schon beim Waschen sein Pulver verschoß.

Wenn de ihn mir jetzt noch in Mehl umdrehst und Zucker draufstreust, freß ick ihn schlankweg selber, hatte sie einmal ein Berliner kritisiert, aber sie auch nicht davon abbringen können.

Das Gyros ist heute besonders gut, sagte sie. Stragler hörte ihr nicht zu. Den Türken ihr Gyros, sagte sie etwas lauter. Gut ist es heute. Stragler ließ sich geistesabwesend ein Stück in den Mund stecken.

Denkst noch an den Dieter, sagte die Buszek. Schön war er nicht, aber treu, sagte sie. Einen Freudenmann wie den findest du heute nicht mehr.

Die Buszek hatte Stragler immer und immer wieder alles von Dieter Pleng und sich erzählt. Jede Einzelheit. Jedes Wort, das sie gewechselt hatten, jeden Streit, den sie gehabt und wie sie ihn beigelegt hatten. Stragler war der einzige, der ihr noch zuhörte, wenn sie von Peng-Peng redete.

Wie lange will die eigentlich noch mit dem Gespenst leben? hatte der Crailsheimer Stragler einmal gefragt. Wie soll das ein Mensch aushalten, daß die immer nur ein Gespenst im Kopf hat?

Jeder, hatte Stragler die Buszek verteidigt, jeder von uns braucht ein paar Gespenster um sich herum, damit man es mit echten Leuten, wie zum Beispiel mit dir, einigermaßen aushält.

Zuerst war Dieter Pleng nur ein langer dünner Schatten an der Ecke gewesen, an der die Buszek nach seinem Tod ein halbes Leben lang morgens auf die Sonne warten und ihren heißen Kaffee schlürfen würde.

An dem Tag, als Pleng kam, hing dort ein Plakat mit der Ankündigung von Wallensteins Tod im Schauspielhaus.

Pleng war im Gleichschritt mit sich selbst gekommen. Die Buszek hatte fast erwartet, daß er brüllen würde: Gaaanze Abteiii-lung, halt! Liiiinks ummm! Er war aber nur ganz locker bei ihr stehengeblieben. Sein Gesicht war ausgemergelt, seine Haut zu Leder gegerbt, seine Haare geschoren, um die Schultern hatte er einen französischen Militärmantel. Im offenen Khaki-Hemd pendelte auf seiner Brust ein Ebenholzkruzifix, das an einem speckigen Lederband hing.

Leihscht du mir viuleicht einen Tschehner? wollte Pleng wissen. Sie fischte einen Schein unter ihrem Rock heraus.

Behalt's, Soldat, sagte sie.

Schieht man mir dasch an? fragte Pleng und salutierte geschmeichelt. Fremdenlegion, Afrika. Er deutete mit dem Daumen über seine Schulter nach hinten, als läge Afrika ein paar Straßen weiter, Richtung Große Freiheit.

Kannst nicht beißen? fragte die Buszek und bückte sich neugierig, um ihm in den zahnlosen Mund zu schauen.

Auschgeschlagen in Braschaville.

Schmähtandler, sagte die Buszek beeindruckt.

Der Typ war kampferprobt, das sah sie. Mit dem Bauch, nicht mit dem Maul wie die Aufschneider auf dem Kiez, die sich nur etwas trauten, wenn sie der Koks schneeblind gemacht hatte. Dieter Pleng war ihr auf den ersten Blick sympathisch gewesen.

Mizzi Buszek drehte nicht einmal den Kopf, als Joseph den Motor aufheulen ließ, um zu testen, ob seine Neue eine war, die auf Pfiff ging. In einem Kleid, das zwei Nummern zu klein war, stapfte sie auf turmhohen Absätzen ein paar Meter vor Dieter Pleng her wie die Königin von Saba.

Die linke Arschbacke gehört mir! schrie Joseph hinaus.

Pleng fuhr mit hochgezogenen Lefzen herum. Dann erkannte er Joseph, ging zum Wagen und beugte sich zum Fenster.

Klachel, sagte er und krümmte ein paarmal seinen Zeigefinger. Tschwick, tschwick.

Joseph gab ihm lachend das Kopfnicken, das Pleng sich holen wollte, damit er Staatsanwalt Klachel zwikken könnte.

Das nächste Mal, wenn du mit mir redest, hast du gefälligst Zähne, lachte Stragler.

Schiescht du! schrie Pleng der Buszek nach. Der Stragler hat nach meinen Tschähnen gefragt. Der Stragler hält wasch auf mich. Er macht schich Schorgen um meine Tschähne.

Seit Peng-Peng die Buszek vor dem Wiener geschützt hatte und somit zur Seife von Stragler gehörte, bekam sie kein Freier mehr von vorne zu sehen. Mizzi hatte sich entschlossen, Peng-Peng treu zu sein und sich deshalb auf »griechisch« verlegt.

Von hinten tschählt niucht, hatte Peng-Peng gesagt. Von hinten musch man niucht beichten.

Joseph war der einzige, der gesellschaftlich mit Mizzi Buszek verkehren durfte, ohne den Unwillen Plengs zu erregen. Aber in die Sauna ging Pleng trotzdem nicht mit.

Die gemischte Sauna im *Metropol* galt als mindestens so exklusiv wie der »New York Athletic Club«.

Keine Matrosen, keine Ausländer, keine Nutten, sagte Joseph zu Mizzi und deutete auf die anderen Leute.

Die Buszek sah sich genau um und sagte mit einem Anflug von Enttäuschung in der Stimme.

Und kaane Juden.

Stragler hatte den ermäßigten Eintritt für Studenten

bezahlt, weil Pudel-Paul hier Bademeister war. Pudel-Paul hatte sich nicht anmerken lassen, daß er noch eine Rechnung mit Joseph offen hatte, seit der ihm seinen Zuchtpudel aus einem Rathausfenster im vierten Stock geschmissen hatte. Er hatte getan, als wäre Joseph ein Kunde wie jeder andere.

Ja, wen haben wir denn da? scherzte Joseph, als er unter den Nackedeis den Staatsanwalt Klachel erkannte, der sich vergeblich in den Anblick seiner Zehennägel vertieft hatte.

Hohes Tier in der Justiz, erläuterte Joseph ungefragt den anderen.

Klachel schaute auf sein Handgelenk. Da war natürlich keine Uhr.

Sitzung ..., murmelte er.

Bananen mit Aufkleber gehen besser, nahm ein Herr mit einem Kettchen am Hals das unterbrochene Gespräch wieder auf. Das haben sie in der Madison Avenue ausgeklügelt.

Da herinnen schwitzt du wie eine Sau, sagte Mizzi zu einer Blonden, die tat, als hätte sie nichts gehört. Macht aber nix, sagte die Buszek mit einem aufmunternden Blick auf deren schlaffen Busen, wenn man sonst gesund ist.

Die Herren kennen sich? fragte die Blondine den Staatsanwalt Klachel um eine Idee zu scharf.

Kennen? plärrte Joseph. Wir sind Freunde!

Parteifreunde, schränkte der Staatsanwalt sofort ein.

Bananen schauen alle gleich aus, sagte Mizzi, um ihr Interesse am Gespräch der Herren und an Bananen zu zeigen.

Die Herren schienen taub zu sein.

Ecuador? fragte einer, als wollte er dem anderen ein Geheimnis entlocken.

Ecuador, nickte der andere finster.

Hat man so etwas auch in Wien? fragte Joseph und deutete in die Runde.

Schon, sagte die Mizzi. Aber nicht öffentlich. Den einen der beiden Herren schien sie wiederzuerkennen. Er blickte durch sie hindurch.

Und keiner fummelt, sagte sie beeindruckt. Jooooß-effff! kreischte sie nach einem Blick auf das Handtuch, das sich Joseph über den Schoß gelegt hatte. Nimm düch zußommen!

Muß die Hitze sein, grunzte Joseph.

Staatsanwalt Klachel zog sich mit einer angedeuteten Verbeugung zurück.

Draußen stand Pleng und wartete auf die Buszek. Schwitzen sah er nicht als Vergnügen an. Der Indochinakrieg war eine einzige Sauna gewesen.

Dasch musch ich nicht haben, hatte er zur Buszek gesagt. Auch noch tschahlen für scho wasch.

Der paßt auf mich auf, sagte die Buszek selbstbewußt.

Der? grinste Joseph. Nicht mal Zähne?

Auschgeschlagen, sagte Pleng. Von einem Schuarzen.

Und der Schuarze lebt? fragte Joseph.

Dieter Pleng und Mizzi Buszek schüttelten beide heftig den Kopf. Offenbar hatten sie sich längst gegenseitig ihre Geschichte erzählt.

Der ersauft mich in der Alster, wenn ich fremdgehe, sagte die Buszek glühend vor Stolz.

In der Binnenalschter, bestätigte Peng-Peng. Liebe, bisch dasch der Tod uns schueidet.

Pudel-Paul kam mit einem Handtuch heraus.

Hat es Ihnen bei uns gefallen, Herr Stragler? fragte

er betont kühl und betonte »bei uns«. Er siezte Joseph, als hätte er ihn noch nie in seinem Leben gesehen.

Saugemütlich, lachte Joseph.

Doch, sagte die Buszek, recht schön, so nackert.

Immer noch den Pudel im Kopf? wollte Stragler von Pudel-Paul wissen. Dabei steckte er ihm zur Versöhnung einen Schein in die Jackentasche.

Was für einen Pudel? fragte Pudel-Paul, nahm den Schein aus der Tasche, hielt ihn nahe vor sein knallgelbes Glasauge und betrachtete ihn mit seinem unauffälligen braunen Auge, bevor er ihn zusammenknüllte und in einen Wäschekorb fallen ließ.

Die Herren kommen her, um sich zu entspannen, sagte er.

Und? sagte Stragler ratlos.

Nicht, um sich Vergleichen mit einem Esel auszusetzen, sagte Pudel-Paul.

Dieter Pleng zog wortlos seinen französischen Militärmantel aus und gab ihn der Buszek.

Du hascht einen tschiemlich dicken Fusch, sagte er. Pudel-Paul lächelte, hob den Kopf und horchte, als hätte irgendwo jemand, sehr weit weg, etwas Unverständliches gesagt.

Viel tschu dick, sagte Pleng und deutete auf die weißen Gesundheitsschlappen von Pudel-Paul.

Beschondersch der linke.

Pudel-Paul schaute auf seinen linken Fuß. Ein ohrenbetäubender Knall, Fliesen splitterten. Der Pulverdampf verzog sich. Dieter Pleng hatte Pudel-Paul durch den linken Fuß und den Gesundheitsschlappen geschossen, um Stragler Respekt zu verschaffen und Pudel-Paul welchen beizubringen.

Der rechte kommt mir auch tschu dick vor, sagte Pleng, noch bevor Joseph etwas tun konnte.

Pudel-Paul hüpfte auf einem Bein davon und hinterließ eine häßliche Blutspur.

Mevulve oder was!? schrie Joseph. Das hier ist Hamburg. Nicht Brazzaville!

Dieter Pleng mußte lachen. Er sah da keinen großen Unterschied.

Von diesem Tag an hieß er Peng-Peng und wurde auf dem Kiez mit anderen Augen betrachtet.

Für Peng-Peng hatte Loyalität etwas mit Entschlossenheit zu tun. Die Geschwindigkeit, mit der er einen Gedanken in die Tat umsetzte, war berufsbedingt. In Indochina und im Kongo hatte er damit überlebt.

Wenn man zu lange nachdenkt, meinte Peng-Peng, kann man sich alles aus- oder einreden. Nachdenken ist ein lebensgefährlicher Zeitverlust.

Stragler mußte schnell eine Balance finden zwischen Peng-Pengs Loyalität und dessen möglicherweise kontraproduktivem Übereifer.

So etwas braucht Zeit, sagte er zu Kadaver-Kalhaber, ohne richtig davon überzeugt zu sein, daß die Zeit Peng-Peng noch wesentlich ändern könnte.

Man muß ihm klarmachen, sagte Kadaver-Kalhaber, daß es auf dem Kiez eine Politik gibt, muß man ihm klarmachen. St. Pauli ist nicht in der NATO. Ist es nicht.

Hast du eine Ahnung, was die Mizzi an dir findet? hatte Joseph Peng-Peng einmal gefragt, um ihm menschlich näherzukommen. Peng-Peng hatte getan, als denke er nach. Fällt mir auf Anhieb auch niucht ein, hatte er gesagt. Dabei wußte er ganz genau, was es war. Er hatte sofort gemerkt, daß die Buszek auf Mozart stand. Als sie zum erstenmal ins Konzert gingen, hatte Mizzi sorglos ihr Nerzcape an der Garderobe abgegeben, statt es in den Saal mitzunehmen, weil man sonst in der

Pause zuwenig von ihr gesehen hätte. Sonst hatte sie sich gegeben, als ginge sie jeden Abend in ein Konzert. Peng-Peng hatte der Garderobiere einen nach Mottenpulver duftenden schwarzen Mantel mit Samtkragen, einen zerschundenen Colt und ein ansehnliches Trinkgeld über die Ablage geschoben.

Ist der geladen? hatte die Garderobenfrau, unbeeindruckt vom ansehnlichen Trinkgeld, gefragt.

Peng-Peng hatte genervt die Augenbrauen hochgezogen, die Trommel herausgekippt, die Patronen in seine Hand geschüttelt und sie achselzuckend in die Hosentasche geschoben. Die anderen Konzertbesucher hatten getan, als hätten sie nichts gesehen, weil man sich in Hamburg nicht einmischt.

Man fühlt sich irgendwie gut, wenn man im Konzert war, erklärte die Buszek Joseph ihre Musikbegeisterung.

Wenn man im Puff war, fühlt man sich auch irgendwie gut, moserte Joseph. Aber uns subventioniert keiner.

Das kannst du nicht vergleichen, wandte die Buszek ein. Ein Puff und ein Konzert.

Man kann alles vergleichen, sagte Stragler. Mindestens zweimal am Tag merkt jeder, daß er ein Tier ist. Wenn er frißt und wenn er scheißt. Im Konzert vergißt man, daß man ein Tier ist, und im Puff wird man wieder daran erinnert, und dafür zahlen die Leute.

Manchmal gibt's Liebe, sagte die Buszek anzüglich. Liebe haben Tiere nicht.

Wir müssen immer so tun, als wären wir Menschen, sagte Joseph. In der Liebe ist das gar nicht so leicht.

Peng-Peng hatte der Buszek zuliebe Mozart gerne auf sich genommen. Sie hatte sich mit einer Engelsgeduld im HSV-Stadion revanchiert. Vorsichtshalber hatte sie die rechte Hand von Peng-Peng festgehalten, als Staatsanwalt Klachel vorbeiging, während sich die Hamburger Elf auf dem Spielfeld abrackerte.

Ohne die Buszek etwas merken zu lassen, hatte Peng-Peng mit seiner freien Hand nach dem Griff des Revolvers unter der Jacke getastet und mit scharfen Augen die Tribüne gemustert, um zu sehen, wer alles da war. Gutes Publikum für das, was er vorhatte.

Schiedsrichter ans Telefon! brüllte Kadaver-Kalhaber.

Die Buszek hüpfte vor Aufregung. Uwe Seeler entzückte sie als Mann, weniger als Fußballer.

Scheeeler, Scheeeler, Scheeeler! schrie Peng-Peng ohne große Begeisterung und eigentlich nur der Buszek zuliebe.

Nach der Halbzeit sah Peng-Peng Klachel auf der Tribüne Hände schütteln und dann gehen. Der Staatsanwalt war kein Fußballfan. Peng-Peng nahm seine Fährte auf.

Wo will denn der so schnell hin? fragte Joseph mißtrauisch die Buszek. Hat der ein Telegramm gekriegt, oder was?

Einen G'fallen will er dir halt tun, sagte sie und zog den Kopf zwischen die Schultern, als sei sie für alle Marotten Peng-Pengs verantwortlich.

Den Klachel will er dir zwicken.

Peng-Peng hatte den Staatsanwalt im Gewühl schon verloren, als ihn Joseph außer Atem einholte.

Der musch wasch gerochen haben, sagte Peng-Peng.

Vor zwanzigtausend Zeugen! schrie Joseph, dem der Schweiß auf der Stirn stand. Bist du noch zu retten?

Mizzi Buszek, die Stragler nachgelaufen war, strahlte. Die meisten Freier wern gamsig, lachte sie, wenn's a bisserl Angst ham. Vor dem Dieter haben sie alle Angst.

Der Klachel will den Schumpf auschtrocknuen, verteidigte sich Peng-Peng und deutete auf Stragler und auf sich. Schumpf hat er tschu unsch gesagt.

In die Politik will er! Gewählt werden will er! schrie Joseph. Darum redet er so saudumm daher. Sonst ist der harmlos.

Peng-Pengs fixe Idee, in den Klachel ein Loch zu machen, war zum Kiez-Politikum geworden.

Meine Fresse, sagte Schnauzen-Kalle, ehrlich, der zieht die Spitznasen hinter sich her wie eine läufige Hündin die Rüden.

Jemand, sagte Joseph zu Schnauzen-Kalle, jemand muß ihm das ausreden.

Bloß wer? fragte Schnauzen-Kalle und sah sich um.

Der Pleng kompromittiert uns noch, wenn das so weitergeht, sagte Joseph.

Das kommt noch dazu, sagte Schnauzen-Kalle. Was die aufführen, wenn der den Klachel zwickt ... So was kann böses Blut machen, fügte er bekümmert hinzu, als ginge ihn das alles nichts an.

Dann müssen wir auswandern! brüllte ihn Joseph an. Nach Frankfurt ..., flüsterte er, um das ganze Ausmaß der Folgen beim Namen zu nennen.

Oder nach Düsseldorf, kreischte Schnauzen-Kalle im Falsett blanken Entsetzens.

Besser Peng-Peng zwicken? versuchte er die Gedanken Straglers zu erraten.

Um ein Eckhaus besser, sagte Joseph traurig.

Schnauzen-Kalle hatte ein paar Atemzüge lang nachgedacht und war dann zu dem Ergebnis gekommen, daß es sich um eine Art Auftrag handeln könnte.

Allein erwische ich den nie, versuchte er abzuwiegeln. Da ist immer die Buszek im Weg. Gespannt schaute er Joseph an und hoffte, ihm die Sache ausgeredet zu haben.

Ich bin für Recht und Ordnung, sagte Joseph. Ohne Rücksicht auf Verluste.

Scheiiiße, sagte Schnauzen-Kalle.

Mensch, sagte Joseph auf dem Ohlsdorfer Friedhof, als er Staatsanwalt Klachel und Peng-Peng sah, der trotz der Juli-Hitze im schwarzen Mantel mit Samtkragen zur Trauerfeier für Hans Albers gekommen war, paßt mir bloß auf Peng-Peng auf!

Nachdem sie »La Paloma« gespielt hatten, sagte ein Herr namens Käutner in die Stille hinein: »Good-bye, Johnny«.

Peng-Peng konnte vor Tränen nicht zielen. Joseph erstarrte, als er aus den Augenwinkeln sah, wie Peng-Peng hinter einem Berg von Kränzen in Tränen schwamm und mit einem Taschentuch und seinem Revolver herumfummelte.

Weißt du was? hatte er nach der Trauerfeier schweißgebadet zu Peng-Peng gesagt. Jetzt besorgst du dir erst mal Zähne. Und den Klachel ... Und den Klachel, den schaffst du einfach später ab. Der läuft dir nicht weg. Wie sieht denn das aus vor Gericht. Ohne Zähne!

11

Seit damals die Spatzen von den Dächern pfiffen, daß Peng-Peng vorhatte, den Klachel abzuschaffen, war er wer auf dem Kiez. Wer etwas Großes beabsichtigte, hier wie überall, war jemand. Ob es realisiert werden konnte, war gleichgültig, ob es wert war, realisiert zu werden, war noch gleichgültiger. Am besten, man plante eine gerechte Welt oder einen neuen und besseren Menschen oder wenigstens die weltweite Abschaffung von Armut und Geldgier. Es gab kaum einen Politiker, der für Deutschland keinen Sitz im Sicherheitsrat forderte, keinen Schauspieler, der nicht vorhatte, Regie zu führen, kein Fotomodell, das nicht beabsichtigte, ein Buch zu schreiben, kaum einen Lodel, der nicht in die Politik wollte. Die Welt war voll von Planern und von ihren Absichten. Eine der nobelsten Absichten war es, Europa zu bauen. Das war allerdings leichter, als den neuen Menschen zu schaffen, weil es das Europa Shakespeares, Voltaires und Descartes längst gab und die Politiker, die Europa zu bauen ankündigten, selber nur dessen Produkte waren. Sie hatten gar nicht gemerkt, daß ihr neues Europa schon auf dem Balkan an seiner Handlungsunfähigkeit jämmerlich verendet war und daß seine kläglichen Reste bei der ersten Belastung durch den britischen Rinderwahnsinn weggefegt worden waren bis auf eine monströse Bürokratie.

Für den Hausgebrauch auf dem Kiez genügte die Absicht, die Deutsche Bundesbank in Frankfurt auszuräumen oder ein Ludenimperium von Flensburg bis Salzburg zu gründen. Diese Absicht überdauerte Jahre, denn allein um das uneinnehmbare Widerstandsnest von Hannes Schöners Indianern in der Garnisonsstadt

Heilbronn aufzurollen, bedurfte es zeitraubender Vorbereitungen wie der Beschaffung von Flinten, Revolvern und Handgranaten, nächtlicher Schießübungen im Alten Land und der Ausarbeitung von Einsatzplänen in den Hinterzimmern der Puffs.

Der Plan von einem Ludenimperium hatte sogar Straglers Interesse geweckt, obwohl der nach fünfundvierzig einem, so nannte es Jensen-Escherode, Privatismus verfallen war und nur noch an seinen persönlichen Vorteil und ausschließlich an sein eigenes Glück dachte. Vielleicht konnte man mit einer Ludenkonföderation wenigstens ein Stück Europa bauen, das dann nicht von Brüssel, sondern von St. Pauli aus abkassiert und ausgenommen würde.

Wenn nichts passiert, hatte Stragler auf dem Krisengipfel Freunden und Feinden erklärt, wird auf der Reeperbahn Gras wachsen.

Die Puffs und die Zockerläden waren für Hamburg ein ähnliches Nationalheiligtum wie das Oktoberfest für München. Das Bild von den Huren mit den goldenen Herzen und von den Matrosen à la Hans Albers durfte ebensowenig durch einen Geruch nach Notdurft gestört werden wie die Maßkrug stemmenden und stets drallen Kellnerinnen durch Besoffene, die zwischen die Zelte und hinter die Karussells kotzten, auf denen sich fröhliche Kinder tummelten. Der Kiez war die Ausrede einer Stadt, in der die Hemden zu steif, die Westen zu weiß und die Perlen auf den Krawatten zu groß waren.

Nur eine von Hamburg aus kontrollierte Ludenkonföderation von Flensburg bis Freilassing könnte Hamburgs Nationalheiligtum erhalten. Wo immer primäre Geschlechtsorgane gezeigt, vermietet oder genutzt würden, wo immer auf deutschen Bühnen gebumst, in

Kabinen gemolken, in Kletterbuden gepudert, gewalkt, geknetet, gepatscht und gerieben werden würde, wollte künftig der Kiez seine Prozente. Das Monopol könnte von St. Pauli aus und über Ländergrenzen hinweg eine verbindliche Marktordnung schaffen, Großhandels- und Einzelhandelspreise für Frauen, nach Alter, körperlichem Befund, Gesundheitszustand und Bedienerfreundlichkeit, regeln. Man würde sich die Huren nicht mehr gegenseitig wegnehmen, sondern sie auf einer Messe vergleichen.

Dann muß man mit uns rechnen, sagte Schnauzen-Kalle. Wie mit der ÖTV.

Die Berliner Luden charterten ein Flugzeug und nahmen ihre besten Pferdchen mit, um sie am Rande des Krisengipfels in Hamburg probelaufen zu lassen. Die Loddels zockten an Bord, ließen sich verwöhnen, während unter dem Luftkorridor die Wälder und Felder der DDR vorbeizogen.

Die da unten wollen auch, sagte eine von den Huren. Die Mauer muß fallen! darüber waren sich alle einig.

Der Pate Münchens war verhindert, weil er zum Empfang des Ministerpräsidenten ins Antiquarium eingeladen war. Wenn ich da nicht hingehe, hatte er Stragler wissen lassen, dann macht mir der Kreisverwaltungsreferent einen Schaden von ein paar hunderttausend Lappen in meinen Läden. Er schickte daher seinen PR-Manager, den Dichter Wondernik in der Tracht eines bayerischen Gebirgsschützen.

Die stärkste Delegation stellten die Indianer aus Heilbronn unter dem Häuptling Schöner. Sie kamen in Leder, mit Fransen und Cowboystiefeln nach Hamburg und hatten auf ihren Station-wagons Büffelhörner. Wenn es nicht gelingen würde, Schöner und seine Indianer zu unterwerfen, dann brauchte Stragler gar nicht erst anzufangen.

Geschäftsfreunde, Kollegen, Feinde, sagte Stragler. Ich habe einen Traum.

Martin Luther King! hatte Professor Jensen-Escherode flüsternd dem Bölleräugigen erläutert.

Wenn es auf St. Pauli blitzt, dann donnert es künftig in Hof. Wenn es in Hamburg regnet, dann hagelt es von heute an Katzenköpfe in Würzburg!

Großer Beifall.

Heute weiß man in den Chefetagen der Konzerne und im Fischladen an der Ecke, sagte er, was wir auf dem Kiez schon immer gewußt haben: Nicht der Bauer verdient an der Milch, sondern die Molkerei. Nicht der Maler wird an seinen Bildern reich, sondern der Galerist. Nicht der Dichter wird berühmt mit seinem Buch, sondern der Kritiker, der ihn verreißt. Nicht die Hure kassiert, sondern der Zimmervermieter, der sie beschützt. Der Kiez ist die Idee der freien Marktwirtschaft per se. Wir sind die Pioniere hanseatischen Kaufmannsgeistes. So grüßen wir unser Freunde im ganzen, hoffentlich bald im wiedervereinigten Deutschland und rufen ihnen von der traditionsreichen Stätte der Freude aus zu …

Von mir, flüsterte Jensen-Escherode dem Bölleräugigen zu, sah ihn an und deutete auf Stragler.

… von diesem Hort des Schauens und des lustvollen Tuns rufen wir euch zu: Einigkeit macht stark!

Bühnenbumser der Nation vereinigt euch! kreischte Kadaver-Kalhaber.

Schluß mit Vernissagen! schrie Schnauzen-Kalle.

Wir verlangen von unseren Freunden von Flensburg bis Freilassing nur eines, und das ist Vertrauen, sagte Stragler.

Wer kein Vertrauen hat, wird abgemichelt, brummte Schmutz, den sie auch mitgenommen hatten.

Schöners Indianer waren die einzigen, die nicht klatschten.

Steh nicht rum. Tu was! grinste Kadaver-Kalhaber und schob Schmutz in Richtung Indianer.

Bevor du was tust, steh lieber bloß rum! zischte Stragler. Politik ist meine Sache.

Stragler sei dann, so erinnerte sich der Crailsheimer, obwohl er nicht dabei war, ganz langsam auf Schöner zugegangen, und es sei still geworden im *Verissima*.

Was hast du gesagt? habe Joseph den Häuptling gefragt.

Hörst du Stimmen? habe Schöner zurückgefragt.

Es mache ihn traurig, daß er so etwas sage, habe Stragler insistiert, aber Schöner habe nur mit den Achseln gezuckt wie über einen Irren.

Er solle das zurücknehmen, habe ihn Stragler aufgefordert, und Schöner habe sich dumm gestellt und nur gefragt, wie man etwas zurücknehmen könne, was man nicht gesagt habe. Noch habe er gelacht.

Wie man sich in seine Eier beiße? habe der Dichter Wondernik wissen wollen und damit bei den Indianern Gelächter ausgelöst. Es habe da offenbar eine Achse München–Heilbronn gegeben.

Dann sei Straglers Ultimatum gekommen: Nimm zurück, was ich gehört habe!

Woher soll ich wissen, was du gehört hast? Ich habe kein Wort gesagt.

Es ist nicht wichtig, was du gesagt oder nicht gesagt hast. Oder ob du überhaupt etwas gesagt hast! habe Stragler gesagt, und von heute an sei nur noch wichtig, was er höre.

Damit war das Gipfeltreffen zunächst einmal einvernehmlich gescheitert, wie die Hamburger Presse das formulierte, und die Operation Heilbronn, mit der die Indianer unterworfen werden sollten, war unausweichlich geworden.

Der Rest war Straglers Erinnerung entfallen.

Nur der Crailsheimer, der sich sonst nicht besonders gern erinnerte, wußte, wie es weitergegangen war, obwohl er wegen einer angeblichen Magen-Darm-Verstimmung gar nicht dabei war.

Als sich die Hamburger Truppe zum letzten Gefecht mit Maschinenpistolen, Handgranaten und Luparas in Schöners Heilbronner Las Vegas einfand und die Metallwaren auspackte, hatte der Pate von Heilbronn etwas Unerhörtes, noch nie Dagewesenes getan, er hatte einfach die Funkstreife gerufen, denn er dachte nicht im Traum daran, sich mitten in seiner hübschen Stadt auf eine Schießerei mit Hamburger Luden einzulassen.

Mit einem, der sich nicht geniert hat, die Polizei zu rufen, konnten die vom Kiez nicht umgehen. Sie packten ihre abgesägten Flinten, Maschinenpistolen, Handgranaten wieder in ihre »adidas«-Taschen. Inzwischen hatten die Squaws der Heilbronner Indianer den Hamburgern für alle Fälle die Luft aus ihren Weißwandreifen gelassen, und die Truppe vom Kiez mußte auf den Felgen ihrer Nobelschlitten aus der Stadt holpern.

Die Ausweitung des Kiez war dann, als die Brüder und Schwestern nach dem Fall der Mauer in den Westen strömten, in eine andere Richtung erfolgt. Der Jubel über das Ende des real existierenden Sozialismus im Osten Deutschlands hatte die mächtige Völkerwanderung dem Blick der Öffentlichkeit entzogen.

Der Kapitalismus hatte sich Richtung Frankfurt an

der Oder, Leipzig und Dresden aufgemacht, eine Woge von Spekulanten, Luden und Sektierern ergoß sich, schon durch die ersten Lücken der Mauer, mit der Gewalt einer Sturmflut Richtung Osten. Lastwagenkolonnen mit »One armed bandits«, Spieltischen, Puffeinrichtungen, Kondomautomaten bewegten sich Richtung Sonnenaufgang wie UNO-Hilfskonvois. Die ersten Maschinen, die in Leipzig-Halle landeten, spuckten Scharen von Parteifunktionären, Gewerkschaftsfunktionären, Zuhältern und Autohändlern aus.

Dann schwappte die Welle wieder zurück. Sie kam aus Polen, Usbekistan oder Rußland und füllte das Vakuum im Westen auf. Die neuen Fremden waren anders als die alten Fremden. Wo die Italiener, die Türken oder die Jugoslawen hergekommen waren, konnte man arm sein, ohne zu verhungern. In Sizilien war sogar das Elend noch einigermaßen lebenswert. Wo die Neuen herkamen, gab es nichts zwischen Verhungern und Völlerei. Die alten Fremden hatten ihre Grausamkeit zu Hause gelassen. Die neuen Fremden brachten sie mit. Von klein auf hatten sie gelernt, daß es nur eine einzige Möglichkeit gibt, sich gegen Gewalt zu wehren. Man muß brutaler sein als alle anderen.

Die verstehen nicht, warum sie reden sollen, wenn wir sie nicht verprügeln, sagte der Sheriff.

Die halten jeden für ein Arschloch, der sie nicht prügelt, fügte Schnauzen-Kalle hinzu, als hätte er schon immer so etwas geahnt.

Das sei ein gewisser Kulturschock, meinte Jensen-Escherode, und es liege an uns, ihn zu überwinden.

12

Eigentlich hätte die Hohe Partie längst wieder im *Zokkatero* sein können. Aber Stragler tat das vormittägliche Stimmengewirr im *Bosporus* wohl. Er mußte nicht hinhören, konnte das Gewäsch an sich vorbeifließen lassen wie lauwarmes Wasser. Er streckte die Füße unter den Tisch, gähnte, verschränkte die Hände hinter dem Kopf und drückte die Ellenbogen zurück, bis seine Schultergelenke knackten.

Peng-Peng hat sich damals wer weiß wie gefühlt, sagte Kadaver-Kalhaber. Gefühlt hat er sich, weil ihm andauernd die Schmiere nachgelaufen ist. Auf Schritt und Tritt. Das war fast wie ein Personenschutz, war es.

Die Buszek lächelte bei der Erinnerung an Peng-Pengs Eitelkeit.

Wenn sich die Haberer irgendwo ein Bier genehmigt haben, sagte sie, dann hat er gewartet, damit sie ihn bloß nicht verlieren.

Ihr redet schon wieder von Gespenstern, sagte der Crailsheimer. In letzter Zeit wird bei euch nur von Gespenstern geredet. Mich interessieren keine Gespenster.

Stragler mußte lachen. Nicht über den Crailsheimer, sondern über Peng-Peng.

Pasch auf! sagte Stragler, als hätte er auch keine Zähne. So hat er geredet. Pasch auf, hat er gesagt, den schiesch ich denen unter der Nasche weg. Dasch wirscht du erleben.

Jetzt lachte auch die Buszek.

Weißt du noch. Vom *Café Elite* aus haben uns die Haberer im Sitzen …

… observiert, prustete Stragler heraus. Die wollten

sich endlich irgendwo hinsetzen, weil sie schon Plattfüße gehabt haben vom vielen Nachlaufen.

Der Dieter hat laufen können, sagte die Buszek. Der hat in Indochina und im Kongo laufen gelernt.

Und die immer hinterher, waren sie, immer hinterher, sagte Kadaver-Kalhaber. Toujours hinterher.

So hat er sich die Currywurst reingeschoben, sagte Mizzi Buszek. So! Sie schob sich eine unsichtbare Wurst mit Daumen und Zeigefinger in den Mund und spreizte den kleinen Finger zierlich ab. Dann hat er sich mit einem Papiertaschentuch die Labes abgeputzt, er war ein sauberer Mensch, der Dieter, ein sehr sauberer Mensch, und damit die Haberer im *Café Elite* nicht einschlafen, hat er den Revolver herausgeholt und nachgeschaut, ob die Trommel voll ist.

Sie war voll, lachte Stragler.

Seine Trommel war nämlich immer voll, sagte die Buszek mit einem Blick auf den Crailsheimer.

Seine Trommel war nämlich immer voll, äffte der Crailsheimer die Buszek nach. Meine Trommel ist auch immer voll.

Und dann, sagte Kadaver-Kalhaber, dann hat er sie mit einem eleganten Schlenker aus dem Handgelenk wieder eingerastet. Er machte eine Kreisbewegung. So!

Pfffh! machte der Crailsheimer, zog wortlos seinen Revolver aus der Jacke und machte den Schlenker richtig vor, mit der beiläufigen Eleganz, die vom satten Klack der einrastenden Trommel belohnt wird.

Genau, sagte die Buszek. Ganz genau.

Ein paar von den Gästen, die dem Crailsheimer zugeschaut hatten, klatschten.

Kannste vielleicht mal das Fett wechseln, schrie der Crailsheimer, dem Beifall peinlich war, Richtung Küche. Stinkt wie gebratene Socken.

Schnauzen-Kalle schnupperte in der Luft. Riecht irgendwie nach Pudel-Paul.

Der träumt, sagte der Crailsheimer. Wo die Mohammedaner doch kein Schweinefleisch fressen.

Der Klachel ist ihm halt immer im Kopf herumgegangen, sagte die Buszek mit einem andächtigen Blick an allen vorbei. Sie schob Schnauzen-Kalle den Teller mit dem Rest hin, den sie nicht mehr wollte.

Stragler erinnerte sich, wie Schnauzen-Kalle damals herumgeeiert hatte. Der hat angesichts des Problems Peng-Peng völlig unbeteiligt getan. Strenggenommen war es nicht sein Problem, sondern eher das des Crailsheimer. Aber der fing immer erst nach einer Vorkasse an, über Arbeit nachzudenken, weil er davon überzeugt war, daß Geschäftliches nicht mit Gefälligkeiten vermischt werden durfte.

Und ihr? hatte Stragler damals Schmutz und Fink gefragt, die zur Galerie im *Golden City* gehörten und sich bei jeder Gelegenheit andienen wollten. Habt ihr überhaupt eine Kanone?

Der Crailsheimer hatte über diese Frage gelacht, ohne das Gesicht zu verziehen.

Joseph sah den Crailsheimer heute noch vor sich. Inzwischen hatte er sich daran gewöhnt, daß der Crailsheimer lachen konnte, ohne eine Miene zu verziehen.

War auch nicht eine deiner besten Ideen, sagte Kadaver-Kalhaber. Schmutz und Fink, er schüttelte noch zehn oder zwanzig Jahre später den Kopf über die Schnapsidee Straglers, von Schmutz und Fink ein kietzpolitisches Problem lösen zu lassen. Stragler konnte ihm nicht widersprechen. Jetzt, im nachhinein, war ihm das auch klar.

Schmutz, bürgerlich Friedhelm Müller, war aus Castrop-Rauxel ausgewandert, weil er dort keine Chancen im Bordellwesen gesehen hatte. Unterwegs war ihm Fink, bürgerlich Abner Meyer, über den Weg gelaufen.

Wie Fink das Dritte Reich überlebt hatte, war Schmutz rätselhaft. Fink hatte sich dazu nie geäußert. Wie kann man wissen, schien er sich zu denken, ob man nicht unter denen war, die nicht gewollt hatten, daß er überlebte. Im Gegensatz zu Schmutz lachte er selten. Vermutlich kam ihm selten etwas komisch vor. Jeden Scherz nahm er für bare Münze und versuchte zu ergründen, warum ihn jemand gemacht haben könnte. Er hätte gerne zu den Nachdenklichen gehört, zu denen, die gelassen alles um sich herum prüfen, ohne, wie er, immer zum selben Ergebnis zu kommen, nämlich zu dem, daß es am Ende wahrscheinlich doch schiefgeht.

Beim Zocken tat er ständig, als denke er nach, schloß die Augen, wie um sich zu konzentrieren, zog die Stirn in Falten, hob die Augenbrauen und ließ dann nach vielen Grimassen die eine Karte fallen, die er unter keinen Umständen hätte fallen lassen dürfen.

Warum wirfst du einen Neuner, wo der Schnaufer schon einen Neuner genommen hat, lachte Schmutz. Nicht aus Schadenfreude, sondern aus Resignation, denn Fink verlor schließlich auch sein Geld.

Warum wirfst du nicht den ausgelutschten Pik-König, obwohl schon zwei Könige liegen, und du hast auch noch die Pik-Dame auf der Pfote, kreischte Schmutz und faßte sich an den Kopf.

Wenn Fink wieder eine Partie vernudelt hatte, horchte er, um wenigstens noch etwas Zeit zu gewinnen, in sich hinein, so, als ob noch etwas zu ändern wäre und er dasselbe Spiel noch einmal ganz anders spielen könnte.

Kann ich mir nicht risikieren, den Pik-König, sagte er dann. Er gab keinen Grund an, weshalb der Pik-König ein Risiko hätte sein sollen. Aus seiner Sicht war eine Begründung auch völlig überflüssig. Alles war riskant. Leben war riskant.

Er hatte eine unglückliche Neigung zu Fremdwörtern und ein Gesicht wie feines Porzellan. Seine Augenbrauen waren wie aufgemalt. Immer hatte er den bläulichen Schimmer eines Barts auf Kinn und Schläfen. Er mußte sich zweimal am Tag rasieren. »Sankt Atout«, sagte er statt »sans atout«. Und »Blöff« statt »Blaff«.

Die ganze Partie hätt's de jewonn'n, sagte Schmutz. Mit links.

Noch morgen werd' ich kriegen die A-poplex-je, sagte Fink zerknirscht.

Dr. Steiner fing an zu lachen.

Sie zerlachen sich, Herr Dokteer? sagte Fink.

Apoplexiiiiiie heißt das, korrigierte ihn Dr. Steiner, der immer noch herumlief, als käme er gerade aus der Klinik. Dabei war ihm längst die Approbation entzogen worden. Nicht Apoplex-je, äffte er Fink nach. Warum muß einer wie der Apoplexi-je sagen, fragte er die Galerie. Warum kann er nicht einfach »Hirnschlag« sagen.

Fink hatte damals aufgrund der einmaligen Chance, durch eine Dienstleistung für Stragler im Leben weiterzukommen, am Bahnhof und in St. Georg Leute angehauen, bis er einen Besoffenen fand, der einen kannte, der von einem gehört hatte, der dringend einen Revolver loswerden wollte.

Schmutz war dem Besoffenen auf den Fersen geblieben, bis er nüchtern war.

Für jede Patrone will mein Mann, sagte der Besoffene großartig, einen Heiermann extra.

»Mein Mann« war eine beliebte Redewendung auf dem Kiez, weil sie nahelegte, daß hinter jemandem noch jemand stand, vielleicht sogar eine ganze Seife, und daß man zu wem gehörte.

Bist du mevulve? fragte Fink. Fünf Eier für eine lausige Patronage?

Mein Mann ist kein Teppichhändler, sagte der Besoffene.

Eine reicht, sagte Fink.

Drei zur Sicherheit, schlug Schmutz vor.

Und was, wenn de danebenballerst? wollte der Besoffene von Schmutz wissen und zog fröstelnd die Schultern hoch.

Ich ballere nicht daneben, sagte Schmutz und hob einen Finger.

Also gut, zwei, sagte Fink, der etwas mehr Feuerkraft für sicherer gehalten hätte.

Das *Zockatero* war die Falle.

Ich mach' dir eine Dingens für dreihunnert, sagte der Kölner Scheckartist, dem die Luft ausging. Für meine Schecks krieste leicht 'ne Blaue für, so lecker sind die.

Peng-Peng schüttelte den Kopf. Er hatte schon für gedeckte Schecks nichts übrig, geschweige denn für falsche.

Vielleicht bin ich morgen wieder gesund, sagte der Kölner. Das war nicht die Ankündigung einer Wunderheilung, sondern die Aussicht, von einem Geld zu kriegen, dem einer was schuldig war, der seit Wochen etwas herausrücken sollte, aber bis jetzt aufgrund eines Zusammentreffens widriger Umstände nichts gehabt hatte.

Peng-Peng schaute ihn mit unbewegtem Gesicht an.

Der Typ wollte, daß ich bei dem wohne, ährlisch, sagte der Kölner Scheckartist. Taschengeld, eigenes Klo, alles.

Warum scholl ich gegen mein eigenesch Geld schupielen? sagte Peng-Peng, den die Karten umrannten.

Swimmingpool, Weiber, alles vom Feinsten. Der Scheckartist zuppelte an seinen Karten, um die Ungeduld Peng-Pengs zu nützen, der es eilig hatte, weil er seinen sensationellen Lauf nicht verrinnen lassen wollte.

Habe ich abgelehnt, sagte der Kölner. Meine Unabhängigkeit war mir wichtiger.

Hör auf rumtschuwichschen, sagte Peng-Peng.

Die? fragte der Scheckartist in seiner Verzweiflung Mausi, der neben ihm saß. In den letzten Nächten war es gewesen, als hinke der Zufall hinter Mausis Karten her und nicht umgekehrt. Sogar wenn Mausi sich verzog und die falsche Karte erwischte, selbst wenn er aus purem Übermut danebenlangte und einfach die nächstbeste auf den Tisch fallen ließ, er konnte keinen Fehler machen.

Die? fragte der Scheckartist und gab Mausi einen Rippenstoß, um dessen Massel anzuzapfen.

Mausi schüttelte den Kopf.

Wat hältste von der?

Mausi schüttelte wieder den Kopf.

Laschon fallen, endliuch, drängelte Peng-Peng, der fühlte, wie sein Lauf verrann.

Doch die? fragte der Scheckartist, dem die Nerven langsam bloßlagen.

Mausi schüttelte den Kopf.

Knallkopf, sagte der Scheckartist.

Bin plemplem, grinste Mausi, rupfte ihm blitzschnell

die Karo-Zehn aus der Hand und schmiß sie auf den Tisch.

Bauchschuß! jubelte Peng-Peng, grapschte sich die Karte und deckte einen »gin« mit einem Karo-run auf, dem nur die Zehn zwischen der Neun und dem Buben gefehlt hatte.

Mausi war aufgesprungen und hatte seine Fäuste vor den Kopf gehalten wie ein Boxer, der mit Treffern rechnet und jeden Gedanken an Gegenwehr fahrengelassen hat.

Gansch ruhig, sagte Peng-Peng zum Kölner und klopfte gegen seine Hosentasche.

Der Scheckartist schmiß die Karten auf den Tisch, drehte seinen Stuhl um, faßte sich an die Eier, spuckte Mausi in die Ohren. Es nützte nichts, er war abgebrannt, und Peng-Peng nahm keine selbstgehäkelten Schecks.

Peng-Peng hatte Schmutz und Fink nicht hereinkommen sehen. Die Gewinnsträhne verzauberte ihn. Wer gewinnt, ohne zu wissen, warum er gewinnt, hört und sieht nichts mehr. Er wagt kaum, sich zu rühren, um nur ja nichts aus dem Gleichgewicht zu bringen. Er fragt sich nicht einmal, womit er diese Gewinnsträhne verdient haben könnte, weil er Angst hat, sie durch diese Frage zu beenden. Der Zufall, der die Strähne macht, könnte sie abreißen lassen und einem hochmütigen Zocker eintränken, daß sie nicht das Ergebnis seiner Schlauheit war. Und doch: Irgend etwas, ihm selbst verborgen, muß er richtiggemacht haben. Die sonst gefährliche und unsichere Welt erscheint jedem Gewinner heiter und ohne Arg. Wer einen Lauf hat, hält sich für unverwundbar. Vergessen sind die Zeiten, in denen man vorsichtig sein muß.

Der Scheckartist schnüffelte in der Luft wie ein Hund, der wissen will, ob jemand in der Nähe ist, der ihn fürchtet. Schmutz und Fink hatten zwar Angst in den Kleidern, aber die galt nicht ihm. Das hätte er gerochen. Die beiden rochen immer nach Angst.

Der Scheckartist winkte Mausi hinaus in die Toilette, als wäre draußen ein Schatz vergraben.

Leihste mir deinen Anzug, sagte er.

Mausi stand mit seinem neuen Anzug in einer Klozelle mit offener Tür und pinkelte in die Schüssel, weil er immer Harnverhaltung bekam, wenn auf dem Pissoir jemand neben ihm stand und ihm auf seinen Kinderarm guckte.

Mausi schüttelte den Kopf.

Es war dem Kölner nicht klar, ob das seiner Bitte galt oder nur die Verweigerung eines Gesprächs war.

Für ein schwaches Stündchen, sagte der Scheckartist.

Mausi schüttelte den Kopf.

Ein halbes Stündchen, bettelte der Kölner.

Mach wenigstens die Tür zu, sagte Mausi. Der Scheckartist zog die Klotüre zu. Mausi reichte die neue Jacke oben über die Türe, dann die neue Hose.

Krawatte, sagte der Scheckartist, um die Kleider über dem Arm zu vervollständigen. Schweigen. Mausi hatte den Kopf geschüttelt. Das hatte der Scheckartist vor der Tür aber nicht sehen können.

Los, die Krawatte, sagte er.

Mausi reichte die Krawatte über die Tür. Der Scheckartist schaute sie an, hielt sie gegen das Licht.

Vollgesabbert, sagte er vorwurfsvoll und schmiß sie wieder zurück.

Verkühl dich nit, sagte er dann und zog mit dem neuen Anzug über dem Arm ab, um ihn beim Pfandleiher auf der anderen Straßenseite gegen Bargeld zu hinterlegen.

Fink schaute vorsichtshalber unter die Kabinen, während Schmutz die zwei Patronen in die Trommel zwängte. Sie klemmten ein wenig. Er mußte mit dem Daumen nachdrücken, bis der Nagel weiß wurde. Fink sah die Füße von Mausi, der vor Kälte schlotternd auf dem Klo saß und auf seinen Anzug wartete.

Komm raus, lockte Fink.

Hab nichts an, jammerte Mausi.

Exhibitionistensau, schrie Schmutz und trat die Türe ein. Holz splitterte.

Bloß Mausi, sagte Fink. Komm raus, Mausi! Verschwinde! Sie schoben ihn in der Unterhose durch den Hintereingang hinaus in die Kälte.

Alle wußten, was kommen würde. Nur Peng-Peng konnte eigentlich nichts wissen. Vielleicht aber wußte Peng-Peng sogar mehr als die anderen. Vielleicht wußte er, daß man seinem Schicksal nicht davonlaufen kann, weil es überall auf einen wartet. Vielleicht war er auch in Indochina, am Kongo und am Zsavo zu müde zum Weglaufen geworden. Außerdem hatte er eine Gewinnsträhne.

Schmutz und Fink stellten sich hinter Peng-Peng, um ihm in die Karten zu schauen.

Also dann? fragte Schmutz Richtung Fink. Wann steigt der Ballon?

Wasch für ein Ballon? fragte Peng-Peng ohne großes Interesse.

Fink hatte Schweiß auf der Stirn, nickte und sagte: Jetzt.

Schmutz holte den Revolver aus der Hosentasche.

Der Scheckartist sah ihm zu und rückte ein wenig von Peng-Peng weg, um nicht vollgespritzt zu werden. Wenn Schmutz sich etwas beeilte, mußte er nicht zahlen.

Schmutz hielt Peng-Peng den Revolver an den Kopf und drückte ab.

Es machte klick.

Hamsche dir insch Hirn geschischen? fragte Peng-Peng. Oder wasch?

Dr. Steiner lachte.

Ich glaube, der hat schie nicht alle, sagte Peng-Peng.

Spaß, sagte Schmutz. Reg dich nicht auf.

Weischt du, wasch Spasch ischt? Dasch ischt Spasch! sagte Peng-Peng und klopfte an den Revolver in seiner Jackentasche. Da ischt eine Menge Spasch drin.

Du und deine verkackte Sparsamkeit, versuchte Schmutz auf der Toilette die Schuld auf Fink zu schieben.

Sag bloß, du hast aufs leere Loch gedrückt, sagte Fink und setzte sich auf einen Klodeckel, um sich den Schweiß von seinem Porzellangesicht zu wischen.

Schmutz drehte die Trommel um ein paar Tick weiter und rastete sie ein. Verbissen schob er den Revolver wieder ein.

Als er an Peng-Peng vorbei Richtung Ausgang schlenderte, zog er ihn blitzschnell heraus, hielt ihn Peng-Peng wieder an den Kopf und drückte ab. Es machte wieder klick.

Montagsch haben die von Ochschentscholl frei, lachte Peng-Peng. Mit einem Black Jack in der Hand, der alle anderen Karten schlug, war er bester Laune. Er fühlte sich nicht nur unverwundbar, er war wirklich unverwundbar, wie Siegfried nach seinem Bad in der Quelle. Er nahm den Black Jack, bestehend aus Pik-Buben und Herz-As, knallte sich die beiden Karten mit der Rückseite an die Stirn, wo sie an der fettigen Haut kleben blieben, und sah sich triumphierend im *Zockatero* um.

Peng-Peng hatte nicht geahnt, warum ihn Stragler umarmt hatte, als er später ins *Bosporus* kam, das damals noch eine Gyros-Bude war, in der man stehen mußte, weil es nur drei Stühle gab. Herzlichkeit war das letzte, das er von Stragler erwartete. Einen Augenblick lang hatte Peng-Peng gefürchtet, Stragler würde ihn küssen und er müßte den Rest seines Lebens mit der Frage leben, wie ein Mann wie Stragler so entgleisen konnte.

Bei der Vorstellung, daß es den Legionär auf dem Kiez nicht mehr geben könnte, hatte Stragler Peng-Peng liebgewonnen. Im nachhinein war er froh, daß Schmutz und Fink zu blöd gewesen waren, ihn wegzumachen. Der Staatsanwalt mußte eben selber auf sich aufpassen.

Ein wenig Unbehagen mischte sich in Straglers Erleichterung. Wenn die ganze Wahrheit an den Tag käme, wenn aufkäme, daß er weder die Schanz noch Pudel-Paul oder wenigstens Peng-Peng abgeschafft hatte, wäre sein Status nicht nur auf dem Kiez, sondern auch beim Fernsehen gefährdet und er könnte sich in Zukunft Einladungen zu Talk-Shows sonstwohin stekken.

Mizzi hatte Straglers unangemessene Liebenswürdigkeit damals, starr vor Entsetzen, als das erkannt, was sie war. Die Herzlichkeit Straglers hatte ihr klargemacht, wie eng es für Peng-Peng geworden war. Peng-

Peng hatte nichts gemerkt. Die Engstellen des Lebens zu übersehen, das war ihm im Kongo und in Indochina zur zweiten Natur geworden.

Da haben sich zwei gefunden, sagte Stragler zu Mizzi. Da darf man nicht den Daumen dazwischenhalten.

Wasch für einen Daumen? wollte Peng-Peng wissen. Und wo datschwischen?

Darüber reden wir einmal in Ruhe, sagte Stragler. Nur wir beide. Dabei hatte er seinen Blick nicht von Mizzi gewendet, weil er wußte, daß sie wußte, mit dem Daumen war eigentlich der Zeigefinger von Schmutz gemeint.

Dem Joseph, sagte die Buszek, sind nicht nur deine Zähne wichtig. Es ist ihm wichtig, was du über ihn denkst.

Ehrlich? lachte Peng-Peng. Über mich können alle denken, was schie wollen. Scholange schie schiuch nischts anmerken laschen.

Mach dir nichts vor, sagte Joseph. Jeder will auffallen. Jeder will besser oder mieser sein als die anderen. Kränker oder gesünder. Reicher oder ärmer. Bloß nicht mittendrin, wie die meisten.

Schiescht du? triumphierte Peng-Peng. Deschhalb war ich in Braschaville. In Braschaville ischt man wasch gansch Beschonderes.

So besonders, sagte Stragler, wie die Bergsteiger auf unserem Friedhof in Thalpointing. Die waren auch etwas Besonderes, wenn sie sich das Genick gebrochen haben. Ich wäre lieber ein ganz normaler Mensch, ohne mir das Genick zu brechen. Warum soll man nicht einfach ein ganz normaler Mensch sein und trotzdem etwas Besonderes?

Freitag

1

Freitag war der Tag, an dem der Wiener im *Bosporus* Hof hielt. Er verfiel zwar seit Jahrzehnten, lebte aber trotz der Motten in seiner Lunge immer noch ganz gut.

Stragler überließ dem Wiener jede Woche einmal, in der Nacht von Donnerstag auf Freitag, das *Bosporus*. Lange konnte es doch nun wirklich nicht mehr dauern, bis wieder eine fulminante Beerdigung fällig wäre. Das dachte er jeden Freitag. Seit Hunderten von Freitagen.

Krank mußt du sein, das mußt du, erklärte ihm Kadaver-Kalhaber dieses Wunder. Das ist ganz einfach. Du mußt so krank sein, daß es nicht einmal zum Abkratzen reicht. Dann lebst du ewig, wenn du zu krank zum Abkratzen bist.

Trotz der Motten in der Lunge rauchte der Wiener immer noch, das heißt, er ließ immer noch rauchen. Mit der Geste eines Granden hielt er seine Zigarette zwischen zwei Fingern hoch, um sich Feuer geben zu lassen, und machte dann einen langen, tiefen Zug. Seine Bubis pumpten sich beim bloßen Zusehen auf wie Maikäfer vor dem Start. Während des Hustenanfalls, an dem der Wiener nach jedem dieser tiefen Lungenzüge beinahe erstickte, reichte er die Zigarette einem der beiden Knöpfe, der sie dann zu Ende rauchen mußte.

Damals, als die Wiener in St. Pauli einmarschiert waren, hatten sich die beiden Knöpfe einmal ähnlich gesehen wie ein Ei dem anderen. Sie hatten sich damals genauso anziehen müssen wie der Wiener-Teddy, damit dessen Risiko, vom Crailsheimer oder von sonst jemandem weggemacht zu werden, gedrittelt würde. Eine Schimäre von einem Risiko, denn dem Stragler, der seit dem Einmarsch der Praterluden tagtäglich mit dem Ableben des Wiener rechnete, wäre dieses Ableben keine Mark wert gewesen, und umsonst hätte der Crailsheimer nicht einmal mit dem Schlüsselbund in der Hosentasche geklingelt. Die Knöpfe des Wiener-Teddy sahen sich jetzt zwar immer noch ähnlich, aber nicht mehr wie ein Ei dem anderen, sondern wie eine alte Kartoffel einer anderen. Wenn sie damals schon so ausgesehen hätten, wäre Joseph ein Schießbefehl leichtgefallen. Aber so war alles ganz anders gekommen, und die Invasion der Wiener hatte ihren Lauf genommen.

Schon wenige Tage danach war über den flirrenden Asphalt der Startbahn von Fuhlsbüttel donnernd eine Maschine aus Schwechat eingeschwebt.

Das Musikkorps der Hamburger Polizei hatte zum Staatsbesuch des österreichischen Außenministers die Nationalhymne »Land der Berge, Land am Strome« intoniert. Hamburger Politiker, Presseleute und Kamerateams des NDR hatten gewartet. Aber noch vor dem österreichischen Außenminister war ein Schwarm von Praterhühnern zu den Klängen der Polizeikapelle winkend und kreischend die Gangway hinuntergeflattert. Die Musik war dünn und dünner geworden, bis auch die Klarinette nach ein paar verzweifelten Blasern verstummt war.

Als sich dann der halbe Prater und die Vorausabteilung des Wiener-Teddy mit Bussi-Bussi in der Empfangshalle begrüßt hatten, fing das Musikkorps der Hamburger Polizei noch einmal an. Der hohe Gast war offenbar doch noch erschienen. Er hatte nur, zivil wie österreichische Politiker sind, den Damen den Vortritt gelassen.

Zuerst ließen es die Wiener nicht an Respekt fehlen, dann verlangten sie Prozente, Puffanteile zu Vorzugspreisen, und machten den bodenständigen Kletterbuden mit dem süßen Schmäh ihrer Huren die Freier abspenstig. Wenn einer nicht wollte oder nicht konnte oder kein Geld hatte, dann plärrten sie ihm nicht »Wichser!« nach wie die Kiez-Huren, denn vielleicht hatte er das nächste Mal Geld, vielleicht konnte er das nächste Mal, und zu was, fragten sie sich, soll man einen Kunden abschrecken?

Net alle san's Masochisten, denen er bloß steht, wann's g'schimpft wern, erläuterte die Buszek die Höflichkeit der Grabenschwalben.

2

Kurz nach dem Einmarsch der Wiener hatte ein Horch 8 mit Wiener Nummernschild neben der Buszek gehalten. Jemand hatte den Wagenschlag von innen aufgehalten, und die Buszek war eingestiegen, ohne zu schauen, wer am Steuer saß.

Und was können's, die Piefkes, was mir net können? grinste der Wiener-Teddy.

Die Buszek hatte kein Wort herausgebracht.

Hast keinen Stolz? fragte der Wiener.

Die Buszek preßte ihre Lippen fest zusammen.

Da heraußen, säuselte der Wiener, müssen wir zammhalten.

Die Buszek suchte nach dem Türgriff.

Magst nicht reden?

Die Buszek fand den Türgriff.

Damit sie nicht während der Fahrt auf die Idee käme, auszusteigen und dabei hinzufallen, schlug ihr der Wiener mit dem Handrücken auf die Lippen und hielt ihr sofort seinen Zeigefinger direkt vor die Augen. Fesch lenkte er den Wagen mit der Linken.

Zahlen mußt auch fürs Reden, bockte die Buszek.

Der Wiener lachte tonlos mit dem Bauch. Feig war die nicht. Es braucht schon Mut, einem wie ihm zu sagen, daß er für irgend etwas zahlen sollte.

Sie kamen an einem Rotlicht zum Stehen. Blut lief ihr aus den geplatzten Lippen. Im Auto, das neben ihnen gehalten hatte, waren die Insassen neugierig geworden.

Lach! sagte der Wiener, packte sie bei den Haaren und drehte ihr den Kopf zum Fenster.

Lach, Hur!

Die Buszek wußte, daß er sie abmurksen würde, wenn sie nicht lachte. Sie lachte die Gaffer in den anderen Autos an. Die schauten weg, als sie das Blut auf ihrem Gesicht sahen, um sich nicht einmischen zu müssen.

Als die Ampel grün wurde, machte ihr der Wiener die Tür auf, schob sie hinaus und gab Gas.

Ich schleich mich, sagte die Buszek zu der angejahrten Kollegin, die ihr beim Aufstehen half. I möcht heim.

Egal, wie weit du tippelst, sagte die. Die fangen dich wie'n Stück Vieh.

Das hatte die Buszek eingesehen und war geblieben.

3

Die Türken vom *Bosporus,* die ungern Eingeweide essen, machten freitags ein saures Lüngerl für den Wiener, weil der sich einbildete, das täte seiner Lunge gut.

Eine arme Sau, sagte Joseph zum Senator a. D., der inzwischen auch im *Bosporus* eingetroffen war. Aber ..., sagte er und machte eine Pause, als hätte er vergessen, was er sagen wollte. Er dachte nach. Mit dem Wiener hat das Chaos bei uns angefangen, sagte er dann.

Kann man sich gar nicht mehr vorstellen, sagte Kadaver-Kalhaber, wenn man ihn heute so sieht, abgekommen, wie er ist.

Ein Hege-Abschuß, sagte der Crailsheimer.

Vom Äußeren darf man nicht ausgehen, sagte Stragler, das täuscht fast immer.

Englischen Cheviot haben die damals mitgebracht, ungarische Zwiegenähte, Jagdanzüge aus Schilfleinen und hirschlederne Joppen, sagte Kadaver-Kalhaber.

Heute laufen sie in Jogginghosen herum, mit riesigen Turnschuhen, sagte der Senator a. D.

Heute kann der vielleicht noch eine Melkmaschine für die Fernfahrer auf der A-1 zwischen Salzburg und Linz aufmachen, sagte Schnauzen-Kalle. Mit den ausgemergelten Hühnern, die wir ihm lassen. Mehr ist für den Wiener heute nicht mehr drin.

Alles ist damals aus dem Gleichgewicht gekommen, sagte Stragler. Der Wiener war nur der Anfang.

Ihre Weiber haben halbnackt auf der Straße herumgestanden und die Schulkinder hinlangen lassen, sagte Schnauzen-Kalle.

Haben Sie etwas gegen Ausländer? fragte Jensen-Escherode.

Stragler wußte, daß sich hinter dieser Frage mehr und anderes verbarg als die Frage, ob er etwas gegen Ausländer hätte. Er wollte eigentlich gar nicht antworten, weil er es vermied, auf Fragen zu antworten, die eine falsche Antwort geradezu erzwangen.

Nein, sagte er dann doch. Ich liebe Ausländer. Auch wenn sie uns das Geschäft kaputtmachen und uns auf die Eier steigen, denn, sagte er und sprach aus, was der Kunstprofessor zu sagen im Begriff war, auch in Zaire, in Usbekistan und im Kosovo gibt es schwarze Schafe, genau wie bei uns.

Jensen-Escherode versuchte Luft zu holen.

Ich weiß, sagte Stragler, der türkische Gemüsehändler, der in jedem Scheiß-Tatort vorkommt, der ist eine Seele von Mensch. Und es gibt auch Rheinländer mit Humor.

Vielleicht wäre uns das Chaos erspart geblieben, sagte Jensen-Escherode giftig, wenn Sie dem Wiener Bubi damals nicht auf den Kopf gehauen hätten. Damit war der Verhandlungsweg auf Jahre hinaus versperrt. Gewalt, sagte er, weil er das irgendwo gelesen hatte, ist das Problem, als dessen Lösung sie sich ausgibt.

Auf dem Verhandlungsweg, sagte Kadaver-Kalhaber. Mit dem kommst du nicht weit.

Es ging ja nicht um Geld, das man einem leiht und nicht zurückkriegt, sagte Stragler. Geld läßt sich verschmerzen. Fragen Sie, wen Sie wollen, Herr Professor. Wenn man gepumptes Geld nicht zurückkriegt, einfach so, ohne Ausrede, ohne alles, einfach nicht zurückkriegt. Das ist, wie wenn man angespuckt wird.

Stragler konnte noch jetzt im *Bosporus* erkennen, welcher der beiden alten Kartoffeln der Knopf war, der ihm damals vor vielen Jahren das Geld nicht zurückgegeben hatte. Seit damals zuckten seine Augenlider, und sein Blick war unstet geworden.

Stragler nickte ihm freundlich zu. Entweder weil er die Sache längst vergessen hatte, oder weil er sie vergessen wollte. Das wußte man bei ihm nie so genau.

Der Trawnicek hat Nerven gehabt, sagte Joseph versonnen. Trawnicek? Er war plötzlich unsicher, ob der eine von den beiden Kartoffeln Trawnicek hieß, und wandte sich an Kadaver-Kalhaber. Trawnicek, oder so ähnlich. Der heißt doch Trawnicek?

Jetzt weiß er schon nicht mehr, wie der Trawnicek heißt, den er gehauen hat, schüttelte Kadaver-Kalhaber den Kopf. Trawnik heißt er, nicht Trawnicek. Der Joseph, sagte er zu den anderen, wie man nachsichtig und genervt über ein Kind redet, der weiß nicht einmal mehr, warum er den Trawnik aufgemischt hat.

Weil er Ausländer so gern hat, sagte Jensen-Escherode triefend vor Hohn.

Erst wenn einer bewiesen hat, daß er zuschlagen kann, sagte Kadaver-Kalhaber, braucht er nicht mehr zuzuschlagen. Prügel sind die wichtigste Voraussetzung für einen dauerhaften Frieden.

Das ist wie beim Hochadel, sagte der Herr mit den Bölleraugen. Die Zeiten, in denen ihre Vorfahren Kaufleute abgemurkst, Bauern geschunden und zur Unterhaltung Weiber massakriert haben, sind längst vergessen. Gute Manieren können sich immer erst die Nachkommen leisten.

Ich kann mich ganz genau erinnern, sagte Stragler eigensinnig. Ich sehe es vor mir, als wäre es gestern gewesen. Ihr glaubt immer, daß ich alles vergesse. Fünfhundert habe ich dem Knopf für den Totalisator gepumpt, genau fünfhundert, das war damals ein kleines Vermögen, sagte Joseph, dem die Pedanterie des

Fotografen gegen den Strich ging. Und der Knopf hat die ganzen Fünfhundert auf den Sieg von »Berberfürst« gesetzt und wie durch ein Wunder gewonnen.

Der »Berberfürst« hat ausgespuckt? hatte Joseph ihm den Weg verstellt. Zwölf zu eins, habe ich gehört.

War eine Freude, hatte Trawnik gesagt und an Joseph vorbeigeschaut.

Ich möchte mich auch freuen, hatte Joseph gesagt. Was ist mit meinen drei Riesen?

Der Tip war vom Wiener, hatte Trawnik gegrinst. Da mußt du mit dem Wiener reden.

Sag das noch mal, hatte Joseph geflüstert.

Ich gehöre zum Wiener, hatte ihn der Bubi gewarnt.

Aah, hatte Joseph gesagt. Zum Wiener! Zum Wiener gehörst du. Das ist was anderes, wenn du zum Wiener gehörst.

Der Wiener Bubi hatte sich umgedreht, obwohl Stragler ihn am Ärmel hatte. Eine Naht war gerissen. Trawnik hatte versucht, Stragler seinen Arm zu entwinden.

Joseph hatte zugeschlagen. Alle hatten dabeigestanden und zugeschaut.

Wetten? hatte Schnauzen-Kalle gesagt. Der Bubi vom Wiener, der wird wieder.

Der Trawnik war blutüberströmt die Reeperbahn entlanggetaumelt, die Touristen waren ausgewichen und schnell weitergegangen.

Küß die Hand! hatte ihm Stragler nachgeschrien.

Heute, sagte Stragler in Gedanken versunken, würde ich dem Trawnicek nichts mehr tun. Er wandte sich an den Kunstprofessor. Aber nicht, weil ich nichts gegen Wiener habe. Ich habe gegen alle was, die mir das Geschäft versauen.

Das Geschäft ist heilig, bellte Jensen-Escherode.

Ah? sagte Stragler. Geschäft ist Reklame, und Reklame ist Schwindel, sagte er. Wer es nicht schafft, den Leuten einen Dreck anzudrehen, den sie nicht brauchen und sich nicht leisten können, macht pleite. Aber wenn wir im Schaukasten unsere Weiber herzeigen, wie sie wirklich sind, nicht schöner und nicht grauslicher, dann sperren sie uns den Laden zu. Kanonen darfst du verkaufen, aber wenn einer Liebe verkauft, bricht das Abendland zusammen.

Kann man eben nicht, Kanonen verkaufen, sagte Jensen-Escherode. Es ist verboten, Kanonen in Krisengebiete zu liefern.

Stragler schlug sich auf die Schenkel.

Man darf Kanonen nur denen verkaufen, die keine brauchen! krähte er. Das ist, wie wenn man in einen Puff nur die hineinläßt, die nicht vögeln wollen.

Verallgemeinerungen und Vorurteile, sagte Jensen-Escherode.

Verallgemeinerungen, Vorurteile! schnitt ihm Stragler das Wort ab. Der Laden an der Kastanienallee hat damals kaum noch was gebracht, der am Wilhelmsplatz hat nur schleppend gezahlt.

Am Hans-Albers-Platz, sagte Kadaver-Kalhaber.

Am Wilhelmsplatz, sagte Stragler. Damals war das noch der Wilhelmsplatz, da kannst du dich auf den Kopf stellen. Der Straßenstrich von denen hat mir meine Salons ruiniert. Die Nuttenstreife der Schmiere hat es nicht geschafft, mir die Kundschaft in meine Immobilien zu treiben, obwohl ich mich krumm geschmiert habe.

4

Man muß ihnen was anzünden, hatte Stragler damals gesagt. An einem lauen Sommerabend hatte er mit Schnauzen-Kalle das Hotel *Bad Ischl* rekognosziert, das als Bordell das Standbein der Wiener war. Eine neue Verstärkeranlage ließ die Wände wackeln. Am Eingang stand Kaiser Franz Joseph aus Sperrholz.

Am Swimmingpool im Keller lief die Prälu-Party, auf der es längst kein Präludin mehr gab, sondern Uppers, Downers, Gras und Shit.

Der Trawnik stand als Tiroler vor der Tür und ließ nur Kunden hinein, die ihre Kleider in der Garderobe abgaben, damit keiner von der Sitte hineinkäme.

Als der Wiener die beiden erblickte, schrie er ihnen nach, daß er für sie einen Freistoß hätte. Damit man sieht, was ihr könnt.

Kannst du dir vorstellen, was die mit uns machen? fragte Schnauzen-Kalle und machte eine Bewegung, als würde er ein Streichholz anzünden.

Das machen die so oder so, sagte Stragler.

Tausend pro Streichholz, sagte Pudel-Paul, der sich, nachdem ihm Stragler seinen Zuchtpudel aus dem Fenster geworfen hatte, längst wieder einen neuen angeschafft hatte, wenn auch einen, der auf dem linken Hinterlauf lahmte. Sein knallgelbes Glasauge hatte keine Regung erkennen lassen.

Der hat Löwenblut gesoffen, sagte Schnauzen-Kalle.

Wenn was aufkommt, gehst du verschütt, sagte Joseph und sah ihm in das sanfte braune Auge, ohne sich von den anderen ablenken zu lassen.

Pudel-Paul zuckte die Achseln.

Und das mit dem Köter damals? Joseph deutete auf den neuen Pudel. Vergeben und vergessen?

Mit was für einem Köter? fragte Pudel-Paul.

Sag, daß du dich nicht erinnerst, ordnete Joseph an.

Pudel-Paul wandte sich ab.

Joseph ging um ihn herum, um das braune Auge nicht aus seinem Blick zu verlieren.

Schau mich an, sagte Joseph. Nein, nicht mit dem Glasauge, mit dem anderen.

Ehrlich, ich erinnere mich an nichts, sagte Pudel-Paul.

An gar nichts?

An rein gar nichts.

Denk nach!

Pudel-Paul konzentrierte sich mit gerunzelter Stirn. Dann schüttelte er den Kopf. Nichts.

Pudel-Paul konnte beim Einstieg kassieren, und zwar dreitausend für die Streichhölzer. Beim Ausstieg wäre dann die Provision für die Prämie der Brandversicherung fällig. Pudel-Paul war nicht geldgierig. Es ging ihm nur um die Rechnung mit Joseph, die offen war, seit der ihm den Zuchtpudel aus dem Fenster geschmissen hatte.

5

Ein Swimmingpool brennt nicht, hatte der Wiener gelacht, als ihm eine aus seinem Troß von Pudel-Paul ausrichtete, daß sein Laden, wenn es gefällig wäre, demnächst brennen würde.

Was soll an einem Swimmingpool brennen? jubelte der Wiener. Aber der soll warten, bis wir auf Ibiza sind.

Kinder! schrie er, ab Montag sind Hitzeferien.

Die abgetretenen Teppiche in den Séparées wurden als Gebets-Kazaks, Bocharas und Täbris versichert. Die Anschläge des Amtsarztes, die Vorschriften der Feuerpolizei und ein alter Adventskalender wurden zu Bernhard Buffets, Andy Warhols und, weniger des Gewinns wegen als aus kiezpolitischen Gründen, zu Jensen-Escherodes. Ein Abfalleimer wurde zur Vase aus der Ming-Dynastie, frühes fünfzehntes Jahrhundert.

Um bei der Schmiere einen guten Eindruck zu machen, ließ der Wiener von Rechtsanwalt Dr. Harik eine anonyme Drohung anzeigen, die, wie er sagte, den Nachtbetrieb über die Grenzen Hamburgs hinaus in geschäftsschädigender Weise verunsicherte. »Verunsichern« war damals ein Zauberwort für etwas Unnachprüfbares und Schreckliches. Jeder Mensch hatte seit den späten Sechzigerjahren ein Recht darauf, niemals und unter gar keinen Umständen verunsichert zu werden.

Ob die Schmiermichel nicht auf das Sacherl aufpassen könnten, hatte sich der Wiener scheinheilig im Polizeipräsidium erkundigt, solange sie auf Ibiza zur Kur wären.

Die Polizei hatte, wie zu erwarten, reagiert: Wach- und Schließgesellschaft spielen, während die Hurenböcke mit ihren Nutten auf Ibiza in der Sonne liegen, das fehlte gerade noch. Der neue Polizeipräsident war ohnehin sauer, weil er alle Hände voll zu tun hatte, die Daten wieder verschwinden zu lassen, die seine Beamten mühsam ermittelt hatten.

Alles war damals dann nach Plan gelaufen. Nur Pudel-Paul hatte wegen der Verpuffung des Benzins, das er dem Wiener in seinen Laden gekippt hatte, seine dreitausend für Streichhölzer und die Prämie für die Versicherung nicht mehr kassieren können.

6

Es war ein heller und heißer Freitag vormittag. Im *Bosporus* waren sie sitzen geblieben. Auf der Straße davor spritzte der Sprengwagen der Straßenreinigung den Asphalt. Die Schlitten der arrivierten Loddel sparte er aus, die mit lächerlichen Rallyestreifen beklebten Karren der Trinkgeldluden machte er ein wenig naß. Am Steuer des Sprengwagens saß ein Kalabrese, der seinen Instinkt für Hierarchie mit der Muttermilch eingesogen hatte. Ein Oldsmobile-Cabrio mit Weißwandreifen und Flammen auf den Kotflügeln bekam eine volle Ladung auf die roten Lederpolster. Cretino! Porca miseria! plärrte ein Landsmann vom zweiten Stock herunter. Pazzo! Stronzo! unterstützte ihn solidarisch seine Schickse, die mit nassen Haaren ans Fenster gerannt kam.

Sein zweites Ich ist naß geworden, freute sich Kadaver-Kalhaber. Durch und durch naß geworden ist es. Naß bis auf die roten Lederpolster.

Der Kalabrese reckte die Faust mit gestrecktem Zeigefinger und Kleinfinger zum »cornuto« aus dem Fenster des Sprengwagens.

Ein altes VW-Cabrio bekam eine kleine Dusche, weil der Platz, auf dem es stand, für einen Petroleur reserviert war, dann ein Fahrrad, dann die Kinder, die kreischend mitliefen.

Der Herr mit den Bölleraugen, der wieder einmal den Heimweg angetreten hatte, um seine Familie Mores zu lehren, mußte sich hinter eine Litfaßsäule ducken, um nicht naß zu werden. Der Kalabrese bekreuzigte sich, als er den finsteren Glanz des 49er Pontiac Leichenwagens sah, den sich der Crailsheimer als Firmenwagen zugelegt hatte. Theoretisch hätte er ihn von der Steuer absetzen können. Es war der erste Leichenwagen auf dem Kiez. In Los Angeles waren sie längst in Mode. Dort hatten sich Liebhaber sogar im *Los Angeles Phantom-Hearse Club* zusammengeschlossen. Der Crailsheimer war ein Pionier.

Präzise versiegten die Wasserstrahlen vor dem halb auf dem Bürgersteig geparkten gold-dunkelblau abgesetzten Horch des Wiener.

Der Wiener hatte einen langen Hals gemacht, um zu sehen, ob seine Karosse respektiert wurde und ob der *Cadillac* von Stragler nicht vielleicht doch naß würde.

Oooops! sagte Kadaver-Kalhaber, der auch hinausschaute. Um ein Haar!

Die Wasserstrahlen hatten Straglers Schlitten knapp verpaßt. Der Sprengwagen hielt sofort. Der Kalabrese sprang heraus, ging in die Hocke, um den Glanz zu prüfen, polierte vorsichtshalber mit seinem Ärmel den Kotflügel, der womöglich doch ein paar Tropfen abbekommen hatte, sah im Lack das Gesicht von Schnauzen-Kalle mit einem Baseballschläger.

Eeh, tutto a posto.

Als die Queen da war, da war es auch so heiß, sagte Kadaver-Kalhaber, so heiß war es, daß Vera die Schuhe im Asphalt steckengeblieben sind.

Was du erzählst, sagte Stragler. Bloß gut, daß dir keiner zuhört.

Doch, sagte Kadaver-Kalhaber. Schwarze Füße vom Teer hat sie gehabt. Hübsch hat sie ausgesehen, mit den schwarzen Füßen und ihren Pumps in der Hand. Ein hübsches Motiv, wenn man ein Auge dafür hat. Vor dem Schlitz haben sie uns die nackten Weiber mit Queenbildern zugeklebt, haben sie. Von oben bis unten Queenbilder. Überall Queenbilder.

Das war lange vor der Queen, sagte Stragler. Unsere Fotos haben sie nicht wegen der Queen zugeklebt, sondern wegen dem Klachel. Als die Queen da war, hat es vor dem Schlitz schon seit hundert Jahren keine Fotos von nackten Weibern mehr gegeben.

Es war nach der Queen, sagte Kadaver-Kalhaber und ließ betont seine Schultern hängen, um seine Resignation gegenüber Straglers Vergeßlichkeit auszudrücken. Langsam hatte er Stragler im Verdacht, daß er den Leuten sein schlechtes Gedächtnis nur vorspielte, um sich nicht auf Dinge einlassen zu müssen, die ihm nicht paßten.

Vor der Queen war die Sache mit Suhl, sagte er. Du weißt ganz genau, daß die vorher war. Du willst es nur nicht zugeben. Und danach ist dir der Senator in deine Gasse gekommen, nach der Queen, nicht vorher, ist er in deine Gasse gekommen.

Stragler rieb sich sein Kinn, weil er sich von Kalhaber ertappt fühlte.

Vera hatte sich vor dem Besuch der Queen, in einem Kostüm von Coco Chanel mit einer Pill-box auf dem Kopf, vor dem Spiegel hin- und hergewendet, den Po herausgestreckt und den Bauch eingezogen. Das Kostüm hatte ihren Busen, der keinen Halt brauchte und den die Direktrice daher mißgünstig übersah, plattgedrückt wie eine Flunder.

Schon sehr flach, hatte sie gesagt und mit dem Kostüm eine Pirouette gedreht.

Konservativ, hatte die Direktrice sie korrigiert, nicht flach.

Vera hatte sich das Hütchen verwegen über ein Ohr geschoben, um sich wenigstens einen Anflug von Abenteuerlust zu geben.

Jackie Onassis trägt ihn auch so, hatte sie behauptet.

Die Journalistin, hatte die Direktrice mit Verachtung geantwortet, bevor sie sich einen von den Kennedys geangelt hat. Jetzt ist sie Witwe, fügte sie hinzu, als sei das die gerechte Strafe dafür, daß sie sich an einen Präsidenten herangemacht hatte.

Der Stragler überlebt mich leicht, sagte Vera.

Dem Stragler hatte der Zuschneider damals mit einem entschlossenen Ruck die Ärmel des Cuts herausgerissen, hatte mit seiner Schneiderkreide herumgefuhrwerkt, Striche und Kreuze auf den Stoff geschrieben und ihm dann die Ärmel mit Stecknadeln wieder angeheftet.

Bei der Hitze …? hatte er mit den Nadeln im Mund gemümmelt. Einen Cut? Sehr schwer, bei dieser Hitze.

Stragler hatte nicht hingehört, denn, Hitze oder Kälte, er wollte einen Cut.

Leichte rehbraune Seide, einreihig, zu einem lavendelfarbenen Hemd, und einen weichen Hut dazu, hatte der Zuschneider mit den Nadeln im Mund für das Frühstück mit der Queen vorgeschlagen. Es ist Sommer, mümmelte er. Die Temperaturen sind mild. Und es wird noch wärmer.

Mir ist nicht heiß, sagte Stragler. In seine Stimme hatte sich ein unwirscher Unterton geschlichen.

Rechtsträger oder Linksträger, Herr Stragler? wollte der Hosenschneider wissen, der vor ihm kniete, um die Länge der Hose abzustecken.

Ich brauche rechts *und* links Platz, hatte Joseph geknurrt.

Schlüssel linke Hosentasche, Taschentuch, Banknotenspange und Kleingeld rechts, hatte der Zuschneider aufgezählt.

Brieftasche rechte Innentasche, hatte ihn Stragler erinnert.

Und wo tragen Sie Ihren Revolver, Herr Stragler? hatte der Zuschneider gescherzt.

Verschlucken Sie Ihre Nadeln nicht, sagte Stragler.

Im *Verissima* hatten sie den Hofknicks und die Konversation geübt.

Yes, Ma'am, my husband is also an artist, sagte Vera zur Buszek.

Is an artist, too, soufflierte Kadaver-Kalhaber, und Vera sprach ihm nach.

Is an artist, too.

Schnauzen-Kalle hielt Vera als Double des Prinzen von Wales einen Hühnerschlegel anstelle eines gebratenen Moorhuhns hin und ließ sie beißen.

How fine, your royal highness, sagte sie.

Delicious, verbesserte Kadaver-Kalhaber sie. Most delicious, your royal highness.

Vera wandte sich wieder der Buszek zu.

You can come and look. You can see everything, sagte sie.

Ma'am, ergänzte die Buszek.

You can see everything, Ma'am.

May we also see your famous tits? sagte Kadaver-Kalhaber dem Schnauzen-Kalle vor.

God save the queen, warf die Buszek ein. Des kamma immer song, erläuterte sie, wenn oam nix mehr einfallt. Dann machte sie einen Hofknicks und hielt sich dabei am Stuhl fest.

Jetzt ohne Stuhl! kommandierte Kadaver-Kalhaber.

Und warum sollte Sie der Senat zum Frühstück mit, der Protokollchef zögerte, mit ihrer Majestät, Queen Elizabeth der Zweiten, bitten?

Der Protokollchef des Senats sah an Joseph hinunter, als wäre ihm zum erstenmal in seinem Leben ein Cutaway vor die Augen gekommen. Weil Sie der König von St. Pauli sind? Er grinste. Adel unter sich? Er meckerte amüsiert und ordnete seinen Schreibtisch.

Joseph schob ihm statt einer Antwort ein Pergament mit einem Siegel hin und vertiefte sich gelangweilt in seine Fingernägel, die er sich für den Termin mit dem Protokollchef des Senats im Hotel Vier Jahreszeiten von einer Maniküre hatte verschönern lassen.

Cavaliere! Freistaat Thomond, entzifferte der Protokollchef. Motu proprio?

Aus eigenem Verdienst, übersetzte Stragler.

Wieviel hat Ihnen der schöne Konsul dafür abgenommen? Der Protokollchef hielt das Pergament gegen das Licht wie einen falschen Hunderter. Und? Was hätte die Freie und Hansestadt davon, Herr Stragler, Sie zum Frühstück mit der britischen Königin zu bitten?

Stragler griff nach seiner Gesäßtasche.

Sicher, Herr Stragler, sagte der Protokollchef. Hamburg ist zu haben. Aber nicht für Bargeld, Herr Stragler. Nicht für Bargeld.

Der Wiener hatte gar nicht erst versucht, eingeladen zu

werden, sondern statt dessen zum Empfang der Queen ein Podest samt Sonnendach mit der Aufschrift »FC St. Pauli« und »Jever« errichten lassen. Die Butler eines hamburgischen Catering Services reichten der Blase des Wiener und ihren Pferdchen Erfrischungen und versuchten, britische Gesichter zu machen. Der Wiener trug einen blütenweißen Tropenanzug. Sein schwarzes Seidenhemd war offen bis zum Nabel, auf seiner Brust baumelte eine Muttergottes aus Platin. Er zündete sich eine Zigarette nach der anderen an und gab eine nach der anderen einem seiner Knöpfe, der sie zu Ende rauchen mußte.

Nur Veras linker Schuh war im heißen Asphalt steckengeblieben, nicht beide Schuhe, wie Kadaver-Kalhaber später behauptete. Und es waren keine Pumps. Den zweiten Schuh hatte sie ausgezogen und in die Hand genommen. Joseph hatte sie zu sich auf den Kofferraum des Wagens gezogen, damit sie mehr von der Queen sähe, als der Jubel näher kam.

Der Wiener sah die Straglers auf der anderen Straßenseite und winkte mit seinem Taschentuch, deutete auf freie Stühle, die seine Knöpfe eilfertig bereitgestellt hatten. Vera hob ihre Hand mit den Schuhen und winkte zurück. Sie war froh, nicht ins Rathaus zum Frühstück eingeladen worden zu sein.

Hast du vielleicht Schiß vor dem? reizte Kadaver-Kalhaber Joseph, die Straße zu überqueren. Bilder von der Queen würden hunderttausend andere Fotografen machen. Wenn Stragler aber über die Straße ginge und die Queen zusammen mit dem Wiener von dessen Tribüne aus anschaute, könnte er Kiez-Geschichte fotografieren. Der Konvoi näherte sich. Joseph nahm Veras Arm und zog sie durch eine Absperrung.

Da können Sie jetzt nicht mehr durch, sagte ein Uniformierter auf der anderen Seite. Der Wiener nickte dem Polizisten ein Ist-schon-in-Ordnung zu, als der sich anschickte, Stragler am Cut festzuhalten. Die anderen Uniformierten zupften ihren Kollegen am Ärmel und machten ihn auf den Wiener aufmerksam. Damit wurde ein ernster Zwischenfall am Rande des Queen-Besuchs verhindert.

Joseph und der Wiener begrüßten sich wie Staatsmänner. Sie wandten der Straße, durch die inzwischen der königliche Konvoi fuhr, den Rücken zu, hielten sich die Hände an die Ohren, um sich trotz des Jubels besser verstehen zu können, beugten ihre Köpfe abwechselnd vor den Mund des Gesprächspartners, um zu demonstrieren, daß es Wichtigeres gebe als die Queen, die hinter ihnen bejubelt wurde.

Möchte bloß wissen, was die miteinander reden, ächzte Kadaver-Kalhaber, der das Gipfeltreffen fotografierte. In dem Jubel waren für die Umstehenden nur die Lippenbewegungen der beiden zu erkennen.

Soweit sich Stragler später erinnerte, waren sie damals Mittelpunkt gewesen und hatten der Queen und dem dämlichen Protokollchef die Schau gestohlen.

Am nächsten Tag waren Stragler und der Wiener groß in der Zeitung, während die Queen mit einem Foto von der Größe einer Briefmarke vorliebnehmen mußte. Nur die Pferdchen vom Wiener, die den Atem der Geschichte nicht spürten, winkten der Queen mit ihren Handtaschen und hatten Tränen der Ergriffenheit in den Augen. Aus einem Batterieempfänger quäkte einer vom NDR:

... Elizabeth die Zweite, an der Seite von Bürgermeister Paul Nevermann im ersten Wagen. Im zweiten Wagen: der Prince of Wales mit der Frau des zweiten Bürgermeisters ...

Damit überspielte der Reporter lokalpatriotisch, daß damals bei den Nevermanns Qualm in der Küche war.

Der Wiener deutete auf die bereitgestellten Stühle und krächzte etwas.

Genug Platz für alle! übersetzte brüllend einer seiner Knöpfe.

Genug Platz für alle, lachte Joseph, obwohl er daran seine Zweifel hatte.

7

Sie haben uns alle Fenster und Türen mit dicken Brettern zugenagelt und draufgepinselt, Hamburg grüßt Elizabeth die Zweite, sagte Stragler im *Bosporus*.

Haben sie nicht, sagte der Fotograf. Die Fenster und Türen haben wir selber zugenagelt, wegen der Revolution, und die Revolution hat nichts mit der Queen zu tun gehabt, sondern mit der Soraya.

Das war kurz nach der Picasso-Ausstellung, sagte Stragler.

Kadaver-Kalhaber gab auf, weil er wußte, daß Stragler nur wieder mit Picasso anfing, um ihn zu ärgern.

So wie sich Charles und Camilla aufführen, muß man keine nackten Weiber mit Brettern vernageln, lachte Stragler, dabei formte er mit Daumen und Zeigefinger seiner linken Hand einen Kreis und schlug mit seiner flachen Rechten darauf.

Das war doch damals! sagte Kadaver-Kalhaber, da hat noch niemand gewußt, wie sich die aufführen. Damals war Krieg auf dem Kiez. Der Wiener hat Sandsäcke vor seinen Stammtisch im *Café Elite* legen lassen. Wozu braucht man Sandsäcke, wenn eine Königin kommt?

Ach wo! Das war, als sie am Gänsemarkt die Straßenbahn demoliert und bei Peek & Cloppenburg die Schaufensterscheiben eingeschlagen haben, sagte Stragler.

Damals war Gewalt gegen Personen noch keine legitime politische Äußerung, nur Gewalt gegen Sachen, sagte der Senator.

Damals, damals, sagte der Crailsheimer und gähnte.

Macht kaputt, was euch kaputtmacht, sagte Kadaver-Kalhaber. Auf der Moorweide haben sie auf den Putz gehauen und vor dem Springer-Hochhaus dann auf Köpfe.

Das hat die Spreu vom Weizen getrennt, sagte Jensen-Escherode. Dem Henze haben sie in Planten und Blomen eine rote Fahne ans Pult gehängt, da hat er Muffensausen gekriegt.

Floß der Medusa, sagte Kadaver-Kalhaber. Die Heinis vom NDR haben die Probe gesendet, so laut war der Krawall.

Und der Henze ist durch die Hintertür abgehauen, sagte Jensen-Escherode.

In den Peep-Shows haben sich die Wirtschafter mit Handgranaten verschanzt, sagte Stragler eigensinnig. Wozu braucht man Handgranaten, wenn die Queen kommt? Oder für eine Revolution? An die Queen erinnere ich mich genau. Da gab es keine Handgranaten. Handgranaten haben wir mit nach Heilbronn genommen, als wir mit der Ludenkonföderation ein Stück Europa aufbauen wollten.

8

Alle wußten, warum Stragler sich nicht an die Revolution erinnern wollte. Frank und Thommy hatten sich nämlich auf verschiedenen Seiten der Barrikaden gegenübergestanden, und Lindi hatte mit Frauen geschlafen, um das Establishment herauszufordern. Das hatte Straglers Familienleben belastet, und daran wollte er nicht erinnert werden. Die Nebochanten und Abstauber der sündigen Meile, die Stragler bis zur Revolution einfach ignoriert hatte, waren über Nacht zu antiimperialistischen Rebellen geworden, und die St. Pauli-Nachrichten waren zur Ausbildungsstätte namhafter deutscher Journalisten aufgerückt.

Zuerst hatte es Stragler geschmeichelt, vom »Spiegel« und vom »Stern« für eine gerechte Welt vereinnahmt zu werden. Make love, not war, damit war er einverstanden. Die saubere Trennung von Gewalt gegen Sachen und Gewalt gegen Personen war ihm willkommen. Gewalt war gut, solange sie eine Änderung der gesellschaftlichen Verhältnisse erzwingen wollte. Veränderung wozu und wohin, hätte er zwar gerne gewußt, aber das hatte ihm nicht einmal Jensen-Escherode genau sagen können.

Er hatte gelesen, daß de Gaulle gestürzt und Paris angezündet worden war, weil weibliche und männliche Soziologiestudenten an der Universität Nanterre nicht gemeinsam baden durften. Das hatte ihnen einige Unbequemlichkeiten hinsichtlich ihrer sexuellen Beziehungen abverlangt, die sie als faschistoide gesellschaftliche Repression verstanden hatten. Die satten, gelangweilten und verzogenen Kinder von Kleinbürgern hatten Autos angezündet, so verstand das Stragler, weil sie vollgefressener und verzogener waren als alle anderen Kinder auf der Welt und sich daher schrecklich langweilten.

Die Leute wollen für etwas kämpfen, sagte der Senator, den Stragler in der Tasche hatte. Möglichst um eine gerechte Sache.

Und was, wenn sie die gerechte Sache erreicht haben? fragte Kadaver-Kalhaber. Was denn dann?

Dann werden sie kämpfen, um zu kämpfen, sagte der Senator. Notfalls für eine ungerechte Sache.

Aber Märtyrer hatten sie, sagte Jensen-Escherode und sprang empört auf. Märtyrer, die die Gewaltbereitschaft einer sogenannten freiheitlich-demokratischen Grundordnung entlarvten.

Einzelkämpfer, sagte der Senator und winkte ab, die von einer sentimentalen und revolutionsseligen Masse erbarmungslos ausgebeutet wurden.

Jensen-Escherode war bleich im Gesicht, unfähig, auf diese Blasphemie zu antworten. Die Stimmung im *Bosporus* war wieder einmal zum Teufel.

Die Kreuze auf dem Friedhof von Thalpointing, an denen der gefolterte Nazarener aus Gußeisen hing, gehörten zu den frühesten Kindheitserinnerungen Straglers. Mit dem Gekreuzigten, so meinte er, wurde doch auch die Gewalt verklärt. Was, wenn Pilatus Jesus nicht ans Kreuz genagelt, sondern statt dessen bloß Diskussion gefordert hätte, wenn er gegen den Einzug in Jerusalem nur mit Transparenten hätte demonstrieren lassen? Nichts. Kein Christentum, kein Papst, keine CSU.

Stragler witterte Spuren von gestern sogar im neuen, flächendeckenden Antifaschismus, der ihm irgendwie zu lückenlos vorkam, um ihn zu überzeugen. Wieder, dachte er, hatte man dieses und jenes zu denken. So wie man in seiner Kindheit an bestimmten Tagen in Thalpointing die Hakenkreuzfahne heraushängen mußte, so mußte man jetzt andauernd die Demokratie heraushängen. Stragler merkte gar nicht, daß er Unvergleichbares miteinander verglich. Er verglich die Demokratie mit dem Blutregime der Nazis ebenso leichtfertig, wie er Ehefrauen mit Huren verglich. Beide, sagte er einmal in der NDR-Talk-Show, bekamen etwas für den Geschlechtsverkehr. Ehefrauen etwas mehr als Huren, weil sie sich, theoretisch jedenfalls, ausschließlich für ein und denselben Nutzer reservierten. Das ist so, sagte Stragler zum Moderator, der andauernd das Thema wechseln wollte, wie wenn man eine Loge in der Oper hat. Man kann hingehen oder nicht. Wie man will. So was ist natürlich teurer, als wenn man jedesmal um Karten anstehen muß und jedesmal woanders sitzt oder steht.

9

Stragler ging hinaus, um Luft zu schnappen und nach dem Wetter zu sehen. Der Senator, den er in der Tasche hatte, folgte ihm.

Es sind immer die anständigen Leute, die man erpreßt, sagte Stragler, als sie allein draußen standen. Schweine kann man nicht erpressen.

Wenn ich damals einfach meine zehn Mark gezahlt hätte, lächelte der Senator und schüttelte noch nach so vielen Jahren über sich selbst den Kopf.

Damals waren wir alle naiv, sagte Stragler.

Vielleicht hätte ich dem Kerl an der Kasse frech ins Gesicht schauen sollen.

Frech, sagte Stragler. Das wäre gut gewesen.

Der hat zwischen seinen Plastik-Schwänzen und aufblasbaren Gummi-Mösen gehockt wie in einem riesigen Haufen von Leichenteilen. Das hat mich ganz durcheinandergebracht, dieser Haufen. Vor Schreck bin ich vorbeigehuscht.

Mit abgewandtem Gesicht, wohlgemerkt, ermahnte ihn Stragler, bei der Wahrheit zu bleiben. Das hat Aufmerksamkeit erregen müssen. Ich weiß nicht, fügte er hinzu, was ich an Ihrer Stelle getan hätte.

Ab einem bestimmten Punkt kann man nicht mehr zurück.

Will man auch nicht, sagte Stragler. Das ist wie verhext. Die Gefahr reizt einen.

Flüchten? Gut. Aber in die falsche Richtung. Ins Dunkle hinunter, wo sie diese Filme hatten.

Statt sich einfach umzudrehen und wieder zu gehen, sagte Stragler und schüttelte jetzt auch den Kopf bei dem Gedanken, daß sein heimlicher Sitz im Senat davon abgehangen hatte, daß der Senator zufällig in die falsche Richtung geflüchtet war. Sonst hätten wir uns nie kennengelernt.

Wahrscheinlich nicht, sagte der Senator und dachte nach. Nur weg, sagte er dann. Ich bin wie blind in mein Unglück gerannt.

Dabei ist es unten nur für Leute dunkel gewesen, die von draußen hereingekommen sind, sagte Stragler und zeichnete den Weg, den der Senator genommen hatte, in der Luft mit dem Finger nach. Drinnen waren sie an die Dunkelheit gewöhnt. Denen war manchmal schon das Licht von der Leinwand zuviel. Waren schließlich nicht alle jung und schön, sagte Stragler.

Der Senator lächelte. Im Lauf der Jahre hatte er sich an die Erpressung gewöhnt.

Um ehrlich zu sein, sagte er. Unsere Begegnung hätte mir gefehlt. Jemand muß mich trotz der Dunkelheit erkannt haben.

Schnauzen-Kalle hat Sie erkannt, als Sie mit abgewandtem Gesicht an der Kasse vorbeigehuscht sind.

Es hat nach kaltem Rauch und nach Sagrotan gestunken. Ja, und nach Urin, das hätte mich warnen müssen. Und die Tempotaschentücher auf dem Boden. Ich habe mich an der Wand entlanggetastet und einen Kerl angefaßt, der da stand.

Heute haben wir helle Kabinen mit Leuchtstoffröhren. Resopal, abwaschbar. Und Video.

Ein verregneter Film mit Tonsprüngen.

Wahrscheinlich tausendmal gerissen und wieder geflickt.

Hat in einer Fabrikhalle gespielt oder in einer Garage. Keine Ahnung, wer von den Typen was mit wem gemacht hat.

Der an der Wand war sicher ein Knopf vom Wiener. Der war jede freie Minute im Underground. War scharf auf Neulinge.

Der hat so hektisch an seiner Zigarette gezogen, daß er einen roten Schein um Mund und Nase gehabt hat.

Aber fotografiert hat Sie der Kalhaber im Sitzen, sagte Stragler. Sie müssen sich hingesetzt haben. Sie können nicht bei dem Knopf stehengeblieben sein. Wahrscheinlich hätten wir mit dem Foto nichts anfangen können, wenn Sie nur bei dem Knopf stehengeblieben wären.

Auf diesem zerschlissenen Polsterstuhl, bei dem ich durchgesunken bin bis zum Boden, lachte der Senator. Dann haben sich meine Augen an die Dunkelheit gewöhnt, und ich habe die zwei neben mir beim Rubbeln gesehen.

Da hätten Sie aufstehen und wieder gehen können. Aber ich weiß, wie das ist. Ich bin nicht sicher, ob ich an Ihrer Stelle wieder aufgestanden wäre.

Dann hat sich dieser Mann ...

Der Knopf vom Wiener ...

Nein, der andere.

Der seinen Schwanz rausgeholt hat?

Hält mir sein Ding an die Schläfe wie einen Revolver. Ich habe vor Schreck meine Hand gehoben.

Da war es passiert, lachte Stragler und versuchte sich vorzustellen, wie er ohne diesen glücklichen Zufall zu einem Sitz im Senat gekommen wäre.

Der Zufall spielt eine viel größere Rolle, als man meint. Und Sie haben nicht einmal hingelangt.

Vielleicht wollte ich ihn wegschieben, weil ich so erschrocken war, sagte der Senator.

Stragler schüttelte den Kopf. Nicht aus Ungläubigkeit, sondern über die bizarren Wege des Zufalls und über diesen Unbekannten im Underground, der ein bestenfalls kompromittierendes Foto zu einem Sitz im Senat gemacht hatte.

Die Initiative »Sauberes St. Pauli« braucht Förderer, hatte Stragler dem Senator gesagt, als er einen Termin bei ihm bekommen hatte. Nichts Offizielles, hatte er hinzugefügt und dem Senator das Foto über den Schreibtisch geschoben.

Keine Mark, hatte der Senator damals gestöhnt.

Wer denkt denn an Geld, hatte Stragler ihn beruhigt und war über den Senator in die Politik eingestiegen.

Samstag

1

Sie war eine tolle Frau, die Buszek, sagte Schnauzen-Kalle, als habe er darüber die ganze Nacht nachgedacht und sei erst im Morgengrauen auf den Gedanken gekommen. Er stierte vor sich hin und schien nicht zu merken, daß sie neben ihm saß.

Stragler wedelte mit der Hand vor seinen Augen. Sie ist eine tolle Frau, sagte er und lachte die Buszek an.

Schnauzen-Kalle polierte einen Teller mit Brot aus, wie immer, um den Türken weniger Arbeit beim Abspülen zu machen und um sich vollzustopfen und seine ständige Angst vor dem Verhungern wieder für ein paar Stunden zu besiegen.

Kadaver-Kalhaber, der wie immer erriet, was andere dachten, war sicher, daß jeder die Buszek studierte. Von ihr konnte man lernen, wie man lebt. Er beobachtete, daß Stragler ihr Gesicht las wie einen Fahrplan, die zarten Schatten unter ihren Augen musterte und den Mund, der an diesem Samstagmorgen strenger war als sonst.

Eine Frau verschwindet einfach, wann's älter wird, sagte die Buszek, weil sie den Blick Straglers auf ihrem Gesicht fühlte. Die Männer werden bloß alt, aber die verschwinden net einfach. Als Frau wirst du irgendwann übersehn, ab einem gewissen Alter kommst du nicht mehr vor. Da möcht man schrein, ich bin da! sagte sie. Aber dann denken alle, daß man spinnt. Kana will mehr wissen, was man drunter anhat, sagte sie. Das ist hart.

Ich will immer wissen, was du drunter anhast, tröstete Joseph sie. Die wollen alle wissen, was du drunter anhast, sagte er und deutete in eine Runde kopfnickender, falscher Zeugen. Dabei fiel ihm ein, mit welcher Himmelsgeduld sie damals die Revolution und seinen Bastard Frank ertragen hatte, als der ihr den Macho und den Revolutionär vorgemacht hatte. Er hatte ihr einfach die Bluse aufgeknöpft, als wäre es das Selbstverständlichste auf der Welt, und sie hatte ihm amüsiert dabei zugeschaut. Dann war die Besitzergreifung des Busens am BH gescheitert.

Der geht schwer auf. Das Hakel ist zu eng, hatte die Buszek ihn beruhigt, und Frank hatte seine Hand im zweiten Anlauf doch hineingezwängt.

Hast viel Kraft, hatte ihm die Buszek, die kaum schnaufen konnte, ein Kompliment gemacht.

Ich kämpfe für solche wie du. Wenn wir alles ändern, dann mußt du nur noch, wenn du willst, hatte er ihr verheißen.

Ich will ja, hatte sie gelacht.

Dann mußt du nie mehr für Geld.

Zahlst eh nix.

Joseph Stragler hatte zur Buszek gesagt: Tu mir den Buben nicht verderben!

Mit deiner Haut tapezieren reiche Säcke wie mein Vater ihre Paläste, hatte Frank geschimpft.

Stragler erinnerte sich noch genau daran, wie schwer es ihm gefallen war, Frank keine zu scheuern.

Hör auf, mir meine Hühner aufzuhetzen, hatte er statt dessen gelacht. So fängt man auf dem Kiez einen Krieg an!

Wenn Kriege etwas an den Herrschaftsverhältnissen ändern, hatte ihm sein Bastard mit einer von Pathos triefenden Stimme erwidert, dann willkommen, Krieg. Damit hatte er Joseph wirklich zum Lachen gebracht. Und erst als die beiden abgezogen waren, hatte er zu sich selber gesagt: Was weiß denn der davon?

Schnauzen-Kalle erinnerte sich daran, daß die Buszek ihm vor vielen Jahren von einer verpaßten Gelegenheit erzählt und ihn damit zum Nachdenken über sich gebracht hatte.

Noch ziemlich jung sei sie gewesen, als sie gern solide geworden wäre. Sie habe damals nämlich am Operbuffet der Wiener Oper einen netten Beamten mit schönen Händen kennengelernt, der in einer sicheren Stellung bei der Stadt Wien tätig war. Der Beamte habe nicht geahnt, daß sie auf den Strich ging. Im Bett sei er strohdumm gewesen, habe nicht gewußt, was man mit sich und anderen macht, aber sonst sei er lieb gewesen wie noch keiner, den sie kennengelernt habe. Sie wäre dem Beamten gern und ganz leicht und ohne Anstrengung für immer treu gewesen, hatte sie Schnauzen-Kalle versichert, denn sie hätte damals alles schon gehabt, was es gab, und sei auf nichts mehr neugierig gewesen. Aber dann habe dem Beamten ein Kollege gesteckt, daß sie im Prater ihr Handtascherl schwinge und anschaffe, und da habe er sich starrköpfig verleugnet und keinen ihrer Briefe mehr beantwortet.

Kadaver-Kalhaber wußte, daß Schnauzen-Kalle über sich und die Buszek nachdachte, die gut zu ihm gepaßt hätte. Er wußte, daß beide, Stragler und Schnauzen-Kalle, auf ganz verschiedene Weise über die Buszek nachdachten, während die Buszek sie alle miteinander vergessen hatte. Das sah er an ihrem strengen Mund.

Kadaver-Kalhaber hätte die drei gern beim Nachdenken fotografiert, aber wenn er das getan hätte, dann hätten sie bestimmt aufgehört nachzudenken und ein Gesicht gemacht, als wüßten sie schon alles.

Über der Hafenstraße kreisten Schwärme von Silbermöwen. Ihr Gelächter klang wie Kindergeschrei. Mizzi Buszek schaute zu ihnen hinauf, während sie den Schlag ihres alten VW aufmachte. So viele Möwen auf einmal hatte sie nie gesehen.

Auf dem geblümten Schonbezug des Nebensitzes stand sauber gewaschen und gekämmt der Kopf von Peng-Peng. Untergelegt war ein »Hamburger Abendblatt«, um den Bezug zu schonen. Das wettergegerbte Gesicht von Peng-Peng war grau. Die Buszek lachte. Es klang wie ein heiseres Bellen. Vorsichtig tastete sie nach dem Kopf und hoffte, Wachs zu berühren.

Das hab i net verdiiiiiient! heulte sie auf, als sie spürte, daß der Kopf echt war. Sie setzte sich auf die Straße, zog ihre Schuhe aus und warf sie von sich. Dann riß sie sich die Kleider vom Leib, als stünde sie in Flammen. Ihr Geschrei verscheuchte die Möwen.

Joseph und Schnauzen-Kalle waren herausgerannt, als sie die Buszek schreien gehört hatten. Sie faßten sie unter den Armen, hielten ihre strampelnden Beine fest und schleppten sie ins *Schlitz*.

Lassen Sie sofort die Frau los! mischte sich ein Tourist mit einem bleichen Semmelgesicht ein, der gerne bei einer wie Mizzi Buszek den Retter gespielt hätte. Schmutz schob ihn mit der Schulter aus dem Weg.

Rühren Sie mich nicht an! brüllte der Tourist und lief davon. Ich warne Sie, schrie er, schon längst in Sicherheit. Rühren Sie mich nicht an! Das hat Folgen für Sie! Sie werden es bereuen, wenn Sie mich anrühren!

Ist was? Was ist mit ihr? fragte Kadaver-Kalhaber,

voll Angst, ein Foto versäumt zu haben. Ist was an mir vorbeigelaufen?

Abgestraft haben sie die Buszek, sagte Joseph. Tschuschen oder sonst wer.

Die Wiener schauten vom Café gegenüber zu, wie Schnauzen-Kalle mit Lassoband Zeitungen an die Seitenfenster des VW klebte und einstieg, um das alte Auto wegzufahren.

Vielleicht hat ihr wer ins Auto geschissen, sagte der Wiener-Teddy. Sonst täts net so schrein. Zugehn tuts. Es is a Hetz, da heroben in Hamburg.

Kopf ist zuwenig, hatte sich Dr. Steiner damals aus der Affäre zu ziehen versucht. In die Schreibmaschine war ein Leichenschauschein eingespannt gewesen. In der Rubrik »Todesursachen« hatte er »natürlich« angekreuzt.

Er drehte sich entschlossen auf seinem Drehstuhl zu Joseph um und preßte seine Lippen in stummer Verweigerung zusammen.

Sie sollen ihn nicht behandeln, sondern totschreiben, drängelte Joseph. Oder glauben Sie, daß der Rest noch rumläuft?

Wenn wir wenigstens Arme, oder Beine, oder so …, stieß Dr. Steiner heraus.

Man wird sich doch noch täuschen dürfen, sagte Joseph und drehte ihn auf seinem Drehstuhl wieder zurück zur Schreibmaschine.

Herzstillstand, schlug er vor.

Dr. Steiner schüttelte entschieden den Kopf. Und was, wenn morgen jemand mit den Beinen daherkommt? fragte er. Was dann?

Was soll an Herzstillstand falsch sein? wollte Joseph wissen, der ihm gar nicht zuhörte. Er schaute ihm über die Schulter.

Dr. Steiner tippte mit schweißnassen Fingern einen Buchstaben nach dem anderen.

My-o-kard-was? buchstabierte Joseph.

Myokardinfarkt, sagte Dr. Steiner.

Myokardinfarkt als Folge eines thrombotischen ... Was soll denn das? fragte Stragler mißtrauisch.

Das ist vertraulich fürs Gesundheitsamt, sagte Dr. Steiner und hielt mit der Hand zu, was er getippt hatte.

Quatschkopf, sagte Joseph und drückte ihm einen Kugelschreiber in die Hand zum Unterschreiben.

Der kostet mehr, dafür haben Sie was Haltbares, sagte der Bestatter. Innen verzinktes Blech.

Lieber was Preiswertes, sagte Joseph.

Einen, der schnell morsch wird, erläuterte Schnauzen-Kalle. Am besten Fichte.

Der Bestatter merkte, daß der Versuch, den beiden Teures zu verkaufen, aussichtslos war.

Die Überführung des Verblichenen ist kundenseitig arrangiert? sagte der Bestatter. Oder machen die Herren das vielleicht selber? fügte er hinzu, als sei er bei so sparsamen Kunden auf alles gefaßt.

Statt einer Antwort hielt ihm Schnauzen-Kalle eine mit rotem Plastikband zugeklebte Hutschachtel hin. Auf dem Band stand: Vorsicht, Glas.

Der Mann starrte das Paket an, machte kehrt, um in sein Büro zu flüchten, hinter sich den Schlüssel herumzudrehen und das Überfallkommando zu rufen. Schnauzen-Kalle ließ ihn über sein Bein stolpern und hielt ihn am Kragen fest, damit er nicht hinfallen und sich etwas brechen könnte.

Sie haben uns nicht gratuliert, sagte Schnauzen-Kalle.

Kondoliert, sagte Joseph. Das heißt kondoliert.

Hat der glatt vergessen, sagte Schnauzen-Kalle. Die Nulpe hat uns nicht mal kondoliert.

Der Bestatter bewegte die Lippen, konnte aber kein Wort herausbringen.

Eine gewisse Kondolenz wäre angebracht, sagte Stragler.

Beileid, ächzte der Bestatter, mein zutiefst empfundenes Beileid. Er hatte begriffen, daß Hinterbliebene, die eine Hutschachtel in einem schnell verrottenden Sarg beerdigen lassen wollen, auch einen Anspruch auf Mitgefühl durchzusetzen in der Lage waren.

... ein schmerzlicher Verlust, fügte er hinzu. Die Zeit heilt alle Wunden.

Na also, sagte Schnauzen-Kalle und deutete auf den Bestatter wie auf einen Tanzbären, dem er etwas Neues beigebracht hatte.

Der Bestatter nahm die Hutschachtel, die ihm Schnauzen-Kalle hinhielt, schritt mit ausgestreckten Armen durch eine Gasse von Lorbeerbäumchen aus Kunststoff, um den verpackten Kopf von Peng-Peng zwischen zwei elektrischen Kerzen zu deponieren. Dann drückte er, weil er nichts falsch machen wollte, auf einen Knopf. Der Raum wurde in blaues Licht getaucht, an der Decke flammten Halogensternchen auf, und ein Adagio von Haydn kam vom Band.

Joseph nahm seinen Borsalino ab. Schnauzen-Kalle schloß die Augen und trocknete sich mit dem Taschentuch die Stirn. Der Bestatter wischte sich verstohlen die Hände an der Hose ab.

Mizzi Buszek kaufte sich ein schwarzes Seidenkostüm von Chanel und piesackte stundenlang die Verkäuferinnen, die Direktrice und den Geschäftsführer. Von einer Stunde auf die andere war sie hart geworden wie Granit.

Der Kaplan putzte sich beim Anblick der Trauergäste die Brille. Stragler hatte gesagt, daß ihm der Pastor, der ihn bei der Beerdigung der Mutti Schanz andauernd fixiert hatte, nie mehr an ein Grab von jemandem kommen dürfe, der ihm nahestand. Deshalb war es diesmal ein anderer, ein blutjunger. Er sah, daß Vera die erwachsene Lindi an der Hand hielt wie ein fremdes Kind. Der Bastard Frank und der legitime Thommy sahen aneinander vorbei. Dr. Steiner trug einen Regenmantel zu den weißen Hosen und den weißen Schuhen.

Neugierig schaute Stragler herum, bis er merkte, daß Klachel in den Gesichtern der Trauernden nach etwas suchte. Schmutz und Fink reckten sich unter dem Blick des Staatsanwalts, als hätten sie einen Orden dafür verdient, daß sie es nicht waren, die Peng-Peng den Kopf abgeschnitten hatten.

Sogar der Klachel ist da, flüsterte Vera, als ob Joseph ihn nicht längst gesehen hätte.

Dienstlich, flüsterte Joseph zurück.

Ach wo, sagte Kadaver-Kalhaber und grinste aufmunternd zu Klachel hinüber, der will nur sichergehen, daß er wirklich tot ist und ihn nicht mehr zwicken kann.

Der Herr am Harmonium der Aussegnungshalle präludierte, um Zeit zu gewinnen.

Sollen wir klatschen, damit er endlich aufhört? fragte der Crailsheimer.

Ausgemacht war ein Marsch, sagte die Buszek. Das war ausgemacht.

Das ist kein Militärfriedhof, lächelte der Kaplan, holte tief Luft und sah nach oben, als könne er durch das Dach hindurch nach dem Wetter sehen: Es hat dem Herrn gefallen, seinen treuen Diener und unseren lieben Freund, Kameraden, Geschäftspartner und, er holte Luft, Verlobten Dietrich Pleng aus unserer Mitte ...

Mizzi Buszek begann ohne Rücksicht auf den Kaplan ein Lied zu singen, von dem sie meinte, daß es dem Fremdenlegionär Pleng besser gefallen hätte als das Trauergewoge des Harmoniums.

Drei Lilien, drei La-lie-en, sang sie.
Die pflanzt ich auf sein Grab, fallera!
Da-ha kam ein sto-ho-ho-holzer Rei-ter,
Und brach sie ab ...

Zuerst klatschte Joseph, dann die anderen auch. Der kurzsichtige Kaplan scheuchte sie fort wie Jesus die Händler aus dem Tempel.

Draußen hakte Joseph die Buszek unter.

Das Kleid zieh ich nimmermehr aus, solang ich leb, sagte sie, und die Tränen liefen ihr über das Gesicht und tropften ihr vom Kinn in den Ausschnitt. Ihre sonst glatte Haut war vor Schmerz wie geronnen.

Nimm's nicht so schwer, sagte Joseph, und kaum hatte er es gesagt, merkte er, wie dumm das war.

Die Freier steh'n auf schwarze Fetzen, sagte Mizzi, um nicht nur den Leuten in dem Laden am Jungfernstieg, sondern auch Joseph zu zeigen, wie hart sie geworden war. Des Kleidl, das g'halt i mir zum Anschaffen.

Wie bei den Nazis, hatte Stragler protestiert, als nach der Beerdigung ein Ziviler die Türe der Buszek aufgerissen und sie mit Stragler im Bett gefunden hatte. Und was ist mit der Unverletzlichkeit der Wohnung?

Und was ist? sagte der ahnungslose Zivile, wenn ihr Macker was merkt. Im Prinzip hatte er recht. Huren durften mit Gott und der Welt ins Bett gehen, nur nicht mit einem anderen Zuhälter, weil das einen Krieg entfesseln könnte.

Was heißt, was g'merkt. I geh auf'n Strich, schniefte die Buszek.

Wie soll man eine trösten, wenn sonst nichts hilft? sagte Joseph.

Mizzi drehte sich auf den Bauch, weil sie merkte, wie unverschämt sie der Zivile anstarrte.

Die Jungen machen sich in Beatschuppen ihre Ohren kaputt, sagte Stragler. Und ihr? Ihr hackt an so einem Tag auf uns herum.

Sonntag

1

In der Nacht zum Sonntag fehlte die Galerie, als hätte die Cholera sie hingerafft. Entweder wußten die etwas, das sie in ihren möblierten Zimmern und in ihren billigen Pensionen bleiben ließ, oder es handelte sich wieder um einen dieser Zufälle, die Kadaver-Kalhaber für ein Wunder hielt. Ihre gleichzeitige Abwesenheit sei so unwahrscheinlich wie ein Ziegelstein, der in der Luft schwebt, weil zufällig alle seine 10 hoch 100 Moleküle im gleichen Rhythmus schwingen, sagte er.

Wahrscheinlicher war, daß die Galerie etwas gemerkt hatte, wie Fledermäuse ein Unwetter spüren, lange bevor das Barometer fällt.

Schnauzen-Kalle hob den Kopf, hielt den Atem an und machte den Mund weit auf, um besser zu hören. Das Hintergrundgeräusch im *Zockatero* war verstummt. Sie hörten sich nur noch selbst reden.

Stragler fragte sich, ob die Galerie an einer Verschwörung beteiligt war. Ihr Krakeelen und Jammern war für ihn wie das Rauschen von Bäumen geworden, das man nach einer gewissen Zeit nicht mehr hört. Erst wenn es fehlt, erschrickt man. Auch in der Hohen Partie gab es manchmal Lärm und schlechte Verlierer, die mit ihrem Gejammere den Zufall erweichen wollten, die in der Galerie aber waren nicht nur schlechte Verlierer, sie waren noch schlechtere Gewinner. Wer abgestaubt hatte, spreizte seine Federn, verhöhnte die Abgezockten und machte Witze, die seit Zockergenerationen keine mehr waren und deshalb den Verlierern in den Ohren dröhnten und ihre Herzen bluten ließen. Die Gewinner der Galerie führten sich so lächerlich auf wie Hausfrauen, die in einer dieser unsäglichen nachmittäglichen TV-Shows Eisschränke, Traumreisen oder Autos gewannen und ihren Dusel für eine Leistung hielten, die Applaus verdiente. Einige der Galeristen knieten sich sogar auf den Boden, wenn sie ein paar Kröten an Land gezogen hatten, andere richteten das Gesicht mit geschlossenen Augen zum Himmel, um irgendeinem Götzen zu danken. Wieder andere sprangen auf, stießen die Fäuste in wilden Drohgebärden gegen die Decke, schlugen dem Nächstbesten jubelnd auf die Schulter. Manche bestiegen sich sogar gegenseitig wie geile Hunde, Fußballer nachahmend, die dem Feind einen Ball ins Tor getreten hatten.

Straglers Phantasie dagegen machte aus jedem Spieltisch einen Turnierplatz, auf dem man die Lanze zum Gestech einlegt, um in Harnisch und Küraß, mit stählernen Dilgen über Oberschenkeln und Unterbauch, auf geschmückten Pferden, aufeinander loszureiten und sich gegenseitig aus dem Sattel zu heben oder wenigstens die mächtige Lanze am Eisen des Gegners zersplittern zu lassen. Wenn ein Verlierer am Spieltisch als Zeichen der Aufgabe seine Karten wütend von sich warf und auf Tisch und Boden flattern ließ, war das für Stragler wie das Auseinanderfliegen der Tartsche, dieser eisernen Rosette, die Ritter auf ihrem Brustharnisch über dem Herzen befestigen ließen, bevor sie in die Schranken ritten, und die bei einem Lanzentreffer klirrend auseinanderstob und dem Getroffenen über den

Helm flog, damit die Damen auf der Tribüne sehen konnten, wer gewonnen hatte.

Wenn hoch gespielt wurde, hatten die Karten für Stragler nicht nur etwas mit dem Hirn, sondern auch mit einer Lust zwischen seinen Beinen zu tun. Auf seinen Respekt hatte daher nicht nur der Gewinner ein Anrecht, sondern auch der Verlierer, der den Mut gehabt hatte, sich zu stellen, und der mannhaft seine Niederlage trug, die mehr war als der Verlust von Geld.

2

Draußen war der rote Nebel von der Sonne weggebrannt. Die Entspannungsmassagen für den eiligen Gast, die früher im Untergeschoß angeboten worden waren, brachten seit Jahren nichts mehr. Vom Schaumbad lag nur noch die herzförmige Wanne, die einmal einem Herren und zwei Damen Platz geboten hatte, in einem Abstellraum. Man mußte sehr übel aussehen oder riechen, um noch für einen Orgasmus zahlen zu müssen. Die Prügelweiber hatten noch zu tun, die Natursekt-, die Klistierkünstlerinnen und die Wichsclubs, aber auch da ließ das Geschäft nach. Die Bühnenbumser waren nur noch bei wenigen Besuchern vom flachen Land beliebt. Für das aufgeklärte Publikum waren sie bestenfalls eine Lachnummer. Es entzückte die Damen, wenn Darsteller mit Tätowierungen an den Armen und Menschenfresservisagen, mit rosa Gummis über ihren Haken, als Elfen oder griechische Götterknaben über die Bühne hüpften und lebende Bilder der Antike stellten.

Eleganz, meine Herren! hatte eine verhärmte Tanzlehrerin vergeblich in die stupiden Gesichter der Fickaffen gezischt, während sie Und eins! Und zwei! Und Weeechhsell! auf das Klavier hämmerte.

Aber ehrlich! versuchte Kadaver-Kalhaber den schauspielerischen Ausdruck eines besonders ordinären Julius Cäsars im neuen Programm des *Verissima* zu verfeinern. Das ist der Hintern der Kleopatra und kein Kartoffelsack! Der Darsteller hatte die Hauptrolle für sein Stehvermögen bekommen und nicht für sein Ausdrucksvermögen.

Rammeln is alles, was der kann! beklagte sich Kleopatra und kratzte sich vorwurfsvoll. Ka Spur von Talent.

Kann mich nicht auf Musik konzentrieren und auf Kunst, maulte Julius Cäsar.

Es waren nicht nur das Virus und die sexuelle Revolution, die dem Geschäft geschadet hatten, davon war Stragler fest überzeugt. Er hatte daher beizeiten den Lustgewinn in Erotik-Centers verlagert und preisgünstig gemacht. Sein Standbein war längst der Konsum und ein gigantisches Mietgeschäft.

Die Hühner mußten ihre Zimmer mit einem festen Tagessatz bezahlen. Für Asylanten bekam er sein Geld pro Kopf von der Stadt. Wenn die Tschuschen zusammenrückten, was sie bestimmt von Hause aus gewohnt waren, brachte jedes seiner vielen Zimmern das Doppelte und Dreifache.

Die Entartung des Kiez, in den sich Feinschmeckerlokale mit sauberen Bestecken und weißen Tischdekken, subventionierte Ausstellungen und Bühnen hineinfraßen, war nicht zuletzt der christlichen Politik zu verdanken. Die schwarzen Parteien hatten dem lustvollen Tun, wie Jensen-Escherode das nannte, den Todesstoß gegeben, indem sie im sogenannten freien Fernsehen Pornos für den Hausgebrauch durchsetzten. Selbst die wohlgenährte Mutter Oberin vom Weinenden Herzen Jesu im Oberbayerischen hatte anerkennend über den schlauen Plan der christlichen Sozis gelächelt, das Krebsgeschwür der Prostitution durch Anregung im Fernsehen auszurotten und die Lust wieder in die Familie zurückzudrängen. Sie sagte, daß listig wie die Schlangen zu sein ein biblischer Auftrag wäre.

Wem das Nacktprogramm nicht reichte, der konnte sich hard core, splash und snuff in jedem Video-Shop besorgen. Videobänder, die man auf dem Kiez nicht einmal in Einzelkabinen vorführen durfte, lagen auf den heimischen TV-Konsolen haufenweise herum. Wer wollte da noch fünf Mark die Minute ausgeben, um durch eine Glasscheibe die äußeren und inneren Schamlippen, die Blinddarmnarben und überschminkten Pickel von Damen zu betrachten, die sich auf der mit rotem Samt überzogenen Drehscheibe räkelten.

Die Hohe Partie lief oft als »captain's gin« zu drei Mark den Punkt. Pro Nacht gingen an die zehn oder zwanzig Riesen über den Tisch. Wenn Kadaver-Kalhaber gegen Stragler verlor, mußte Dr. Harik junior gegen Stragler spielen, und wenn der auch kein Glück hatte, tauschte er wieder den Platz mit dem Fotografen. Das war ein sinnvolles Arrangement. Der Aussetzende war froh, möglichst lange aussetzen zu können, denn solange er draußen blieb, verdiente der andere Geld für ihn. Stragler spielte gern allein gegen zwei andere und hielt die Karten außerdem so, daß jeder bei ihm hätte frühstücken können, aber das wagte keiner. Die Karten, die er abwarf, sah er kaum an. Spieler, die gustierten, also eine Karte zogen, sie nicht ansahen, sondern erst unter die anderen mischten, um dann elend langsam und genußvoll Millimeter um Millimeter alle wieder auseinanderzufächern, um den Reiz zwischen Hoffnung und Enttäuschung zeitraubend auszukosten, waren Stragler derselbe Greuel wie »coffee-housing«, das Herumquatschen und Maulbluffen, das nur Zeit kostete. Dafür registrierte er immer noch wie ein Junger den Glanz auf der Haut seines Gegenübers, wenn der nur noch abwerfen konnte, was Stragler »gin«, glatt und zum Gewinner machte. Wenn ausnahmsweise seine Gegner gewannen, schüttelte er mehr amüsiert als verärgert den Kopf und stöhnte sotto voce: Es gibt keine Kinder mehr.

In der Nacht, in der die Galerie dahingerafft worden war, hatte sich kein »captain's gin« ergeben. Harik hatte sich verspätet. Joseph hatte die Karten rotierend durch die Luft segeln und auf einem kleinen Haufen vor dem Crailsheimer landen lassen. Eine Fertigkeit, die erst nach lebenslanger Übung gelingt. Der Crailsheimer hatte sie nicht aufgenommen. Er rührte immer noch keine Karten an, sah sich aber um, ob sonst jemand auf den Platz gegenüber Joseph reflektierte, bereit, sofort aufzustehen und sich irgendwo anzulehnen und im Stehen zuzuschauen.

Joseph hielt ihn mit einem Blick auf dem Stuhl fest und wartete wieder einmal auf die Auskunft, auf die er seit Jahren immer herausfordernder wartete, weil er immer sicherer wußte, daß er diese Auskunft niemals bekommen würde. Auf diese Art hatte er die Bürde der Frage nach dem Schicksal von Vera ganz allmählich auf den Crailsheimer verlagert. Stragler sah den Crailsheimer an, als wolle er ihn jetzt vor Zeugen, vor den

Augen der Hohen Partie, zur endgültigen Nichtbeantwortung herausfordern.

Was war? fragte Stragler. Alle Gespräche hörten auf. Nur Schnauzen-Kalle grinste, weil er daran denken mußte, wie der Pfarrer in amerikanischen Filmen vor der Eheschließung stets zur Gemeinde sagt: Wer etwas zu sagen hat, der rede jetzt oder schweige für immer. Stragler fragte, das war allen klar, um endgültig keine Antwort zu bekommen.

Der Crailsheimer grinste auch.

Es war das zweite Mal in seinem Leben, daß Stragler den Crailsheimer grinsen sah. Er hielt die mimische Rarität im Gesicht des Crailsheimer für den Versuch, sicher vor einer Antwort zum Stehen zu kommen, aber er täuschte sich.

Tötungsdelikte, sagte der Crailsheimer, sind Hirngespinste. Wie will man jemanden abmicheln, der irgendwann ganz von selber abmichelt?

Stragler lachte gezwungen. Er erinnerte sich gut daran, wie er Schnauzen-Kalle damit getröstet hatte. Merkwürdig, daß der Crailsheimer davon wußte, obwohl er gar nicht dabeigewesen war, als ihm Schnauzen-Kalle von seiner Depression nach der Panne mit Pudel-Paul erzählt hatte. Oder war er doch dabeigewesen? Erzählte man sich diese Bemerkung Straglers auf dem Kiez herum? Hatte er sich womöglich selber damit gebrüstet?

Gemessen an der Ewigkeit vorher und der Ewigkeit nachher, lachte Stragler und vervollständigte das Zitat, gemessen an der Ewigkeit sind ein paar Jährchen hin oder her ganz egal.

Verkürzen kann man, sagte Kadaver-Kalhaber. Mehr ist nicht drin. Nur verkürzen.

Also wozu sich Scherereien machen? fragte der

Crailsheimer und sah Joseph direkt an. Wozu jemanden abnippeln lassen, der sowieso abkratzt? Gezahlt hättest du sowieso nichts.

Stragler hielt den Atem an. Er spürte von den Beinen her Kälte zum Bauch steigen.

Friedlich in Costa Rica entschlummert, trompetete Kadaver-Kalhaber. Versehen mit den Tröstungen der heiligen katholischen Kirche. Hat viel Gutes getan, hat sie. Mit Caritas und so'n Kram.

Oder glaubst du, die Schmiere hätte nicht nach ihr gefragt? sagte der Crailsheimer. Mich fragen die bei jedem Glattschmuser, der irgendwo abgeht.

Hat sich oft nach dir erkundigt, sagte Kadaver-Kalhaber und sah den Crailsheimer an, als könne der das bestätigen. Ehrlich, das hat sie.

Stragler grinste, während ihm die Gedärme erfroren.

Jetzt kommst du dir vor! zischte er den Crailsheimer an. Gib zu, daß du dir vorkommst!

Der Crailsheimer blies unsicher seine Backen auf, als sei er froh, daß es endlich heraus war.

Aus den Gesichtern der Hohen Partie entnahm Stragler, daß alle um ihn herum mehr gewußt hatten als er. Sogar die Schmiere wußte mehr als er. Womöglich sogar die Talkmaster und die Journaille. Er durchforstete sein Gedächtnis nach Redensarten, mit denen er sich ahnungslos seiner Gnadenlosigkeit gerühmt haben könnte. Die Scham darüber, daß sie ihm seine Lügen gelassen hatten, als Tribut an einen alten Mann, trieb Stragler das Blut ins Gesicht.

Wir alle leben von den Morden, die man uns zutraut, sagte der Crailsheimer.

Das »Wir« erschien Stragler unerträglich familiär.

Die wirklichen, sagte der Crailsheimer, die läßt man unter der Hand verschwinden.

Feinde sind nicht gefährlich. Die kennt man, sagte Stragler. Gefährlich sind Freunde. Keiner war sicher, ob damit alle gemeint waren oder nur der Crailsheimer.

Joseph fragte sich nicht, ob der Crailsheimer die Geschichte erfunden hatte. Ob es irgend jemanden gab, der Vera gesehen hatte, der wenigstens einen Brief von ihr in der Hand hatte oder ein Foto? Sein Prestige verlangte unerbittlich, nicht überrascht zu sein. Er würde niemals mehr Fragen stellen können.

Stragler wußte, daß Kadaver-Kalhaber seit der Erledigung der Sache Suhl nicht mehr lügen konnte. Was nützte ihm das jetzt? Der erzählte doch nur, was ihm als Wahrheit erschien. So wie man niemanden umbringen kann, weil jeder sowieso sterben muß, sagte sich Stragler, so gibt es auch keine Lüge, weil es keine Wahrheit gibt.

Veras Angst vor der Lüge war nicht nur gefährlich, sie war lächerlich gewesen.

Und wo, fragte Stragler, ist eigentlich heute die Galerie?

Weiber, die wissen, daß sie gezwickt werden, wenn sie nicht kuschen, sagte Schnauzen-Kalle, die muß man nicht zwicken. Die gehen nach Costa Rica.

Stragler nahm sich vor, nachher den Groupies im *Bosporus* zu gestehen, daß es nicht Veras Titten gewesen seien, denen er seinen Aufstieg verdankte, und daß er selbst die Legende von ihrem Tod in die Welt gesetzt habe. An ihren Gesichtern würde er erkennen, ob er durch das, was sie wußten, in ihren Augen verloren hatte.

Er nahm sich vor, dem Kunstprofessor, dem Mann mit den Bölleraugen, dem Klachel und vor allem Frank klarzumachen, daß er nicht mit dieser Landschaft Karriere gemacht hatte, über deren sanfte Bodenwellen und Steppen aus feinen blonden Haaren sein Blick geglitten war, als er im Alten Land den Kopf in Veras Schoß gelegt hatte. Er nahm sich vor, ihnen sein Leben noch einmal ganz neu und ganz von vorne zu erzählen. Ihnen zu schildern, wie schwer er sich damals beim Curaçao-Geschäft getan habe und wie eng es damals für ihn geworden sei, als er mit Hitlers Raketentreibstoff den Grundstein für ein Imperium gelegt habe, und wie er bei dieser Gelegenheit seine Beziehungen zum Allerhöchsten dauerhaft geregelt habe.

3

Pudel-Paul, dessen knallgelbes Auge nach Meinung aller die Zukunft sehen konnte, hatte Stragler, seit sie sich kannten, immer wieder prophezeit, daß er einmal reich und mächtig werden würde. Stragler glaubte nicht an Hellseherei, weil Hellseher nie die Zahlen im Lotto voraussagen konnten oder die Fußballergebnisse, oder wenigstens das Wetter der nächsten Woche. Pudel-Pauls Prophezeiung künftigen Reichtums war jedenfalls kein Kunststück gewesen. Straglers Entschlossenheit, Beute zu machen, hatte nur ein Blinder übersehen können. Die Hellseherei von Pudel-Paul hatte also wenig mit dem knallgelben Glasauge zu tun und viel mit dem sanften braunen Auge, auf das niemand achtete.

Als Kadaver-Kalhaber Stragler von dem amerikanischen Lastzug voll Saccharin berichtet hatte, der für den europäischen Schwarzen Markt bestimmt war, hatte er einen Augenblick lang gedacht, das sei der Reichtum, den Pudel-Paul mit dem zweiten Gesicht gesehen hatte.

Es war ein geheimer Tip. Sowie ihm der Fotograf die Nachricht von dem Lastzug zugeraunt hatte, mischte sich in den Geruch nach altem Öl, Rost und Tomatenketchup auf dem Kiez ein Duft nach Geld und zog in dicken Schwaden durch St. Pauli.

Zwei Tonnen Süßstoff aus US-Beständen, sagte Kadaver-Kalhaber. Für lausige drei Millionen Reichsmark. Schätzomativ vierzig Millionen Reichsmark, das sind die leicht wert, sind die das. Mindestens vierzig Millionen.

St. Pauli hatte sich auf die Nacht des Saccharins vorbereitet. Auf Jahre hinaus würden in allen drei Besatzungszonen Kaffeersatz und Kräutertees damit gesüßt werden. Die Notkassen der Puffs wurden geplündert, Uhren wurden versetzt, Tonnen von Ölbutter, Libby's Chocolate Cream und Milchpulver wurden unter Preis losgeschlagen. Die Kiezanwälte veräußerten ihre Puffanteile und legten zusammen. Sogar ein Schiff wurde versteigert.

Die Verteilung der Ladung Saccharin war eine logistische Herausforderung, denn die Lieferanten wollten noch in der Nacht cash bezahlt werden. Schließlich wußte niemand, wie lange die Reichsmark noch etwas wert wäre. Weil das Nachzählen Tage dauern würde, dachte sich Joseph eine später weltweit nachgeahmte Methode aus. Die Geldmassen sollten nicht gezählt, sondern gewogen werden. Der Fettgehalt gebrauchter Scheine wurde mit einem Fünftel Prozent veranschlagt. Ein paar Millionen hin oder her spielten keine Rolle. Sackkarren wurden ausgeliehen, Koffer gehortet, Lieferwagen repariert.

Schnauzen-Kalle machte sich für die Nacht aller Nächte fit und stemmte noch verbissener als sonst seine Gewichte, die ihn nach der Währungsreform zum Freistilringer reifen lassen sollten.

Weißt du, was vierzig Millionen Reichsmark wiegen? fragte Stragler.

Kann nicht die Welt sein, ächzte Kalle und ließ seine Muskeln spielen. Das Gewicht von Geld erschien ihm nebensächlich.

Die schwüle Nacht, in der der Kiez reich werden sollte, machte einem schalen Morgen Platz. Noch immer lag der Geruch nach Öl, Rost und Tomatenketchup in der Luft. Nur der Duft nach Geld fehlte, denn der Lastzug mit dem Saccharin war nicht gekommen. Er hatte vermutlich nur im Kopf der Gewährsleute von Kadaver-Kalhaber existiert, und die Mechanismen der sozialen Marktwirtschaft, die aus nicht existierenden Waren riesige Profite machen, waren noch nicht erfunden.

Eine grausame Morgendämmerung nach der anderen räumte mit dem Traum vom unermeßlichen Reichtum auf. Skeptiker holten ihr Geld schon am ersten Morgen wieder ab, andere bestritten, daß sie jemals an die Existenz des Lastzugs voll Saccharin geglaubt hatten. Wieder andere, die ein Vermögen verloren hatten, um liquide zu sein, hofften immer noch, daß der Lkw mit einer gebrochenen Achse irgendwo liege und noch komme.

Große Geschäfte sind absolut, wenn ihr wißt, was ich meine, sagte er zur Hohen Partie. Wirklich große Geschäfte haben nichts damit zu tun, ob sie in die Hose gehen oder nicht. Entscheidend ist, daß sie monumental sind. Er redete locker über den Saccharin-Deal, als wäre die Enthüllung vom Crailsheimer nichts Neues für ihn und hindere ihn nicht daran, gelassen in seinen Erinnerungen zu kramen.

Es war das erste echte Millionengeschäft nach dem Krieg, sagte Kadaver-Kalhaber. So eines wie das kann man heute gar nicht mehr machen, so ein Millionengeschäft.

Mit dem Saccharin-Geschäft hatte sich Stragler auf dem Kiez einen Namen gemacht. Über Nacht war er als ein Unternehmer bekannt geworden, dem kein Geschäft zu groß war. Die Puffs liefen von da an nur noch nebenher.

Wie man weiß, sagte Stragler, stammt sogar altes Geld oft aus Geschäften, die keiner gemacht hat.

Und dann, sagte Kalhaber, habe ich dir das von dem Tankwagen der Reichsbahn erzählt, habe ich. Das war ich, der dir das erzählt hat. Oder vielleicht nicht?

4

Im Freihafen hatten Tankwagen mit vierzigtausend Litern Raketentreibstoff für Wernher von Braun herumgestanden, die nicht mehr bis Peenemünde gekommen waren. Die fliegenden Festungen der Alliierten hatten statt dessen das Thalia-Theater bombardiert. Angeblich waren die Tankwagen bis zum Rand voll mit Äthylalkohol. Joseph ließ sie durch einen fetten Onkel von Schnauzen-Kalle anbohren. Der Onkel war ein Protegé von Schnauzen-Kalle und seit Jahren darauf gefaßt, ebenfalls reich zu werden. Ein Liter Schnaps brachte auf dem Schwarzen Markt um die fünfhundert Reichsmark. Summa summarum steckten in den Tankwagen über dreißig Millionen.

Vierzigtausend Liter reiner Äthylalkohol, hast du gesagt, plärrte Stragler, deutete auf den Fotografen und lachte schallend. Äthylalkohol hat er gesagt. Äthylalkohol!

Erzähl bloß, du hättest den Tankwagen angebohrt, wenn ich was von Kerosol-R-127 gesagt hätte, sagte Kadaver-Kalhaber. Nie im Leben hättest du den anbohren lassen.

Nein, klar! Ich habe ihn anbohren lassen, weil Pudel-Paul gesagt hat, daß ich reich werde, und Pudel-Paul war ein Hellseher, schnaubte Stragler. Wofür hältst du mich?

Ihr trampelt auf meinen Nerven herum, sagte Schnauzen-Kalle. Ehrlich, auf meinen Nerven. Warum hat er sich dann in einer Kinoruine den Tod geholt? Warum? Wenn er doch ein Hellseher war!

Den Tod geholt, sagte der Crailsheimer und schnalzte mit der Zunge über die feine Ausdrucksweise von Schnauzen-Kalle. Hellseher sehen nie in eigener Sache hell.

Es war halb Alkohol und halb Kerosin, sagte Stragler. Trick siebzehn war es, das Petroleum aus dem Sprit rauszukriegen.

Trick siebzehn mit Anschleichen und Gras auf der Mütze, sagte Schnauzen-Kalle.

Damals haben sie Wolfgang Borcherts »Draußen vor der Tür« gespielt, sagte Kadaver-Kalhaber, der von der peinlichen Petroleum-Chose ablenken wollte.

Und im alten Flakturm auf dem Heiligengeistfeld »Tausendundeine Frau«, lachte Stragler, der ihn nicht vom Haken lassen wollte.

Das Zeug war ungenießbar, sagte Schnauzen-Kalle vorwurfsvoll zu Kadaver-Kalhaber. Das Zeug war hochexplosiv.

Ich war es, sagte der Fotograf, ich ganz allein, der den meschuggenen Chemielehrer aufgetrieben hat, den sie nicht entnazifiziert haben, weil er Buna für das achte Weltwunder gehalten hat. Das war ich, der den aufgetrieben hat, und ihr habt blöde mit Tierkohle und Papierfiltern rumgekleckert wie die letzten Ferkel.

Stragler flüsterte, wie der Chemielehrer damals geflüstert hatte. Petroleum siedet bei 71, hauchte er in die Runde, Alkohol erst bei 78 Grad. Alle lachten.

Der hat geredet, als wäre seine Weisheit Hoch- und Landesverrat, sagte Kadaver-Kalhaber. Ehrlich, das hat er.

Man muß destillieren, flüsterte Stragler.

Der Scheiß-Curaçao, den ihr draus gemacht habt, hat nach Petroleum gestunken, sagte Schnauzen-Kalle. Er tupfte sich die feuchten Augen beim Gedanken an seinen Onkel, der das Zeug damals destilliert hatte.

Da waren echte Orangenschalen und Gewürznelken drin und ein Haufen Zucker, sagte Kadaver-Kalhaber. Wegen dem bißchen Petroleum regt der sich nach hundert Jahren noch auf.

In der Not wird alles gesoffen und alles gefickt, sagte Joseph.

Als die erste Charge Curaçao auf dem Markt war, hatten ein paar Cockneys Probleme mit den Augen bekommen.

Offenbar doch kein Äthylalkohol, ließ Dr. Suhl aus dem Rathaus ausrichten. Über ihn war der Handel angeleiert worden, und da er national gesinnt war, hatte er die ersten Proben an Cockneys getestet. Schwarzhandel war eine Sache, Leute vergiften eine andere. Dr.

Suhl hatte schon damals kein bequemes Gewissen gehabt.

Ach was, hatte Joseph gesagt, die haben bloß durcheinander gesoffen. Da wird jeder blind. Dann war er von der Military Police verhaftet worden. Sie hatten ihn in einem Jeep mitgenommen, um auch Kalles fetten Onkel zu kassieren. Als sie vor der Ruine ausgestiegen waren, um den Petroleumschwaden nachzugehen und bis in den Keller zu folgen, rang sich Joseph, der an nichts glaubte, ein Stoßgebet ab und schickte es in einen rosaroten Abendhimmel mit Millionen kleinen Schäfchenwolken. Er hatte kaum ein tonloses Amen gesagt, als die Brennerei samt Kalles fettem Onkel mit einem Donnern in die Luft flog. Als Hitlers Raketentreibstoff Scharen von Ratten aus der Ruine trieb und Flammen in den blauen Himmel schossen, hatte Joseph den Vorzug von Mitarbeitern entdeckt, die nichts Dummes mehr sagen können. Auf einen Schlag hatte er die Message aller Trauerreden verstanden: Nur tote Menschen sind wirklich gute Menschen. Außerdem war Joseph von diesem Tag an überzeugt gewesen, beim Allerhöchsten einen Stein im Brett zu haben. Und das, obwohl er nicht an ihn glaubte.

Der hält die Hand über mich, hatte er abends im Bett zu Vera gesagt und an die Zimmerdecke gedeutet, an der außer einer dicken Fliege nichts zu sehen war. Der paßt auf mich auf, obwohl es ihn nicht gibt.

Weil er sich vom Allerhöchsten nichts schenken lassen wollte, war er damals für einige Zeit in den Kreisverband Hamburg Mitte der Christdemokratischen Union eingetreten.

Da muß man an nichts glauben und ist doch wo dabei, hatte er den Schritt Vera gegenüber begründet, denn sie hatte gelächelt und geschwiegen.

5

Harik junior war endlich nach Ozon, Höhensonne und Jojoba-Öl duftend im *Zockatero* erschienen, und der Crailsheimer hatte ihm sofort Platz gemacht. Joseph mischte, als wäre nichts gewesen, und der Rechtsanwalt streckte wie immer die Hand nach den Katen aus, um nachzumischen.

Kein Mißtrauen, sagte er jedesmal, wenn er nachmischte. Nur aus Prinzip.

Jeder kann nachmischen, lächelte Stragler und sah ihm zu, wie er das Spiel ein paarmal in zwei Teile teilte und elegant wieder ineinanderlaufen ließ. Er sah etwas, vielmehr glaubte er etwas zu sehen, das mit bloßem Auge aber nicht sicher zu erkennen war, ein kleines Stolpern beim Ineinanderlaufen, vielleicht war es auch nur eine kaum hörbare akustische Unregelmäßigkeit gewesen. Dann stellte der Anwalt seine teuren krokodilledernen Schuhe unter dem Tisch anders hin als sonst.

Stragler ließ Harik abheben. Der Anwalt hob ab, wie man abhebt, wenn man mit Betrügern spielt. Er zog das mittlere Drittel der Karten heraus, legte es obenauf und hob erst dann ab, weil das jede manipulierte Reihenfolge auseinanderbringt.

Stragler grinste. Da der Rechtspfleger eigenhändig nachgemischt hatte, konnte er nur sich selbst verdächtigen, die Karten manipuliert zu haben. Vielleicht hob Harik aber auch nur so ab, dachte Stragler, um sich selbst ein Alibi zu verschaffen, das in der Hohen Partie sonst niemand brauchte.

Sie haben elf? fragte Stragler.

Harik nickte.

Ich habe zehn, sagte Stragler. Sie sind dran. Er schaute Harik an.

Karte oder Stück Holz, sagte er. Weil Harik zögerte und in seinen Karten herumfummelte. Das kann doch nicht so schwer sein.

Harik warf ein As, um es schnell loszuwerden. Stragler nahm den Schlitten und zählte nach. Zwei Karten fehlten. Er schob seinen Stuhl zurück.

Hübsche Schuhe, Herr Rechtsanwalt, sagte er. Darf ich sehen? Harik streckte ihm einen seiner teuren krokodilledernen Schuhe hin. Die Schuhspitze zitterte.

Nein, den anderen, sagte Stragler.

Müssen runtergefallen sein, sagte der Anwalt grinsend, als alle auf die Kreuz-Zehn und die Karo-Sechs starrten, die unter seinem Schuh sichtbar geworden waren.

Friß sie! sagte Stragler. Harik versuchte zu lächeln.

Los! Friß sie! brüllte Stragler.

Harik ging auf die Knie, um die beiden Karten aufzuheben und auf den Tisch zu legen. Einen Augenblick sah Stragler wieder den alten Harik vor sich und wie der auf dem dicken Teppich herumgekrochen war, um die Geldscheine aufzuheben, die ihm Stragler an den Kopf geworfen hatte.

Fressen sollst du sie, sagte der Crailsheimer, wie man einem kleinen Kind erklärt, was es tun soll. Hast du nicht gehört? Mangiare, capito? Harik schob sich die beiden Karten in den Mund.

Runter damit! sagte Stragler. Harik fing an zu kauen, stand auf. Würgend schleppte er sich zu einem der leeren Stühle, auf denen sonst die Galerie hockte, und verbarg weinend vor Scham sein Gesicht.

6

Um seinen Bauch beim Sitzen nicht zu beengen, hatte Joseph Gürtel und Hose aufgemacht. Ein suchender Blick genügte, und ein neues »PIMMs No. 1« mit einer frischen Gurkenscheibe stand vor ihm. Er sah die Türken oder Albaner oder Perser, die höflich an der Türe herumstanden. Niemand nahm sie zur Kenntnis. Als wären sie Luft.

Langsam kamen sie näher und schauten ungeniert den Spielern in die Karten. Offenbar wußten sie nicht, daß der Verdacht, mit der anderen Seite zu telefonieren, auf dem Kiez lebensgefährlich ist.

Die Türken, die vielleicht auch Jugos waren oder Usbeken, hatten ihre Wasserträger unten auf der Straße gelassen, um Mißverständnisse zu vermeiden. Man hatte sie hineingehen sehen. Der ganze Kiez fragte sich, wie die Begegnung ausgehen würde.

Wir müssen mit Herrn Joseph reden, sagte einer der Fremden. Und als er keine Antwort bekam, fügte er hinzu: Jetzt gleich. Sofort.

Er hatte einen nagelneuen, zwei Nummern zu großen Anzug an. Der andere hatte eine Baseballmütze von den New York Yankees auf dem Kopf, offenbar um amerikanisch zu wirken.

Schnauzen-Kalle wuchtete seine 155 Kilo hoch. Sie meinen Herrn Stragler, sagte er. Herr Stragler ist nicht da.

Der mit dem zu großen Anzug begann zu lachen, als hätte Schnauzen-Kalle einen Witz gemacht. Wenn er seine Augen aufgemacht hätte, dann hätte er sehen müssen, daß Herr Stragler für ihn nicht da war. Der andere mit der Kappe legte ein Bündel Banknoten neben Straglers Ellenbogen und schob es ihm hin, wie um in die Partie einzusteigen.

Stragler fragte sich, ob das ein Kaufangebot wäre. Er wischte das Geld vom Tisch, um Platz für seinen »gin mit elfen« zu machen.

Siiebesen? lachte der mit dem Anzug. Er meinte »Ziehbesen«, also bestimmte Karten, deren Seiten um Bruchteile eines Millimeters konvex oder konkav abgeschliffen sind, so daß man sie mit einem einzigen Griff aus einem ganzen Spiel für sich herausziehen kann. Damit sagte er, daß Stragler falsch spiele.

Alle sahen Stragler an und fragten sich, warum die Typen kein Blitz erschlug.

Der eine stirbt früh, sagte der mit dem Anzug, einen Vers aus der zweiundzwanzigsten Sure zitierend, der andere wird alt und vergißt, was er gewußt hat.

Rechtsanwalt Harik kam langsam wieder näher, wie ein fortgejagter Hund, der meint, daß sein Haufen auf dem Teppich vergessen ist und man ihn wieder liebt.

Schnauzen-Kalle wollte sich nach den Scheinen bücken. Ein Blick Josephs hielt ihn zurück.

Der mit der Baseballkappe zog sich einen Stuhl an den Tisch und setzte sich neben Joseph.

Stinkt nach Kanaken, sagte Stragler beiläufig zu Schnauzen-Kalle. Sag denen, daß es nach Kanaken stinkt. Er tat, als sitze keiner von »denen« in Tuchfühlung neben ihm.

Schnauzen-Kalle deutete mit dem Daumen zur Türe und unterdrückte diskret einen Rülpser.

Statt einer Antwort schob ihm der mit dem neuen Anzug ein Mark IV bis zum Heft in die Hüfte. Das Mark IV war der Rolls-Royce unter den Kampfmessern, und der Crailsheimer fragte sich, woher der Fremde das hatte.

Schnauzen-Kalle riß den Mund so weit auf, wie er konnte, aber kein Schrei kam heraus, weil er in die Niere gestochen worden war.

Der Crailsheimer hätte sich gewundert, wenn es Schnauzen-Kalle gelungen wäre, einen Laut von sich zu geben. Er hatte oft von dieser Wirkung eines Nierenstichs gehört, aber nie mit eigenen Augen einen erlebt. Ihm lag der Revolver mehr. Der Nierenstich kam aus einer anderen Kultur und war in Mitteleuropa noch nicht heimisch.

Schnauzen-Kalle versuchte einzuatmen. Flüsternd warf er sich auf den Boden, klammerte sich an ein Tischbein und versuchte, Luft in seine Lungen zu kriegen. Joseph sah zu ihm hinunter. Er machte seine Hose zu und zog die Hosenträger über die Schultern.

Kein Geschrei, sagte der Messerstecher mit dem zu großen Anzug, als hätte er Stragler gerade ein hübsches Kunststück vorgeführt und erwarte dafür Beifall.

Die Bewegungen von Schnauzen-Kalle wurden langsamer. Nur mit einer Hand krallte er sich noch an der Hose von Joseph fest, als halte er damit sein Leben.

Der mit der Baseballkappe trat mit einem Schuh auf die Hand und blieb darauf stehen, um Joseph einen Gefallen zu tun.

Joseph suchte die Augen des Anwalts. Der hatte gemerkt, woher der Wind wehte und wo seine künftige Kundschaft war.

Polizei verständigen, sagte er. Notwehr ... Damit keine Mißverständnisse ...

Joseph stemmte sich vom Tisch hoch, stieg über Schnauzen-Kalle und ging. Die Türken, Usbeken oder Albaner, oder was sie waren, machten ihm respektvoll Platz. Sie wußten, was sich gegenüber einem alten Mann gehört.

Dr. Harik warf Joseph seinen Borsalino nach.

Joseph ließ ihn auf dem Boden liegen.

Sein schwarzer Cadillac stand auf dem Bürgersteig, wie immer. Trotz Halteverbot. Alle vier Reifen waren platt. Die Wasserträger der Fremden beobachteten ihn.

Taxi besorgen? fragte der Türsteher der Form halber. Er wußte sehr gut, daß sich Stragler auf dem Kiez nicht mehr blicken lassen könnte, wenn er jetzt in ein Taxi stiege. Wenn er zu Fuß ginge, würde er nicht einmal mehr von den Rausschmeißern gegrüßt werden und der Hamburger Journaille wäre er keine Zeile mehr wert.

Joseph machte den Schlag des Wagens auf, holte unter dem Sitz seine Pump-gun mit dem abgefrästen Lauf heraus, mit der man leicht einen ganzen Platz von Leuten leerfegen konnte. Er hatte sie vor der Währungsreform für eine zwar gestohlene, aber trotzdem nicht echte Madonna eingetauscht. Seither war sie sein unsichtbares Zepter gewesen, sein Reichsapfel, sein Talisman und seine Lebensversicherung. Die Flinte hatte mit ihm Karriere gemacht. Zuerst unter dem Fahrersitz eines VW-Standard, dann unter dem eines Opel Kapitän, eines Chevy Cabrio, dann eines Mercedes Oldtimers und seit Jahren unter dem Fahrersitz des schwarzen Cadillac. Der ganze Kiez wußte, daß der Vorderschaftrepetierer da war. Stragler hatte ihn nie gebraucht, denn auf dem Kiez galt, bis die Fremden kamen, was in der internationalen Politik immer nur ein frommer Wunsch geblieben war: Si vis pacem, para bellum – wer Frieden will, muß für den Krieg rüsten.

Joseph ging die dunkle Treppe hinauf. Er mußte stehenbleiben, um Luft zu holen. Seine 71 Jahre machten sich bemerkbar. Er grub ein paar Patronen 12/70 »double-o-buck« aus der Hosentasche, fischte seine Brille aus der Jacke, drehte die Magnum-Hülse zwischen den Fingern hin und her, um die Laborierung in dem schlechten Licht zu entziffern, und schob sie dann nacheinander von unten ins Magazin. Die Flinte war nicht einmal geladen gewesen.

In der Ferne hörte er die Sirenen eines Funkstreifenwagens.

Als Stragler im *Zockatero* stand und die am Boden liegenden Karten sah, den mit dem Anzug und den mit der Kappe, und Kalle, der unter dem Tisch lag, als hätte er sich wie ein trotziges Kind dort schlafen gelegt, und den braungebrannten Rechtsanwalt mit hoch erhobenen Händen, da wußte er, er hatte weniger als eine Zehntelsekunde Zeit, um sich zu entscheiden. Es ging um eine winzige Bewegung des Zeigefingers seiner rechten Hand am Abzug der Flinte, mit der man schwer danebenschießen kann. Es gab für Stragler keine Entscheidung mehr. Wenn er den Finger krumm machte, würde ihn die Justiz zur Strecke bringen, wenn er ihn gerade ließe, dann wäre er auf dem Kiez erledigt. Und wie sollte er wieder hinauskommen, die Treppe hinunter, ohne geschossen zu haben?

Er war zu alt, um woanders noch einmal anzufangen, und auch zu alt, um die fünfzehn Jahre abzuwarten, die ein Lebenslänglich unter dem Strich einbringen würde. Er könnte die zwölfhundert Gramm Abzugsgewicht mit seinem Zeigefinger überwinden, um damit nichts außer seinem Prestige zu retten, oder eine Patrone im Wert von 86 Pfennigen sparen, um nachher vom Kiez fortgejagt zu werden wie der letzte Knopf.

Joseph Stragler konnte darüber nicht nachdenken. Dazu war keine Zeit. In einer Zehntelsekunde kommt zwar ein Sonnenstrahl leicht um die Erde, und wesentlich weniger als eine Zehntelsekunde hat dem Finnen Juha Mieto in Lake Placid die Goldmedaille gekostet, aber zum Nachdenken ist sie zu kurz.

Vor Gericht werden solche Momente später immer zu einer Folge dessen, was einer zuvor gedacht oder nicht gedacht, getan oder nicht getan hat. Strafprozesse haben nichts mit dem Leben zu tun. Und mit dem Sterben noch weniger.

Dabei hätte Stragler viel überlegen können. Zum Beispiel, daß er Ausländer vor der Mündung seines Laufs hatte. Richter machten einschlägige Urteile zu Demonstrationen ihrer Gesinnung. Nichts Neues in der deutschen Justiz.

Außerdem hätte Stragler überlegen müssen, daß vor seiner Mündung auch noch das braungebrannte Organ der Rechtspflege stand und mit erhobenen Händen und schiefem Kopf auf das operative Ende von Straglers Pump-gun starrte. Wie tief man Harik bei der Hamburger Justiz auch immer verachten mochte, gegen einen wie mich, hätte sich Stragler sagen müssen, würden die sogar mit Harik gemeinsame Sache machen.

Was immer Joseph Stragler in diesem Bruchteil einer Sekunde tat, es war nicht die Folge von Überlegung. Die letzten fünfzig Jahre seines Lebens bestimmten an ihm vorbei und über ihn hinweg das Endglied des Zeigefingers seiner rechten Hand.

Er hatte nicht wahrgenommen, daß sich das Gerücht vom Showdown wie ein Lauffeuer auf dem Kiez verbreitet hatte. Er merkte gar nicht, daß alle herbeigeeilt waren, um nichts zu versäumen.

Die Buszek hatte ihren Platz an der Ecke trotz der ersten Sonne verlassen und Dr. Steiner hinter sich hergezerrt. Annita war nüchtern geworden, und Jensen-

Escherode hatte sich mit einem ernsten Gesicht auf den Weg gemacht, das er sonst für junge Dichter, die aus ihren Erstlingswerken lasen, oder für die sexuelle Revolution in Gestalt von Bühnenbumsern reservierte.

Meine Herren, sagte er leichenblaß. Aber meine Herren, das muß sich doch regeln lassen! Bitte, meine Herren! Meine Herren, jammerte er, es gibt nichts, was man nicht mit einem Gespräch klären könnte.

Niemand hörte auf ihn, obwohl der Aberglaube, man könne durch Reden Probleme lösen, immer noch weitverbreitet ist.

Stragler bemerkte das Publikum nicht. Er kam sich langsam lächerlich vor mit seiner Pump-gun. Eine ferne Erinnerung an das Thalpointinger Bauerntheater durchzuckte ihn. Wie alle Leute geschluchzt hatten, als der erzürnte alte Bauer in seinem Zorn gedroht hatte: Dann reiß i den Stutzen von der Wand! Und schiaß auf mei eigens Fleisch und Bluat! Und wie sie erst geheult hatten, wenn der verlorene Sohn am Schluß seinen strengen Vater fragte: Vatta, kennst mi nimmer? Sogar die Touristen hatten mitgeweint, die kein Wort verstanden hatten. Die Erinnerung war Stragler in die Quere gekommen. Er hatte gelächelt, statt abzudrücken.

Die Jugoslawen, Türken oder Albaner schoben ihm den Lauf weg und drängelten ihn aus dem Weg. Der mit dem zu großen Anzug schnitt ihm im Vorbeigehen mit seinem Messer so kunstgerecht die Halsschlagader durch, wie er Schnauzen-Kalle in die Niere gestochen hatte. Der mit der Baseballmütze nahm Stragler mit einer Hand die Pump-gun ab. Stragler war auf die Knie gegangen.

Niemand zu Hause? scherzte der Fremde mit der Baseballmütze, weil Stragler nicht mehr reagierte.

Redet nicht mit Kanaken, sagte sein Kollege zu den Leuten, die sich am Eingang drängelten.

Die Buszek rannte hin, um Stragler auf die Beine zu zerren.

Mußt tief durchatmen! schrie sie ihn an. Tief durch! Stell dir vor, wir sind am Meer in Costa Rica, und es ist gute Luft.

Der Wiener begann zu husten. Außer dem Crailsheimer war er der einzige, der den mit dem zu großen Anzug und den anderen mit der Kappe aufzuhalten versuchte. Der Crailsheimer hatte seinen ausgeleierten Revolver aus der Hosentasche gezogen, den alle kannten, weil er ständig damit angegeben hatte. Der Wiener hatte, woher war rätselhaft, plötzlich einen verchromten Derringer in der Hand. Beide bekamen je eine Ladung Double-o-buck aus Straglers Flinte, mit der die Fremden umgingen wie mit einem Schlüsselbund. Der Crailsheimer bezog zur Sicherheit noch einen Stich, weil er stöhnte.

Zugleich mit der Schmiere kam Klachel angerannt.

Notwehr! rief ihm Harik schon von weitem zu.

Das gibt wieder eine Schreiberei, sagte einer der Beamten, als er die Bescherung sah. An so was hockst du zwanzig Überstunden, wenn nicht dreißig, sagte der andere und drehte mit dem Fuß den Wiener auf den Rücken.

Auch nicht von hier, sagte er.

Schnell einen Arzt! schrie Klachel nach einem Blick auf Stragler. Damit ich ihn verhaften kann! Einen Arzt! Meine Karriere liegt im Sterben.

Seine Karriere, lachte Stragler. Im letzten Augenblick hatte er sich überlegt, wie er von dem ganzen Bohei später denen im *Bosporus* erzählen würde, und das war ihm komisch vorgekommen. Seiner Meinung nach war es wichtiger, die Leute gut zu unterhalten, als sie mit irgendwelchen Wahrheiten anzuöden.

Und wissen Sie, was der Klachel schreit, wie ich am Boden liege und verblute? würde er die im *Bosporus* fragen.

Geschrien hat der Klachel wie am Spieß, würde ihm Schnauzen-Kalle sekundieren.

Einen Arzt! Einen Arzt! würde Stragler schreien. Mein Reihenhaus für einen Arzt! Alle würden lachen.

Ehrlich, würde Schnauzen-Kalle bestätigen, mein Reihenhaus für einen Arzt, hat er geschrien.

Alle würden ihn feiern, und ein Blick von Annita würde ihm zeigen, daß er in ihren Augen viel besser war als der Staatssekretär.

Stragler war von dieser Vorstellung erheitert. Er wußte, seit er das Buch von dem Spaghetti gelesen hatte, daß das Leben ganz anders war, als es sich darstellte. Jetzt ahnte er, daß auch der Tod anders und viel komischer war, als alle meinten. Er wußte, und das war vermutlich das letzte, was er wußte, daß es ihm völlig egal war, wer zu seiner Beerdigung kommen und ob Hamburg eine Straße nach ihm benennen würde.